体育动作解剖学分析与肌肉训练

袁琼嘉　谭　进　主编

人民体育出版社

图书在版编目（CIP）数据

体育动作解剖学分析与肌肉训练 / 袁琼嘉，谭进主编. -- 北京：人民体育出版社，2015（2024.3重印）
ISBN 978-7-5009-4850-6

Ⅰ.①体… Ⅱ.①袁… ②谭… Ⅲ.①运动技术—高等学校—教材②肌肉—力量训练—高等学校—教材 Ⅳ.①G819②G808.14

中国版本图书馆CIP数据核字(2015)第198723号

*
人民体育出版社出版发行
北京中科印刷有限公司印刷
新　华　书　店　经　销
*
787×1092　16开本　19.25印张　380千字
2015年9月第1版　　2024年3月第4次印刷
印数：9,801—11,300册
*
ISBN 978-7-5009-4850-6
定价：78.00元

社址：北京市东城区体育馆路8号（天坛公园东门）
电话：67151482（发行部）　　邮编：100061
传真：67151483　　邮购：67118491
网址：www.psphpress.com

编 委 会

主　编：袁琼嘉　谭　进

副主编：李　雪

编委（按姓氏笔画排序）：

王定宣	四川医科大学
文　烨	成都理工大学
付　燕	西南民族大学
吕志刚	四川大学
李　雪	成都体育学院
沙川华	成都体育学院
袁琼嘉	成都体育学院
徐　明	成都大学
高艺师	成都大学
傅　乙	成都体育学院
谢　卫	成都中医药大学
雷雁沙	四川音乐学院
谭　进	成都体育学院

序

随着全民健身运动的广泛开展和竞技运动水平的迅速提高，体育科学在增强人民体质、保障精英运动员科学训练方面发挥着越来越重要的作用。在现代生活方式中，人们不仅积极投身到充满活力的运动健身和运动训练中，而且迫切需要了解如何科学地进行体育活动才能有效地增强体质，怎样系统地运动训练才能显著提高运动成绩。在快速发展并不断扩展的体育科学领域，体育活动的解剖学特征和动作技术的解剖学分析，是科学运动健身和运动训练的重要基础。由袁琼嘉教授等主编的《体育动作解剖学分析与肌肉训练》，正是从这样一个切入点全面、科学、系统地介绍了运动科学的基础理论与方法。

本书编写按照普通高等教育“十二五”国家级规划教材的要求，紧密结合了我国体育高等教育发展实际，特别是全民健身和竞技体育运动发展特点。全书撰写思路清楚，内容科学规范，文字深入浅出，版面图文并茂，既体现科学性，又突出实用性，是体育专业理想的本科教材和研究生参考书，同时亦适用于体育社会指导员、教练员、体能教练、医生、康复师等体育系统内外各类人员。

本书主编袁琼嘉教授长期从事运动解剖学教学、研究工作，曾主持、承担国家科技支撑项目、国家自然科学基金、国家体育总局等重大科研项目，担任中国体育科学学会运动生理与生物化学常委等重要学术职务，在我国运动解剖学、运动人体科学界具有重要的学术影响。我相信《体育动作解剖学分析与肌肉训练》的出版，对于提高我国体育院校运动解剖学的教学水平，科学指导全民运动健身和竞技运动训练，特别是科学地指导大众和精英运动员的体能训练都将产生积极的推进作用。

中国体育科学学会副理事会长、秘书长

国家体育总局体育科学研究所所长

田野

前 言

《体育动作解剖学分析与肌肉训练》是根据我国普通高等教育“十二五”国家级规划教材的要求，结合教学和训练的实际需要编写而成。教材认真贯彻了教育部关于“教材建设精品化，教材建设要适应多样化教学需要”的精神，面向体育学专业的培养目标与方向的要求。

体育动作解剖学分析与肌肉训练是一门基础医学与体育科学的交叉学科。该学科将医学基础知识应用于运动训练实践，具有“体医结合”的特色和较强的实用性，适用于体育教育、运动训练、民族传统体育、社会体育、休闲体育、运动人体科学、大众健身指导，以及康复训练等体育类、医学类与其他相关专业，可为学习者今后从事体育教学、运动训练、健身指导及康复训练等储备理论知识和实践技能。

本教材在编排设计上具有“厚基础、重实践”的特色，在内容上力求体现“准确、简明和适用”。全书共分三篇，第一篇《体育动作分析的解剖学基础》，主要介绍人体的运动系统，包括骨、关节和肌肉的解剖学基础知识；第二篇《体育动作解剖学分析》，主要介绍常见各种技术动作的解剖学分析步骤和方法，包括足球、篮球、排球、田径、武术以及游泳等项目的技术动作；第三篇《肌肉训练的理论与实践》，以实例介绍全身各部位肌肉力量和伸展性训练的方法，包括动作要领、动作分析、训练器械的应用及原则等。三篇内容逐层递进，在夯实了运动系统解剖学知识的基础上，掌握动作分析的原理和方法，学会如何训练全身各部位的肌肉。文中插入了大量的动作分析和肌肉训练图片，特别是第三篇，每种练习方法均配有实景照片和肌肉解剖图，使内容更加丰富、清晰，易于理解。

本教材由成都体育学院主持编写，编委来自8所高等院校，均为该领域资深教师，具有较为丰富的教学、科研和训练经验。编写者衷心希望通过对本教材及该门课程的学习，使学生或读者在掌握人体形态结构的基础上，深入了解人体运动的原理，掌握科学的动作分析和肌肉训练的方法，为指导各项运动技术的身体素质训练、各类人士的康复训练以及全民健身运动储备理论知识和实践技能。

本教材中的插图由成都大学高艺师和四川音乐学院雷雁沙绘制，照片中的动作展示由成都体育学院运动系学生薛汀和杨雯鑫完成，照片的修订和处理由成都体育学院张牧老师协助完成；卢晓斌、卢杰、伍文娟和张树玲等硕士研究生为本教材进行了查阅资料、插图注释、书稿校对及修改等工作。对上述人员的辛苦工作深表感谢！由于水平有限，不足之处在所难免，敬请同行专家、广大师生及读者不吝指正，提出宝贵意见，以便教材修订时更臻完善。

2015年4月

目 录

第二篇　体育动作解剖学分析

第三篇　肌肉训练的理论与实践

导言

体育动作解剖学分析与肌肉训练（Anatomical Movement Analysis for Sports and Muscle Workout）是运动解剖学的一个分支学科，它是在掌握了正常人体形态结构基本理论的基础上，应用运动解剖学知识对体育运动中人体姿势进行分析与研究，并根据分析结果指导肌肉训练的学科。该学科学习目的是使学习者能够系统地掌握人体运动时肌肉工作的原理以及肌肉训练方法和原则，应用解剖学知识对体育技术动作进行诊断和分析，并能够对全身各部位肌群进行科学的训练，以提高运动技术水平、科学地指导竞技运动及大众健身。该学科将医学基础知识与运动训练实践相融合，属于基础医学与体育科学的交叉学科，具有“体医结合”的特色和较强的实用性，可为学习者今后从事体育教学、运动训练、健身指导以及康复训练等储备理论知识和实践技能。

第一篇　体育动作分析的解剖学基础

第一章　人体解剖学基本术语

一、解剖学姿势及方位术语

在日常生活、生产劳动和体育运动的过程中，人体各部位与器官的位置常处于动态变化中，为了能正确地描述人体各器官的形态结构和位置，统一规定了常用的解剖学术语。

（一）人体的标准解剖学姿势

人体的标准解剖学姿势是指身体直立，两眼向正前方平视，两足并拢，足尖向前，双上肢下垂于躯干的两侧，掌心向前（图1–1）。

（二）方位术语

为了准确表达运动人体的各部以及各器官或结构相互位置关系，以解剖学姿势为标准，规定了方位术语。

上与下：是描述器官或结构距颅顶或足底的相对远近关系的术语。近颅顶者为上，近足底者为下。

前与后：是描述距身体腹侧面或背侧面距离相对远近的术语。距身体腹侧面近者为前，距身体背侧面近者为后。

内侧与外侧：是描述人体各局部或器官、结构与人体正中矢状面相对距离位置关系的术语，靠近人体正中矢状面者为内侧，远离人体正中矢状面者为外侧。

内与外：是描述空腔器官相互位置关系的术语，接近内腔者为内，远离内腔者为外。

浅与深：是描述与皮肤表面相对距离关系的术语，距表层皮肤近者为浅，远离表层皮肤者为深。

近侧与远侧：在四肢，近侧是指距肢体与躯干的连接处较近者，远侧指距肢体与躯干的连接处较远者。

尺侧与桡侧：依据前臂的尺骨与桡骨排列的位置关系而规定的。尺侧是指前臂的内侧，桡侧是指前臂的外侧。

胫侧与腓侧：依据小腿的胫骨与腓骨排列的位置关系而规定的。胫侧是指小腿的内侧，腓侧是指小腿的外侧。

此外，还有左与右、垂直、水平和中央等则与一般概念相同。

二、人体的基本面和基本轴

（一）人体基本面

按照人体解剖学方法，可将人体或其任何一个局部在解剖学姿势条件下作3个相互垂直的切面，即通常所指的基本面。

1. **矢状面：**是指沿身体前后径所作的切面。该切面将人体分成左、右两部分，与水平面及冠状面垂直，其中经过人体正中线的切面称为正中矢状面。

2. **冠状面：**或称额状面是指沿身体左右径所作的切面。该切面将人体分成前、后两部分，与水平面及矢状面垂直。

3. **水平面或称横切面：**是指横切人体，与地面平行的切面。该切面将人体分为上、下两部分。与矢状面及冠状面互相垂直。

在描述器官的切面时，与其长轴平行的切面称纵切面，与其长轴垂直的切面称横切面。就器官而言，横切面不一定是水平面。纵切面也不一定是矢状面或冠状面，故一般不用上述3个面来描述。

（二）人体基本轴

轴是叙述人体关节运动时常用的术语。按照人体解剖学方法，在理论上可将人体或其任何一个关节在解剖学姿势条件下作3个相互垂直的轴，即通常所指的基本轴。

1. **矢状轴：**为前后方向并与水平面平行的轴。

2. **冠状轴或称额状轴：**为左右方向并与水平面平行的轴。

3. **垂直轴：**为上下方向并垂直于水平面的轴。

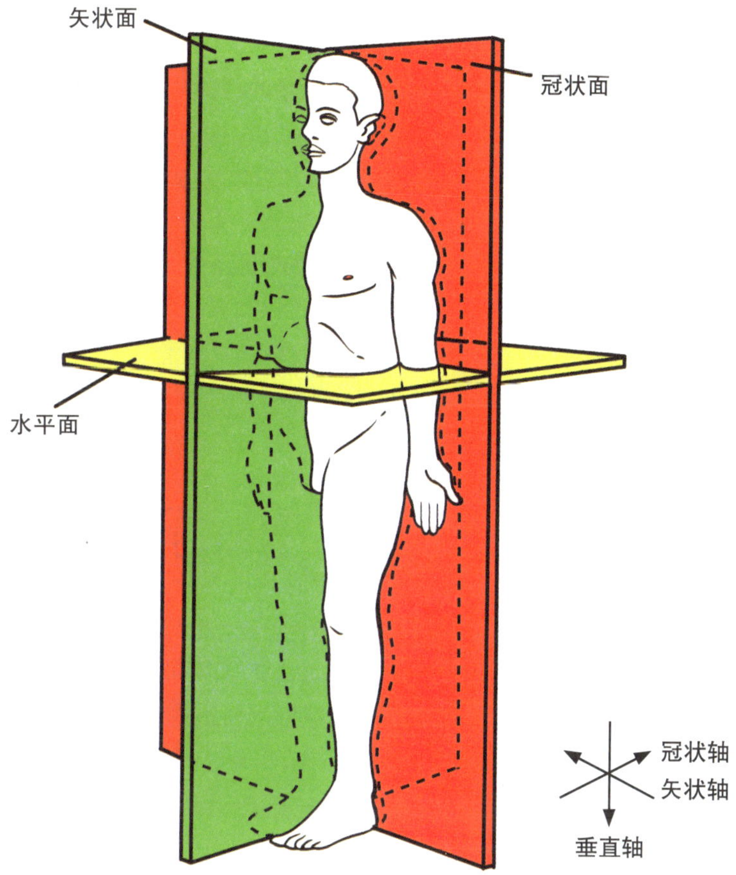

图1-1　解剖学姿势及人体的轴和面（钟世镇主编，系统解剖学）

第二章　人体运动系统概述

运动系统由骨、骨连结和骨骼肌3部分组成，占成人体重的60%~70%。全身各骨借骨连结相连，构成人体的支架，赋予人体的基本形态，支持体重，保护内脏。骨骼肌附着于骨，在神经系统支配下进行收缩和舒张，牵引骨骼产生运动。在人体及环节运动中，骨起杠杆作用，关节为运动的枢纽，骨骼肌则为运动的动力器官。运动系统对人体具有支持、保护和运动等功能。

第一节　骨概述

骨是一种器官。骨组织主要由骨细胞、胶原纤维和基质等构成。骨具有一定形态和构造，坚硬而有弹性，有丰富的血管和神经，能不断进行新陈代谢和生长发育，并具有改建、修复和再生的能力，经常锻炼可促进骨骼系统的良好发育和生长，长期不用则导致骨质疏松。

一、骨的形态和结构

成人骨共有206块，按部位可分为中轴骨和四肢骨（图1–2）。中轴骨又包括颅骨和躯干骨，四肢骨包括上肢骨和下肢骨。

- 中轴骨（80块）
  - 颅骨（29块）
    - 脑颅骨、面颅骨（22块）
    - 舌骨（1块）
    - 听小骨（6块）
  - 躯干骨（51块）
    - 椎骨（26块）
    - 肋骨（24块）
    - 胸骨（1块）
- 四肢骨（126块）
  - 上肢骨（64块）
    - 上肢带骨（4块）
    - 自由上肢骨（60块）
  - 下肢骨（62块）
    - 下肢带骨（2块）
    - 自由下肢骨（60块）

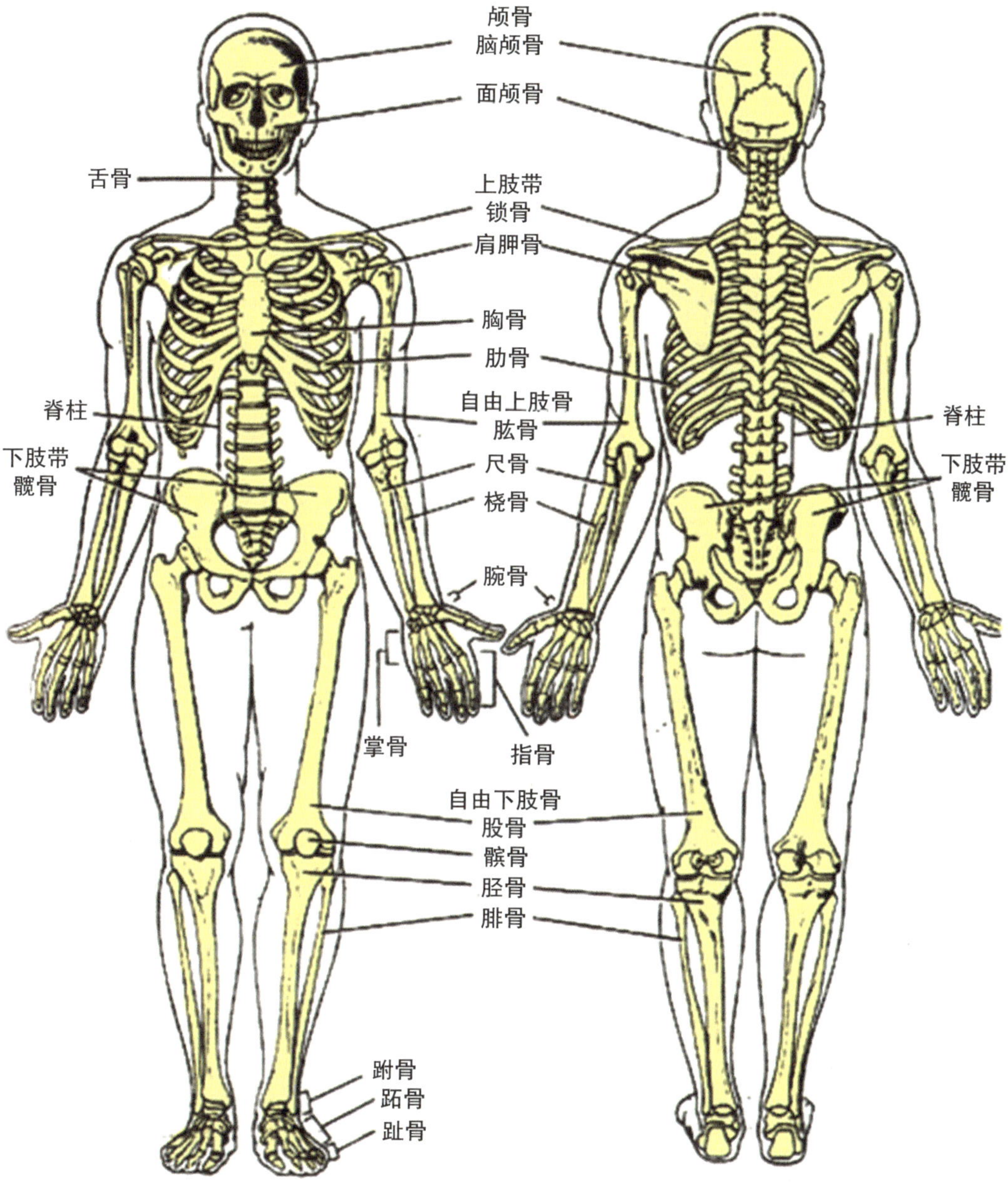

图1-2a 人体骨骼前面观　　图1-2b 人体骨骼后面观

骨按形态可分为长骨、短骨、扁骨和不规则骨4类（图1-3）。位于某些肌腱内的小骨称籽骨，其体积一般较小，在运动中起减少摩擦和转变肌力牵引方向的作用，髌骨是人体内最大的籽骨。

骨由骨质、骨膜和骨髓及神经、血管等构成（图1-4、图1-5）。骨膜覆于新鲜骨的表面，由纤维结缔组织构成，含有丰富的神经和血管，对骨的营养、再生和感觉有重要作用。骨质分骨密质和骨松质，是骨的主要成分。骨密质分布于骨的表层，厚而致密，耐压性较大。骨松质分布于骨的内部，呈海绵状，由相互交织的骨小梁构成。骨小梁的排列方向与各骨承受的压力以及相应的张力方向一致，因而能承受较大的重量。骨髓充填于骨髓腔和松质的间隙内，分为红骨髓和黄骨髓。红骨髓具有造血功能，胎儿及幼儿的骨髓全是红骨髓。5岁以后，长骨骨干内的红骨髓逐渐被脂肪组织所代替，呈黄色，称黄骨髓，失去造血功能。

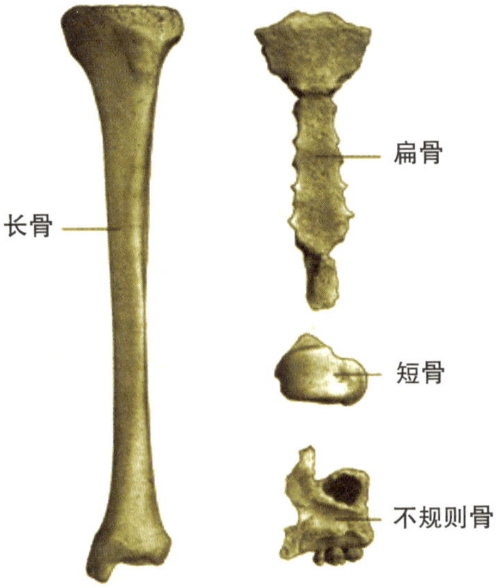

图1-3 骨的形态分类
（钟世镇主编，系统解剖学）

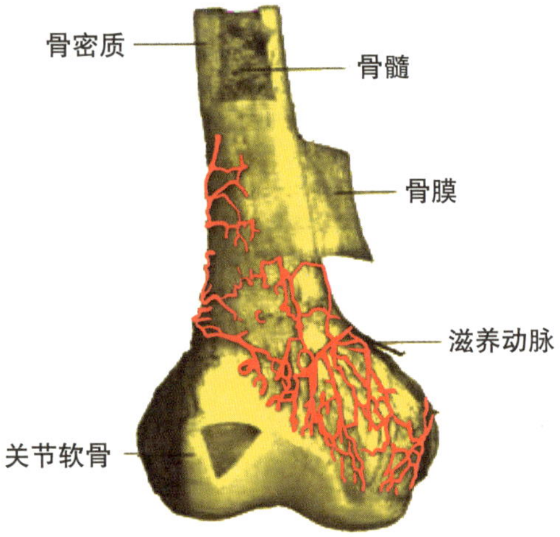

图1-4 骨的构造
（钟世镇主编，系统解剖学）

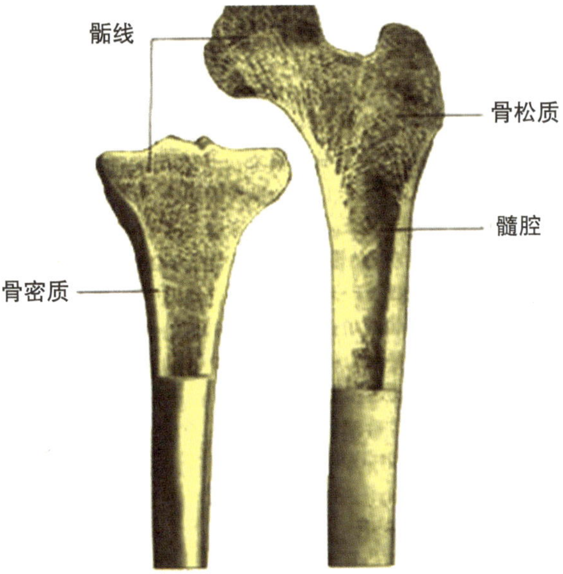

图1-5 骨质（钟世镇主编，系统解剖学）

二、骨的化学成分与物理特性

骨的化学成分分为有机物和无机物两类。成人骨中有机物约占28%，主要是骨胶原纤维束和粘多糖蛋白，构成骨的支架，赋予骨以弹性和韧性；无机物约占72%，主要是水和钙盐，使骨坚硬挺实。两种成分的比例，随年龄的增长而发生变化。幼儿时期骨的有机质和无机质各占一半，故弹性较大、柔软、易发生变形，在外力作用下不易骨折。成年人骨的有机质和无机质的比例约为3∶7，该比例赋予了骨最佳的物理性能。老年人骨的无机质所占比例更大，但因激素水平下降，影响钙、磷的吸收和沉积，骨质出现多孔性，骨组织的总量减少，表现为骨质疏松症，此时骨的脆性较大，易发生骨折。

三、骨的发生与生长

1. 骨的发生：骨发生于中胚层的间充质，从胚胎第8周开始。骨的发生有膜内成骨和软骨内成骨两种。在结缔组织膜的基础上经过骨化而成的骨为膜内成骨，如颅顶骨等。在软骨的基础上经过骨化而成的骨则为软骨内成骨，如四肢骨。

2. 骨的生长：骨的生长是骨的破坏和建造两个过程对立统一的结果，生长过程中建造占优势。骨发生的两种方式在生长中亦有体现。骨的增粗是以膜内成骨方式为主，骨的长长是以软骨内成骨方式为主。影响骨生长的因素有很多。其中种族、遗传和激素的作用是内因；营养、维生素、机械力和体育锻炼是外因。

四、骨的主要骨性标志

（一）上肢骨

上肢骨包括上肢带骨和自由上肢骨。上肢带骨由锁骨和肩胛骨组成。自由上肢骨由肱骨、桡骨、尺骨及手骨构成（图1–6）。各骨骨性标志见图1–7～图1–11。

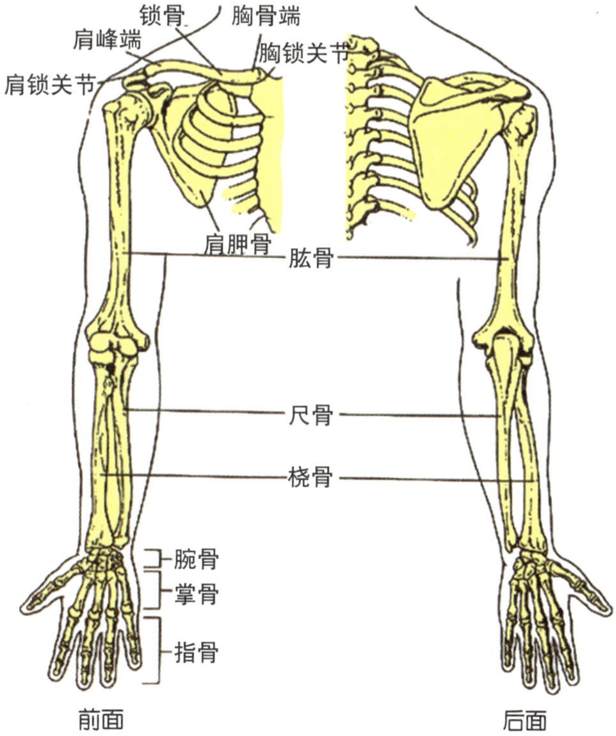

图1–6 上肢骨

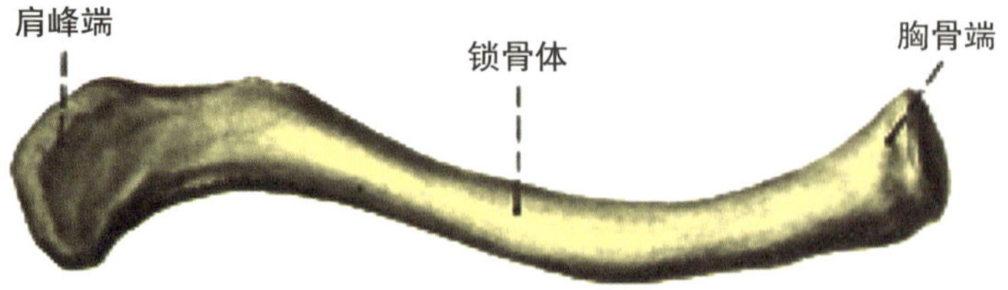

图1-7a 锁骨上面

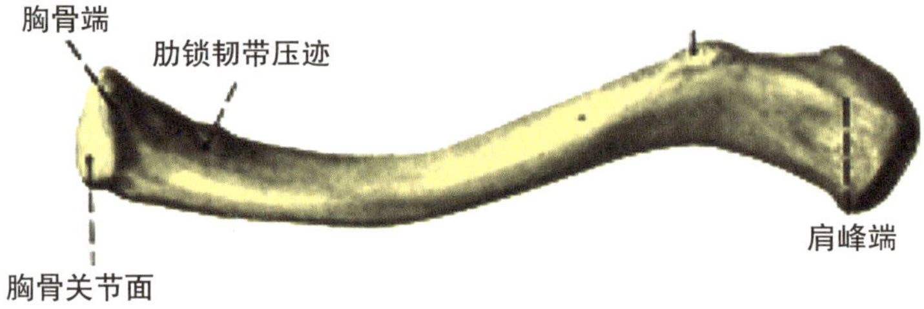

图1-7b 锁骨下面

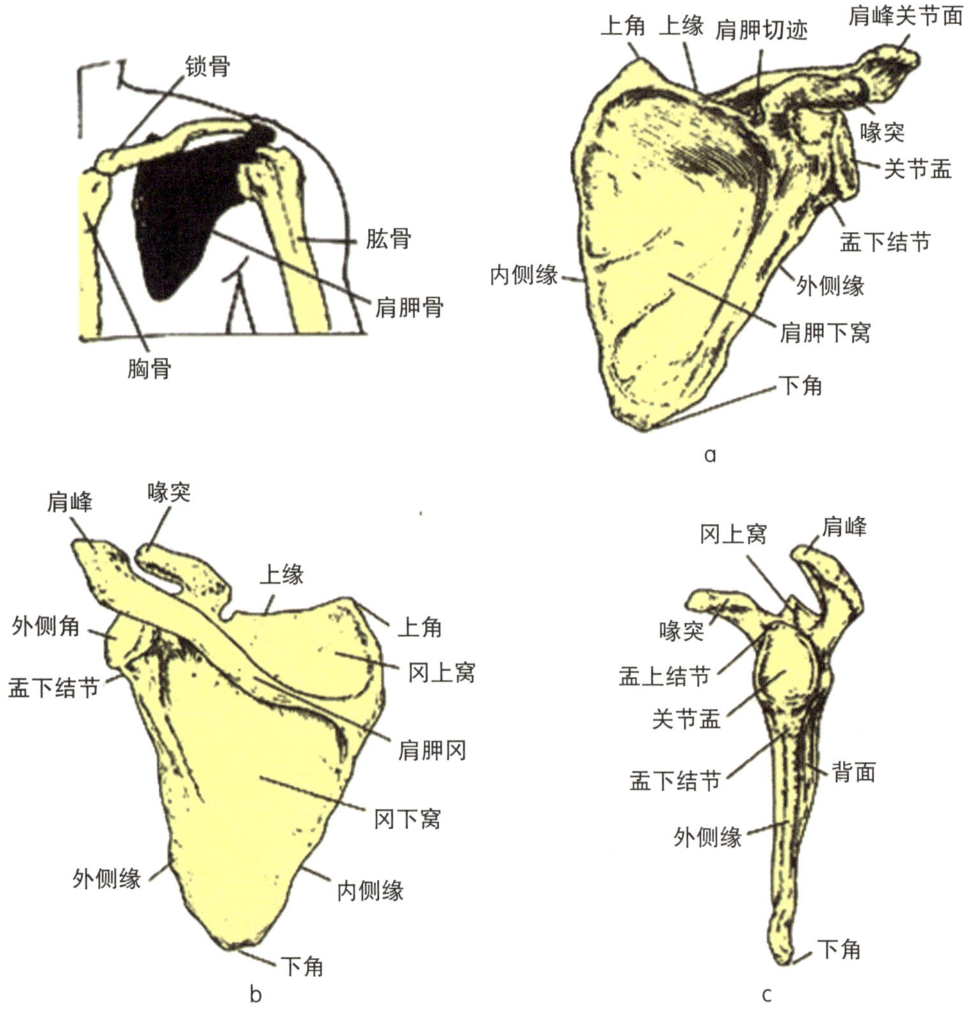

图1-8 肩胛骨（左） a. 前面 b. 后面 c. 外侧面

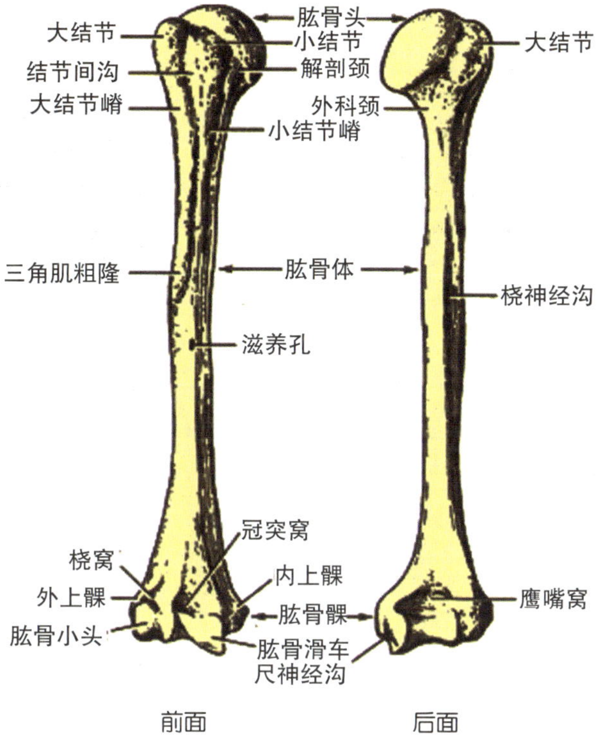

图1-9　肱骨

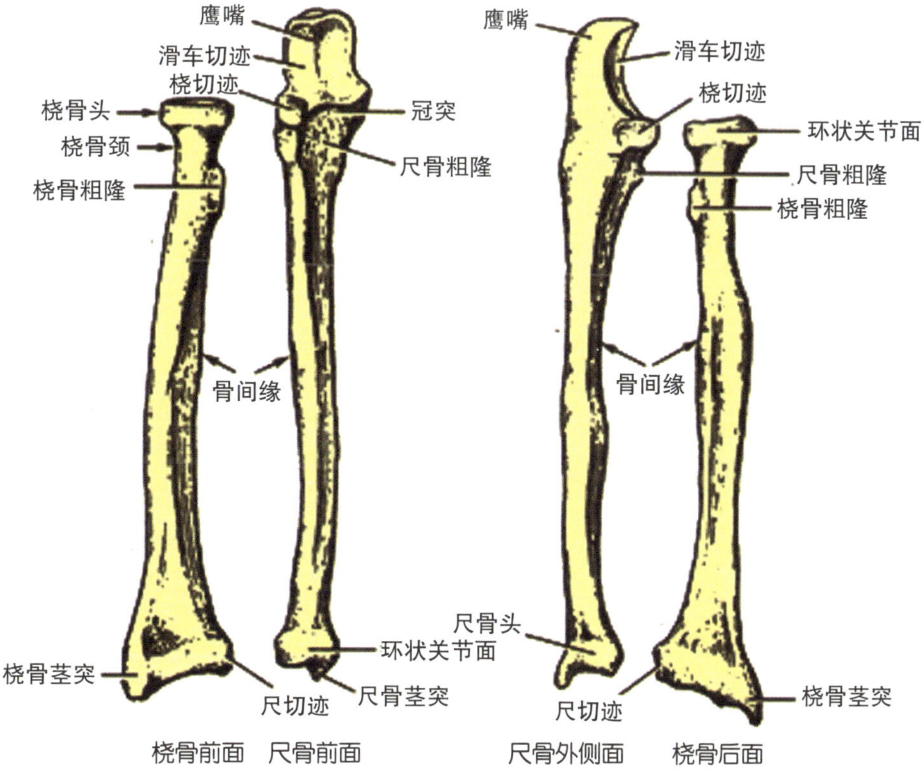

图1-10　桡骨和尺骨

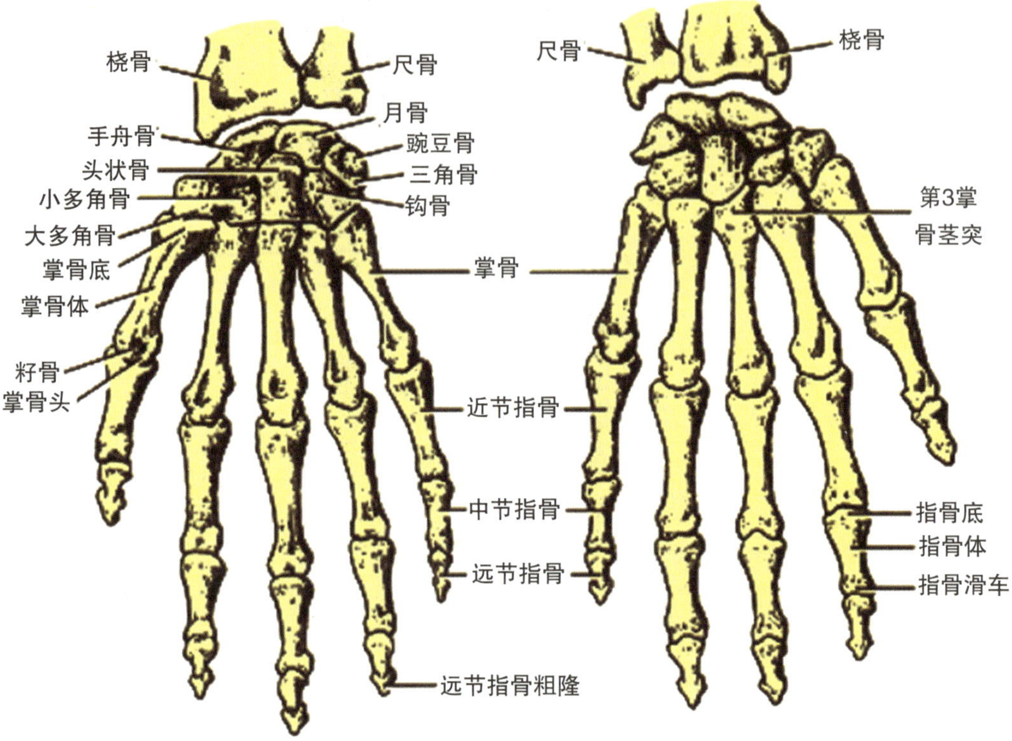

图1-11 手骨

上肢骨的主要体表标志

锁骨位于胸廓前上方，全长易在皮下摸到。

肩胛骨位于背外上方，易在皮下触及中内侧缘及下角、肩胛冈和肩峰。肩峰为测量肩宽和上肢全长的体表标志。喙突位于锁骨内侧2/3与外侧1/3交界处下方皮下。

肱骨位于上臂，其大结节可在肩部最外侧皮下触及，其内、外上髁位于下端两侧皮下，其中内上髁较隆起。

尺骨位于前臂内侧，从鹰嘴到茎突全长位于后面内侧皮下。其中鹰嘴在屈肘时，茎突在前臂旋内时更明显，均可在体表摸到。

桡骨位于前臂外侧，其下端茎突易在外侧皮下触及，在屈腕时更明显。

手骨位于桡腕关节掌侧面，两侧可摸到大多角骨、豌豆骨；握拳或伸掌时，可看到或摸到各掌骨及指骨。

（二）下肢骨

下肢骨包括下肢带骨和自由下肢骨两部分。下肢带骨由左、右侧髋骨构成，自由下肢骨由股骨、髌骨、胫骨、腓骨和足骨构成（图1–12）。各骨骨性标志见图1–13 ~ 图1–17。

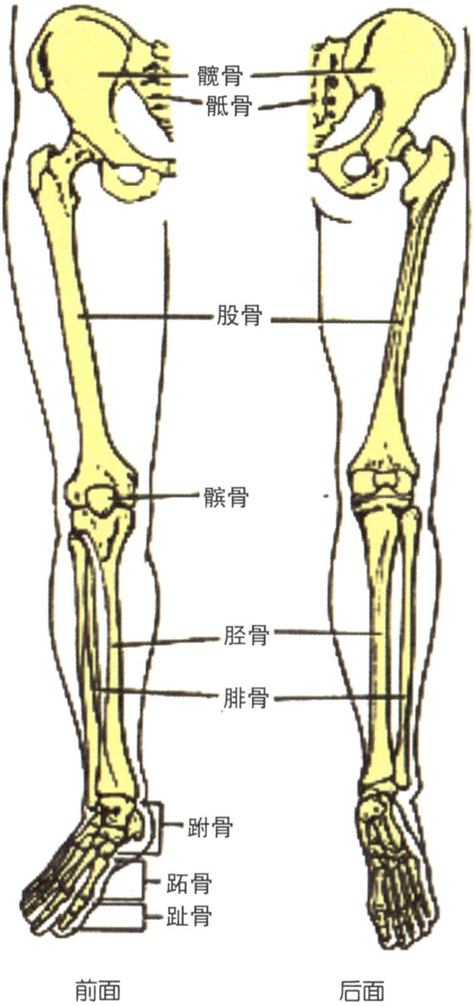

图1-12 下肢骨

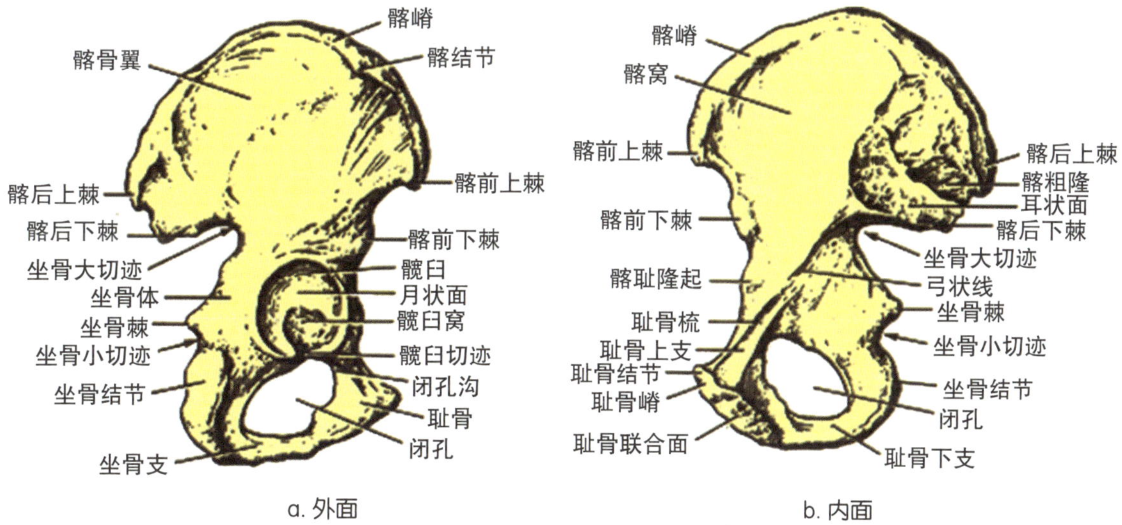

图1-13 髋骨

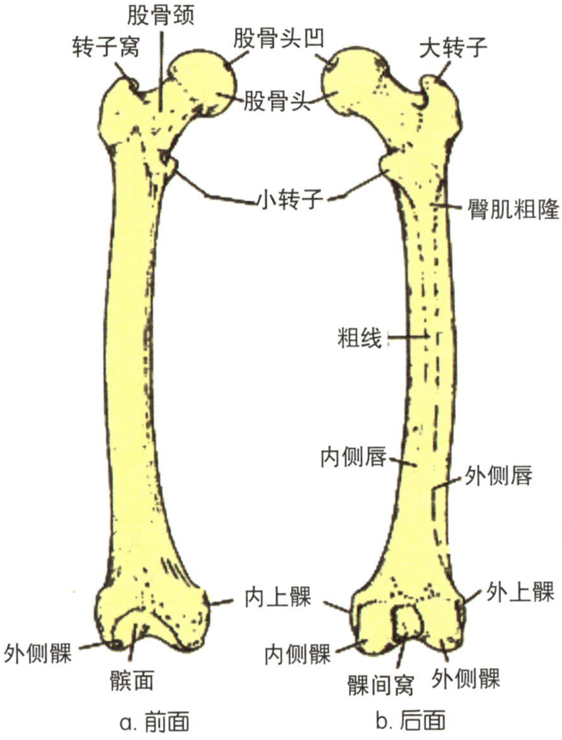

图1-14 股骨

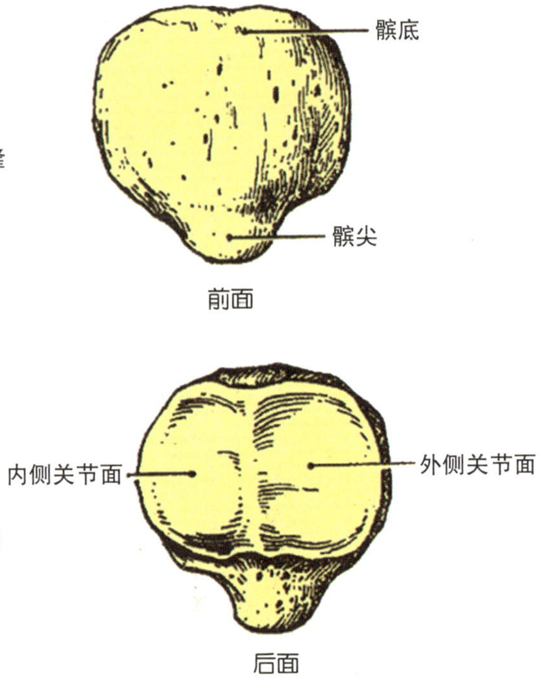

图2-15 髌骨

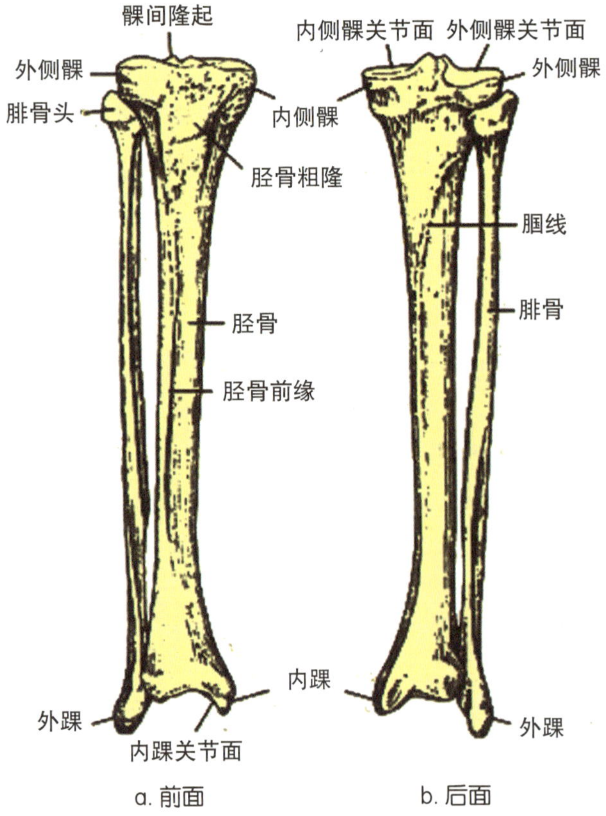

图1-16 胫骨和腓骨

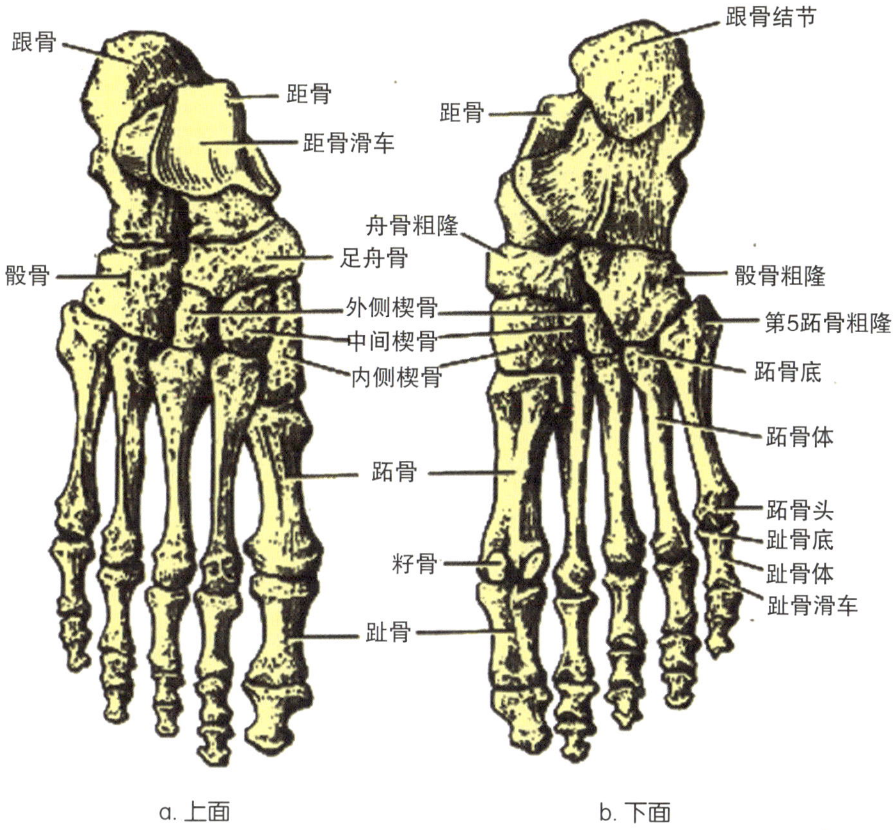

图1-17　足骨

下肢骨的主要体表标志

髋骨位于腰腹部侧面，其髂嵴全长易在皮下触及，向前、后方延伸。前端为髂前上棘；后端为髂后上棘。坐骨结节位于臀部后下方。

股骨位于髋部最外侧，其大转子易在皮下触及。内、外侧髁位于大腿下端两侧皮下。

髌骨前面位于膝关节前面皮下。

胫骨的胫骨粗隆位于上端前面，屈膝时更明显。内、外侧髁位于上端两侧皮下。前缘位于小腿前内侧皮下，内踝位于下端内侧皮下。

腓骨的腓骨头位于胫骨外侧髁下方皮下，屈膝时较明显。外踝位于下端外侧皮下，外踝比内踝略低。

跟骨的跟结节位于足后部皮下。

（三）躯干骨

躯干骨包括24块椎骨、1块骶骨、1块尾骨、1块胸骨和12对肋。它们分别参与脊柱、骨性胸廓和骨盆的构成。其中，独立的椎骨按部位分为7块颈椎，12块胸椎，5块腰椎。各骨骨性标志见图1-18～图1-25。

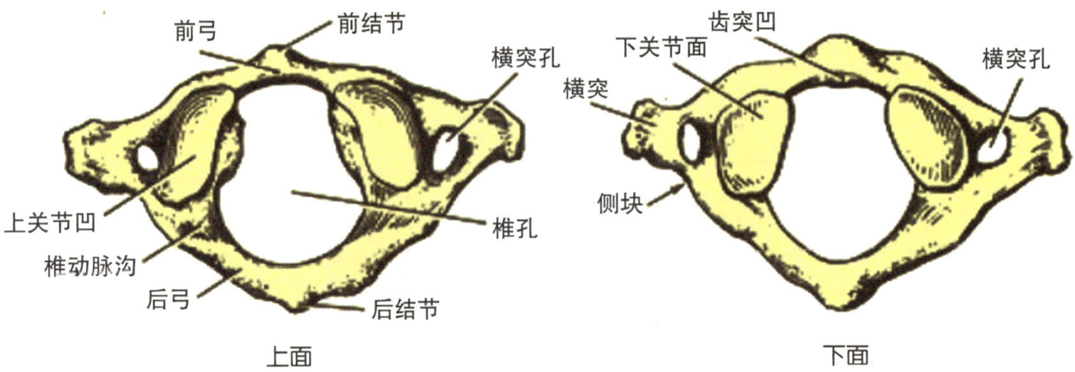

图1-18　寰椎（第1颈椎）

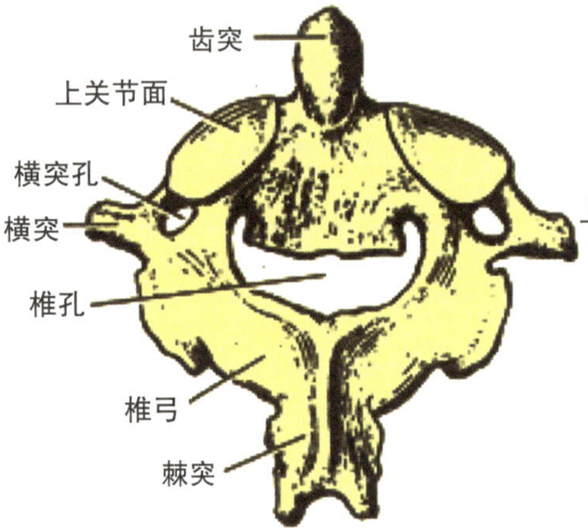

图1-19　枢椎（第2颈椎）

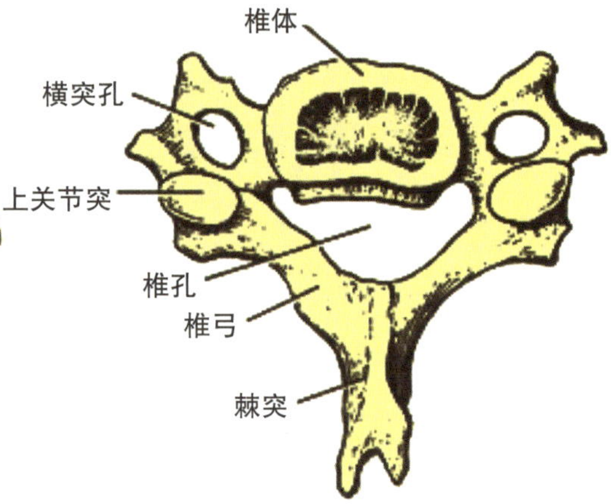

图1-20　第3～6颈椎

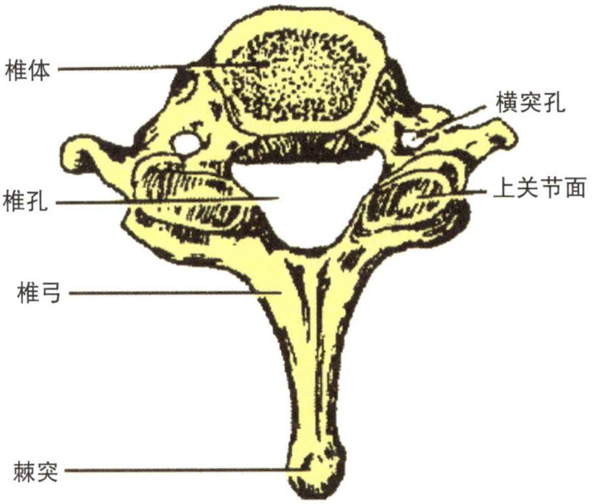

图1-21　隆椎（第7颈椎）

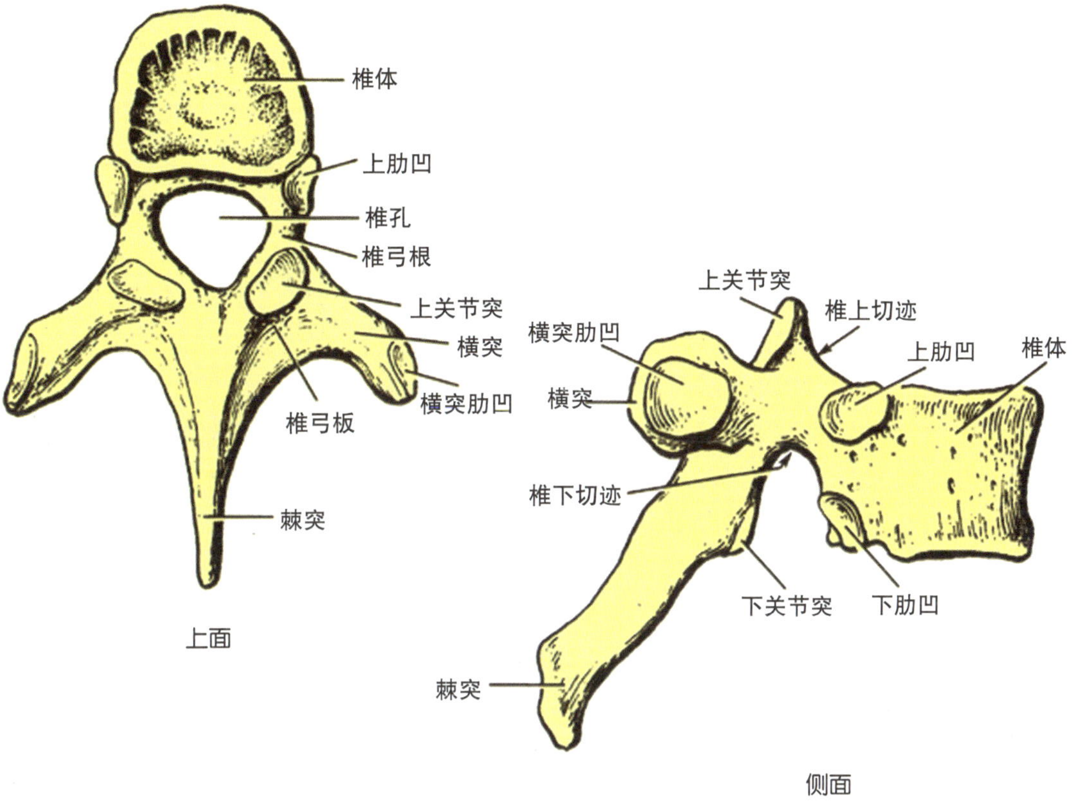

图1-22 胸椎

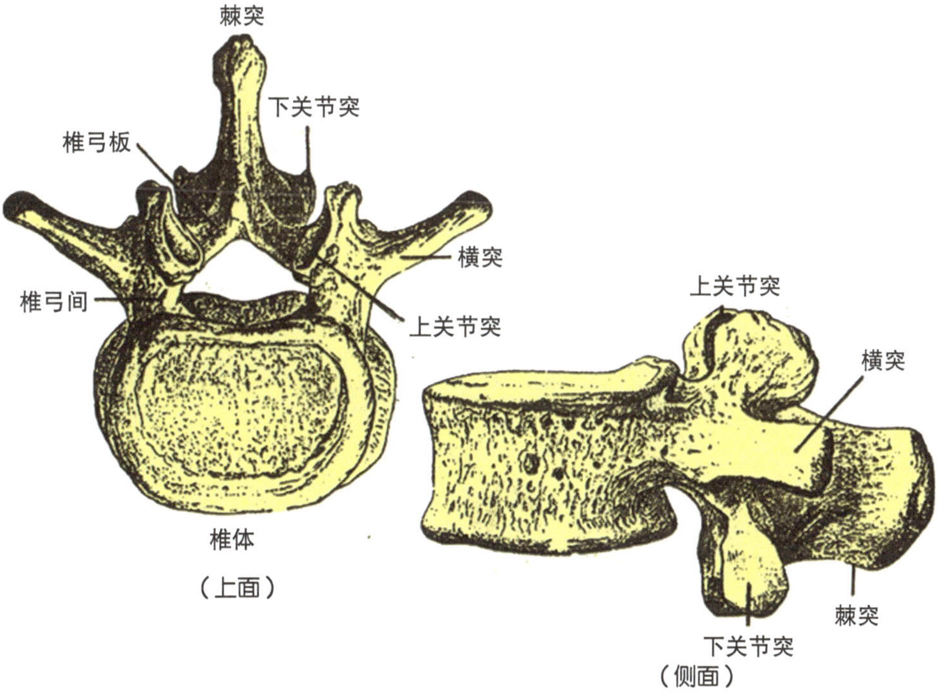

图1-23 腰椎

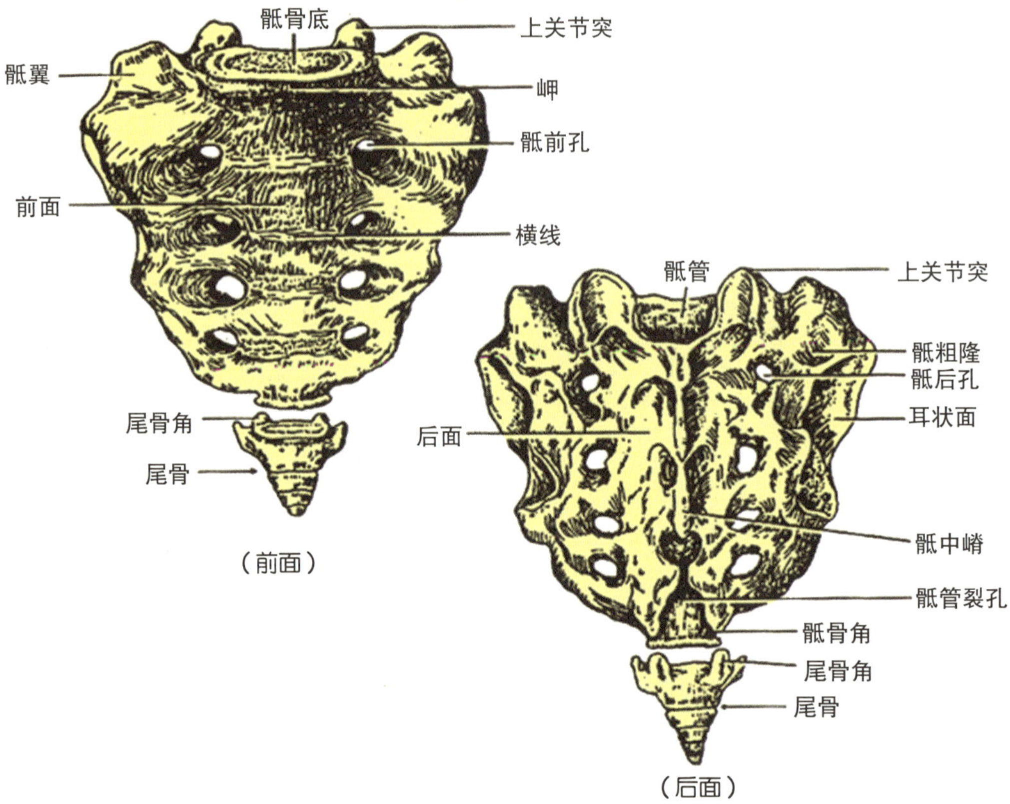

图1-24　骶骨和尾骨

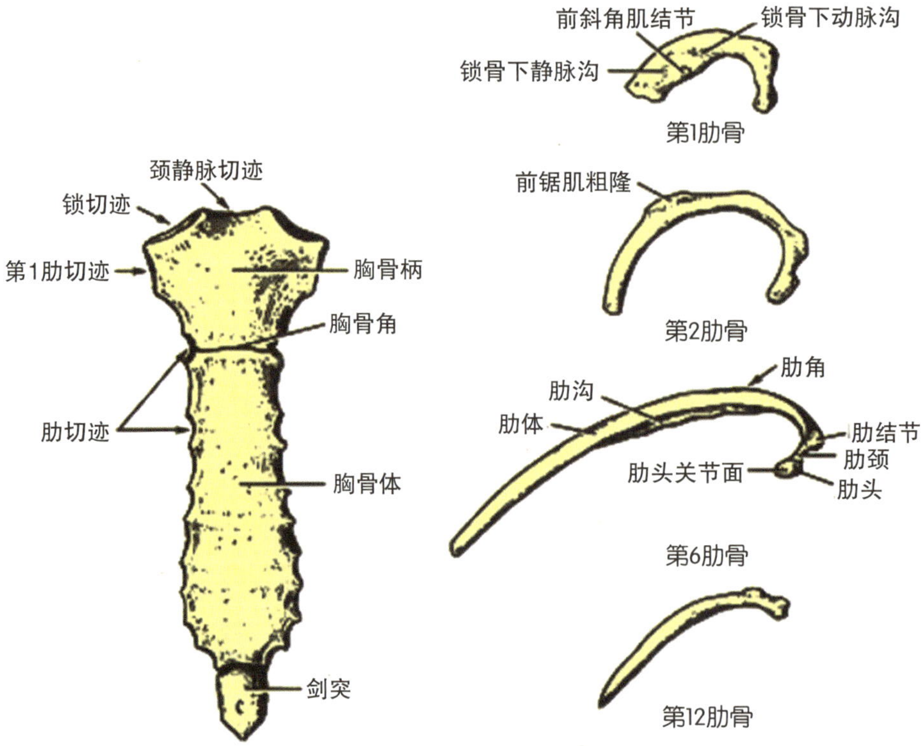

图1-25　胸骨和肋骨

躯干骨的主要体表标志

（1）椎骨棘突位于背部正中皮下，特别是隆椎，低头时更明显。两侧肩胛冈内侧缘连线，平第3胸椎棘突。两髂嵴最高点连线平第4腰椎棘突，易于在体表扪及。

（2）肋骨除第1肋骨外，所有肋骨都可扪及。第2肋位于锁骨下方皮下。肩胛骨下角平对第7肋或第7肋间隙。

（3）胸骨全长位于胸正中部皮下，其中胸骨角两侧平对第2肋，是计数肋的重要标志。

第二节　关节概述

关节又称间接骨连结或滑膜关节，是骨连结的最高分化形式，骨与骨的相对面间无直接连结，相对骨面互相分离，其间为充以滑液的腔隙，其周围借结缔组织相连结，因而通常具有较大的活动性。

一、关节的结构

关节的结构包括主要结构和辅助结构（图1–26）。

（一）关节的主要结构

1. **关节面：**是参与组成关节的各相关骨的接触面。每一关节至少包括两个关节面，一般为一凸一凹，凸者称为关节头，凹者称为关节窝。关节面上覆有关节软骨即关节面软骨。关节面软骨具有弹性，能承受压力和吸收震荡，减轻运动时的震荡和冲击。

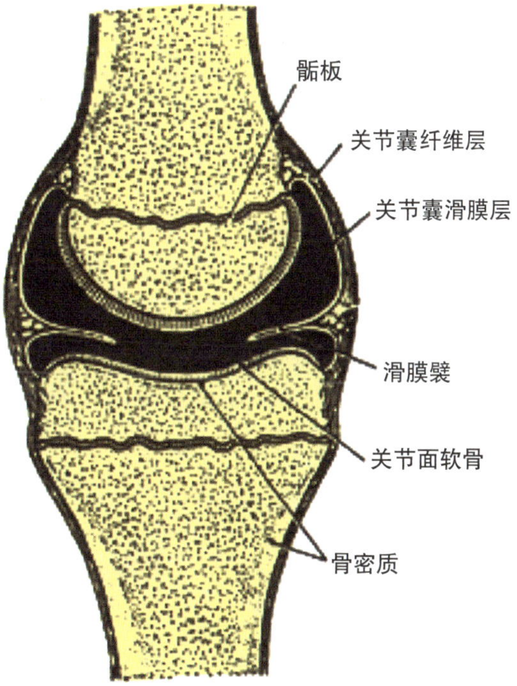

图1–26　关节结构模式图

2. **关节囊：**由纤维结缔组织构成的囊，附于关节面周围的骨面并与骨膜融合，密闭关节腔。关节囊的松紧和厚薄因关节的不同而异，活动较大的关节，关节囊较薄而松弛；反之，活动较小的关节，关节囊较厚而紧。关节囊可分为内、外两层。外层为纤维层，由致密结缔组织构成的囊，富有血管、淋巴管和神经。内层为滑膜层，由平滑光亮、薄而柔润的疏松结缔组织膜构成，衬贴于纤维层的内面，其边缘附着于关节面软骨周缘。滑膜层富含血管、淋巴管和神经，能产生滑液，并为关节面软骨提供营养。滑液不但为关节面提供了液态环境，而且保持了一定酸碱度，保证关节面软骨的新陈代谢，并增加滑润，减少摩擦，降低软骨的蚀损，促进关节的运动效能。

3. **关节腔：**由关节面软骨和关节囊滑膜层共同围成的密闭腔隙，腔内有少量滑液，关节腔内呈负压，对维持关节的稳定性有一定的作用。

（二）关节的辅助结构

关节除具备上述主要结构外，某些关节为适应特殊功能的需要而分化出一些辅助结构以增加关节的灵活性或稳固性。

1. **韧带：**是连于相邻两骨之间的致密纤维结缔组织束，可加强关节的稳固性。位于关节囊外的称囊外韧带，如髋关节的髂股韧带；有的独立于关节囊，不与关节囊相连，如膝关节的腓侧副韧带；位于关节囊内的称囊内韧带，被滑膜包囊，如膝关节的交叉韧带。韧带和关节囊有丰富的感觉神经分布，故关节疾患时极为疼痛。

2. **关节内软骨：**为存在于关节腔内的纤维软骨，有关节盘、半月板两种。

关节盘是位于两关节面之间的纤维软骨板，其周缘附着于关节囊内面，将关节腔分为两部分。关节盘多呈圆形，中央稍薄，周缘略厚，膝关节中的关节盘呈半月形，称半月板。关节盘使两关节面更为适合，减少冲击震荡，并可增加关节的稳定性。此外，两个腔可产生不同的运动，从而增加运动的形式和范围。

3. **关节唇：**是附于关节窝周缘的纤维软骨环，它加深关节窝，增大关节面，有增加关节稳固性的作用。

4. **滑膜襞和滑膜囊：**有些关节的滑膜面积大于纤维层，以致滑膜重叠卷摺，并突向关节腔而形成滑膜皱襞，有的其内含有脂肪和血管，形成滑膜脂垫。在关节运动时，关节腔的形态、容积、压力发生改变，滑膜垫可起调节或充填作用，同时也扩大了滑膜的面积，有利于滑液的分泌和吸收。在有些关节，滑膜从纤维层缺如或薄弱膨出，充填于肌腱与骨面之间，形成滑膜囊，可减少肌肉活动时与骨面之间的摩擦。

二、关节的运动

关节的运动通常是人体的某一环节（躯体的任何一部分），在某一平面内围绕某一运动轴所进行的运动（图1-27）。关节面的形态决定运动轴的多少和方向，并决定关节的运动形式和范围。其运动形式基本上可依照关节的3轴分为3组拮抗性运动。

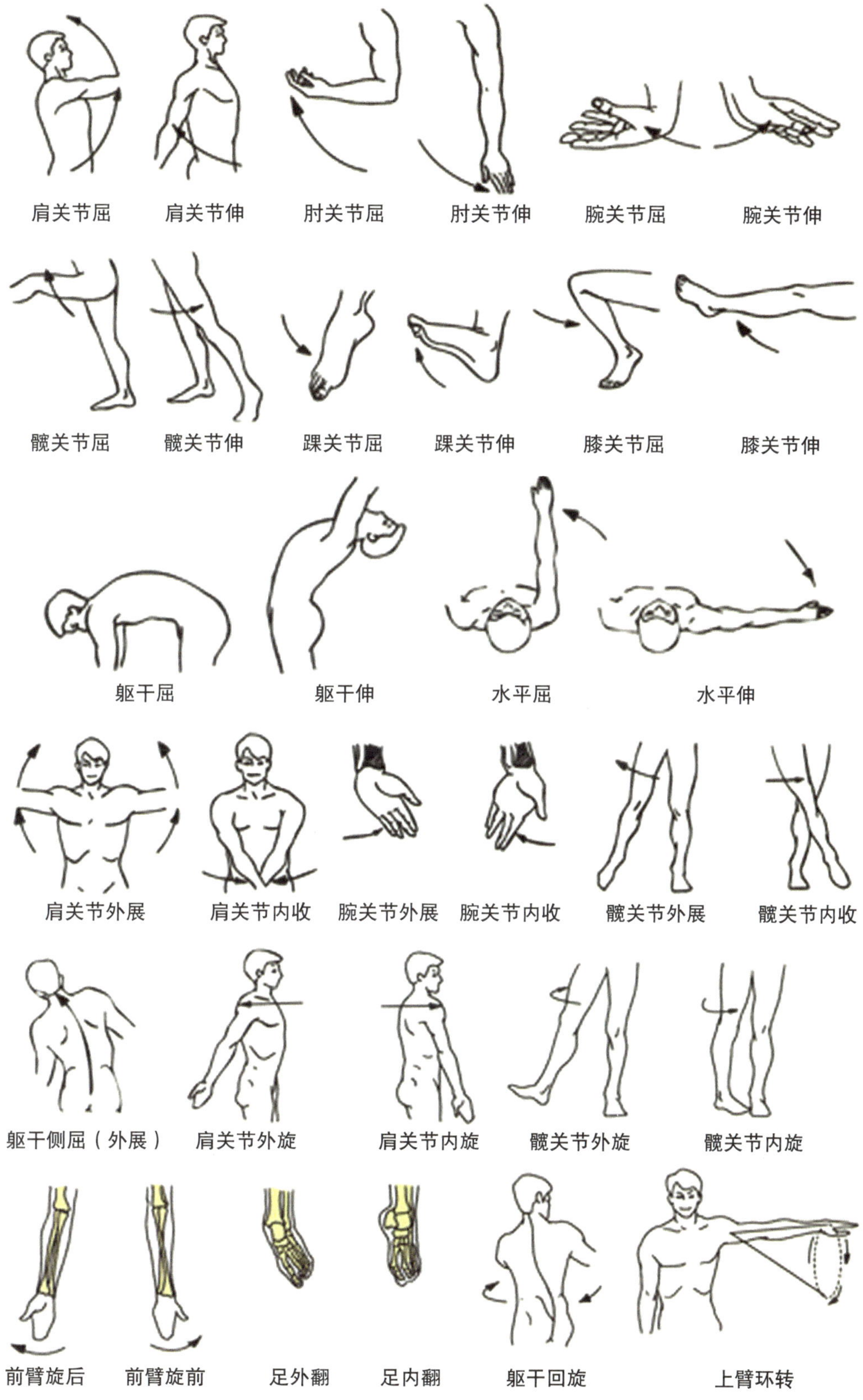

图1–27　人体主要关节的运动

1. **屈和伸**：运动环节在矢状面内，绕额状轴运动。两环节之间在腹侧角度变小的运动称为屈；反之，角度增大的运动称为伸。而膝关节及其以下的关节则相反，小腿向后贴近大腿的运动称为膝关节的屈；反之称为伸。在足部的屈伸则反映了胚胎早期后肢芽的旋转，足尖上抬，足背向小腿前面靠拢为踝关节的伸，亦称为背屈，足尖下垂为踝关节的屈，亦称为跖屈。

2. **内收和外展**：运动环节在额状面内，绕矢状轴运动。运动时环节向正中矢状面靠拢称为内收；反之，环节远离正中矢状面称为外展。对于手指和足趾的收展，则人为地规定以中指和第二趾为中轴的靠拢或散开的运动。

3. **回旋（旋转）**：运动环节在水平面内绕其本身的垂直轴旋转，由前向内的旋转称为内旋或旋前，由前向外的旋转称为外旋或旋后。

4. **环转**：运动环节绕额状轴、矢状轴、垂直轴和它们之间的中间轴做连续运动，环转运动实际上是屈、展、伸、收依次结合的连续动作。运动环节的近端在原位活动，运动环节的远端做圆周运动，运动环节描绘出圆锥体的轨迹。

5. **水平屈伸**：上肢在肩关节或大腿在髋关节外展90°，绕垂直轴在水平面内向前运动为水平屈，向后运动为水平伸。

三、人体主要关节的组成、结构与运动

（一）上肢主要关节的组成、结构与运动

1. 胸锁关节（图1–28）

（1）组成：由锁骨的胸骨端关节面与胸骨的锁切迹及第1肋软骨的上缘构成。

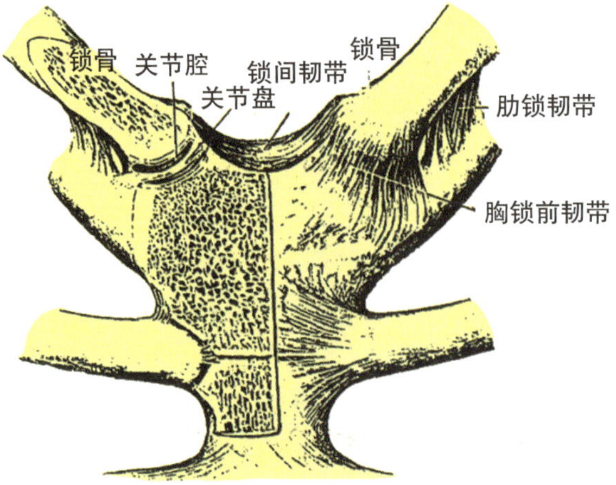

图1–28 胸锁关节

（2）结构特点：该关节是上肢与躯干之间连结的唯一关节。关节面形似鞍状，关节囊坚韧，其前方、后方和上方分别有韧带加强。周围有韧带加固。关节腔内有关节盘将关节腔分为外上和内下两部分，故将其改变为多轴关节。

（3）运动：胸锁关节有三个运动轴，绕矢状轴可做上下运动；绕垂直轴可做前后运动；绕额状轴可做回旋运动（如肩部前后绕环运动）。

2. 肩锁关节（图1–29）

（1）组成：由锁骨的肩峰端关节面与肩胛骨的肩峰关节面构成，属于平面关节。

（2）结构特点：有喙锁韧带、肩锁韧带加强。

（3）运动：肩锁关节活动范围很小，在体操、足球、排球等运动项目中易发生损伤。

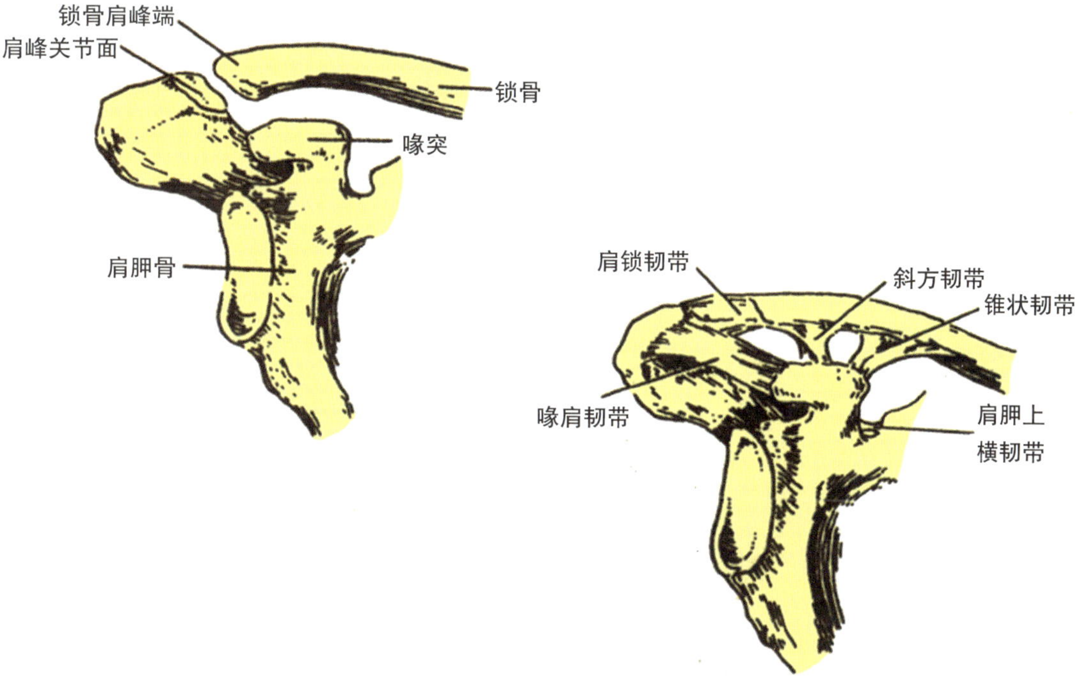

图1–29　肩锁关节

3. 肩关节（图1–30、图1–31）

（1）组成：由肩胛骨的关节盂与肱骨的肱骨头构成，也称盂肱关节。

（2）结构特点：是人体最灵活的关节。关节面的面积差较大，关节囊薄而松弛。关节窝周缘有关节唇，可加深关节盂。关节囊壁内有肱二头肌长头腱通过，此腱有加固该关节的作用。加固该关节的主要韧带有喙肩韧带，可防止肱骨头向上方脱位；喙肱韧带，可防止关节头向上部脱位。盂肱韧带，有加强关节前壁的作用。

（3）运动：肩关节是典型的球窝形关节，能绕3个基本轴进行运动。绕额状轴可做屈、伸运动；绕矢状轴可做内收、外展运动；绕垂直轴可做旋内、旋外运动；还可做环转运动与水平屈伸运动。

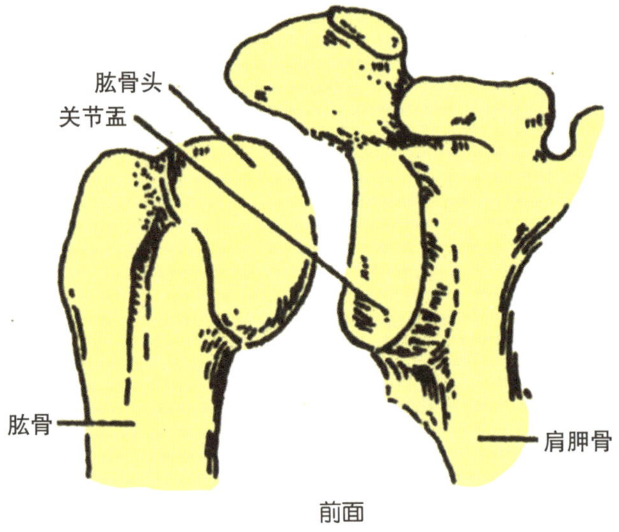

图1-30　肩关节的关节面

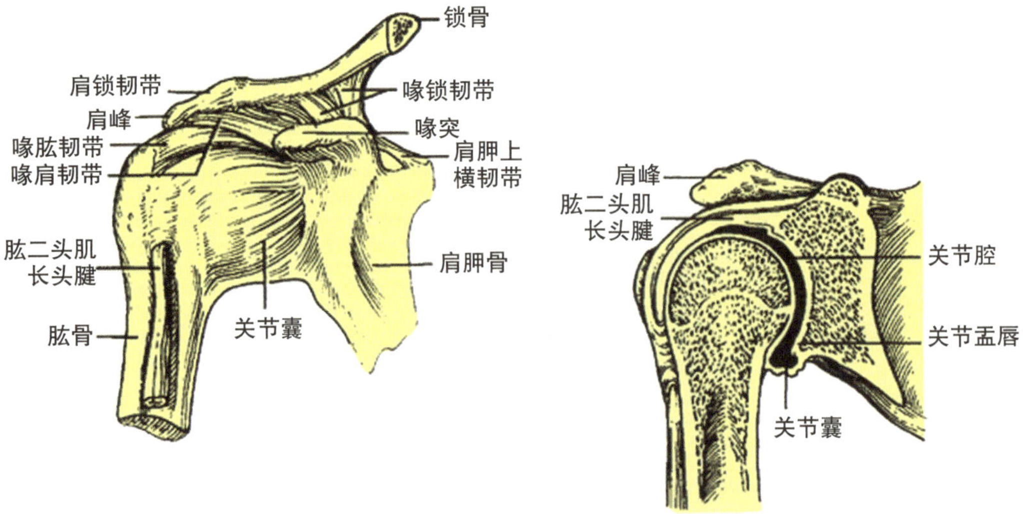

图1-31　肩关节（钟世镇主编，系统解剖学）

4. 肘关节（图1–32、图1–33）

（1）组成：由肱骨下端与尺、桡骨上端构成复关节，肘关节包括3个部分。

肱尺关节：由肱骨滑车和尺骨滑车切迹构成的屈戌关节。

肱桡关节：由肱骨小头和桡骨关节凹构成的球窝关节。

桡尺近侧关节：由桡骨环状关节面和尺骨桡切迹构成的车轴关节。

（2）结构特点：组成肘关节的3个部分包在一个关节囊内，彼此又可独立活动，属于复关节。肘关节囊前、后壁薄而松弛，两侧壁厚而紧张。加固肘关节的韧带有桡侧副韧带、尺侧副韧带、桡骨环状韧带，分别加固肱桡关节、肱尺关节和桡尺近侧关节。

（3）运动：从肘关节整体运动来说，上述3个关节只能绕两个运动轴运动，即绕额状轴做屈伸运动，为肱尺关节和肱桡关节共同参与；绕垂直轴可做旋内和旋外运动，为肱桡关节和桡尺近侧关节共同参与。由于受尺骨的限制，不能做内收、外展运动。应该指出肘关节的回旋运动，还需要桡尺远侧关节参加才能完成。

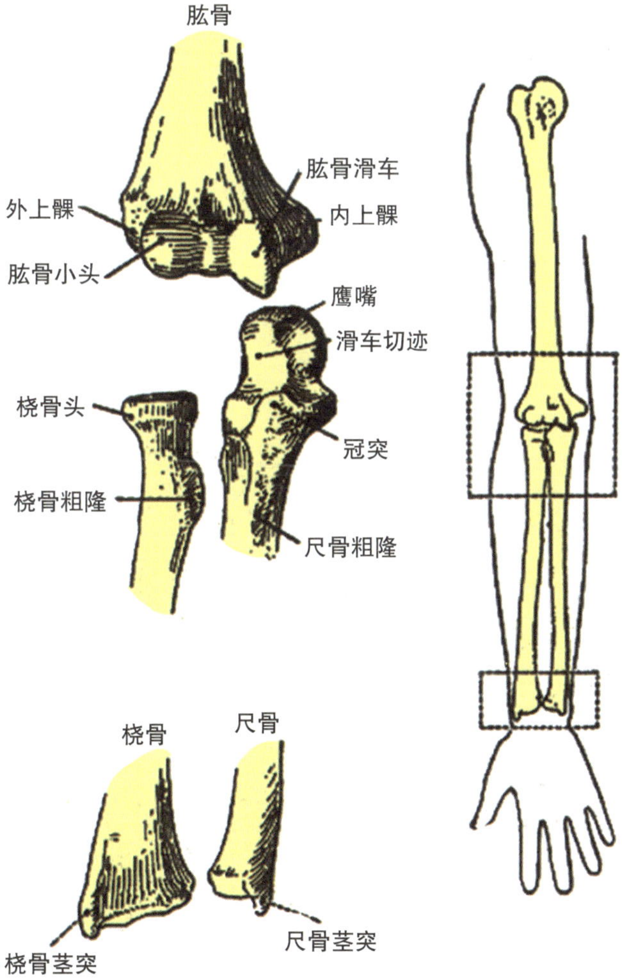

图1–32　肘关节及桡尺远侧关节关节面

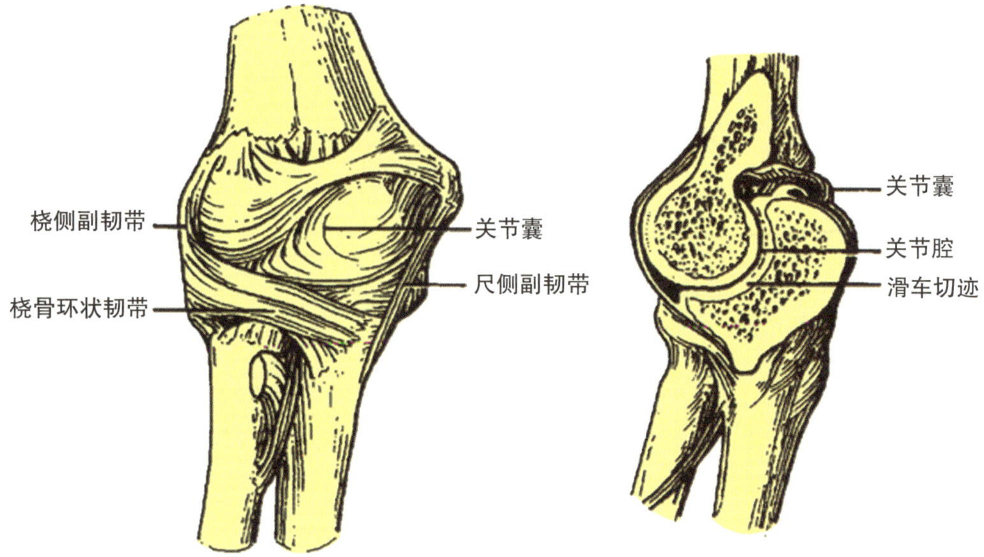

图1-33 肘关节（钟世镇主编，系统解剖学）

5. 桡腕关节（图1-34）

（1）组成：由桡骨的桡腕关节面和尺骨下方关节盘组成的关节窝与近侧列腕骨的手舟骨、月骨和三角骨组成的关节头构成。

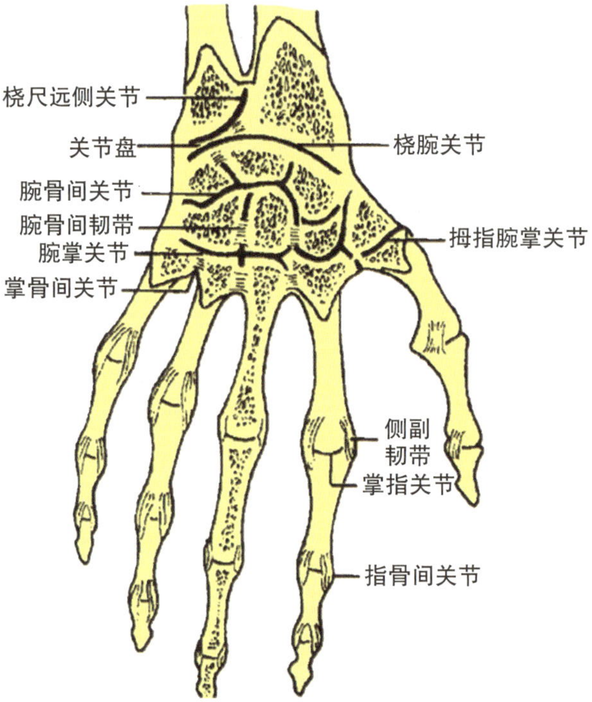

图1-34 桡腕关节

（2）结构特点：手舟骨、月骨和三角骨之间由韧带连结在一起，可看成1块骨；尺骨由于有三角形的关节盘所隔，不参与桡腕关节的构成。因此，桡腕关节属于单关节。关节囊前后松弛，有利于手做屈伸运动。关节囊的前、后、内、外侧皆有韧带加固，即前面的桡腕掌侧韧带，后面的桡腕背侧韧带，内侧的腕尺侧副韧带，外侧的腕桡侧副韧带。

（3）运动：桡腕关节是个典型的椭圆关节，可绕两个运动轴运动。绕额状轴可做屈伸运动，绕矢状轴可做内收和外展运动，还可做环转运动。

（二）下肢主要关节的组成、结构与运动

1. 骨盆

（1）组成：由左右髋骨、骶骨、尾骨及其连结构成。

（2）结构特点：人体直立时，骨盆呈倾斜位，小骨盆入口平面与水平面形成的角度称骨盆倾斜度（图1-35），男性为50°～55°，女性为55°～60°。从正面观，组成骨盆两侧的髋骨及镶嵌于其中央的骶骨构成半圆形的穹窿，骶骨有如穹窿锁。骨盆两侧的髋臼架在股骨头上，股骨有如穹窿柱。作为穹窿锁的骶骨，前宽后窄，在重力作用下，有向前下方转动的趋势，骶结节韧带、骶棘韧带及骶髂骨间韧带等，具有阻止骶骨转动或滑脱的作用。骨盆形似拱形结构，它既坚固又省材，能承受较大载荷而又可缓冲震动。人体直立时，重力由腰椎经骶骨、骶髂关节、髋臼传至股骨头，形成“立弓”，坐位时，重力由骶骨向两侧传至坐骨结节，形成“坐弓”（图1-36）。

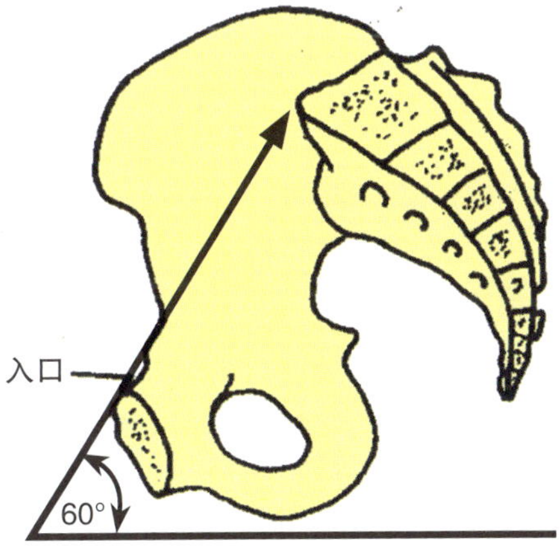

图1-35　直立时骨盆倾斜示意（矢状面）

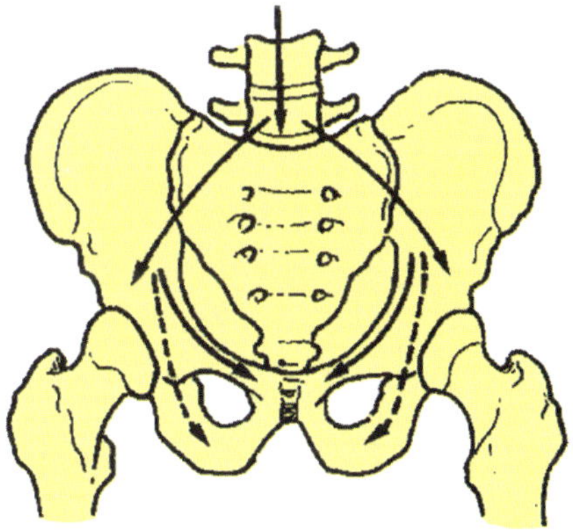

图1-36　重力传递方向

（3）功能：骨盆具有支持体重、缓冲震荡、保护内脏、提供肌肉附着以及参与构成女性生殖道等功能。

（4）运动：骨盆上借骶髂关节与脊柱相连，下借髋臼与下肢相连，骨盆以这些关节为轴，可进行各种运动。绕两侧髋关节的共同额状轴，可做向前和向后的运动，如体前屈和体后伸运动。绕一侧髋关节的垂直轴，可做侧向转动，如跑步时增大步幅的送髋动作。绕一侧髋关节的矢状轴，可做向上和向下的转动，如上下台阶的动作。骨盆与下肢一起做相对脊柱的运动，绕额状轴可做后倾（如收腹举腿）、前倾（如向后背腿）运动，绕矢状轴可做侧屈（鞍马单腿摆越）运动，绕垂直轴可做回旋（如双杠支撑前摆转体180° 下）运动。

2. 髋关节（图1–37）

（1）组成：由股骨头和髋臼构成，是典型的球窝关节，关节囊厚而坚韧。

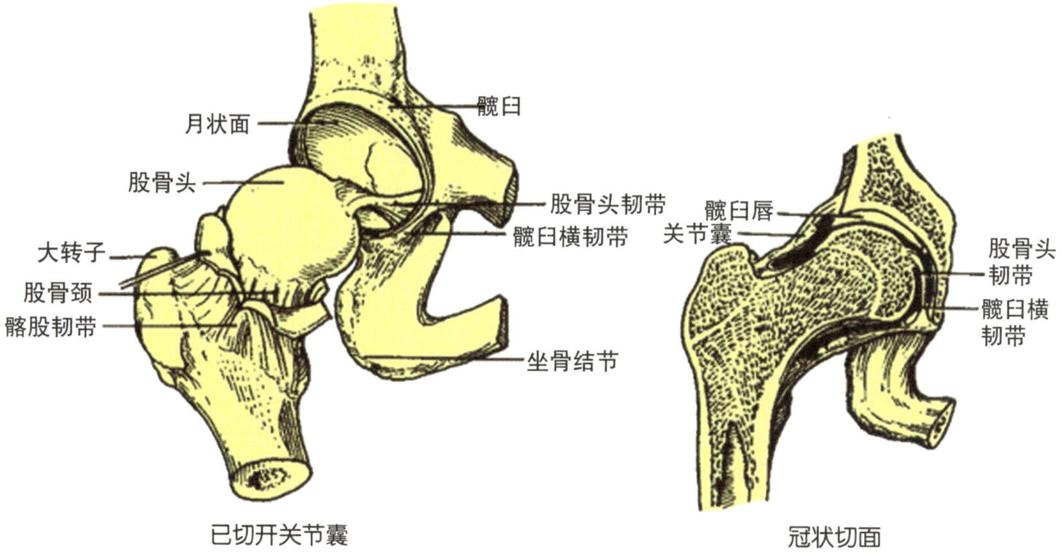

图1–37 髋关节的组成（钟世镇主编，系统解剖学）

（2）结构特点：髋关节的关节面面积差较小，关节囊厚而紧张，因此关节的灵活性小，而稳固性大。具有髋臼唇，有加深关节窝，增强关节稳固性的功能。加固髋关节的主要韧带有髂股韧带，位于关节囊的前面，是人体中最强的韧带之一，可加强囊前壁，防止股骨头向前脱位，同时限制髋关节过度伸和维持人体直立姿势。耻股韧带，位于关节囊的前内侧，可限制大腿在髋关节处过度外展和旋外。坐股韧带，位于关节囊的后方，可限制大腿在髋关节处过度内收和旋内。股骨头韧带，位于关节腔内，内有滋养股骨头的血管通过（图1–38）。

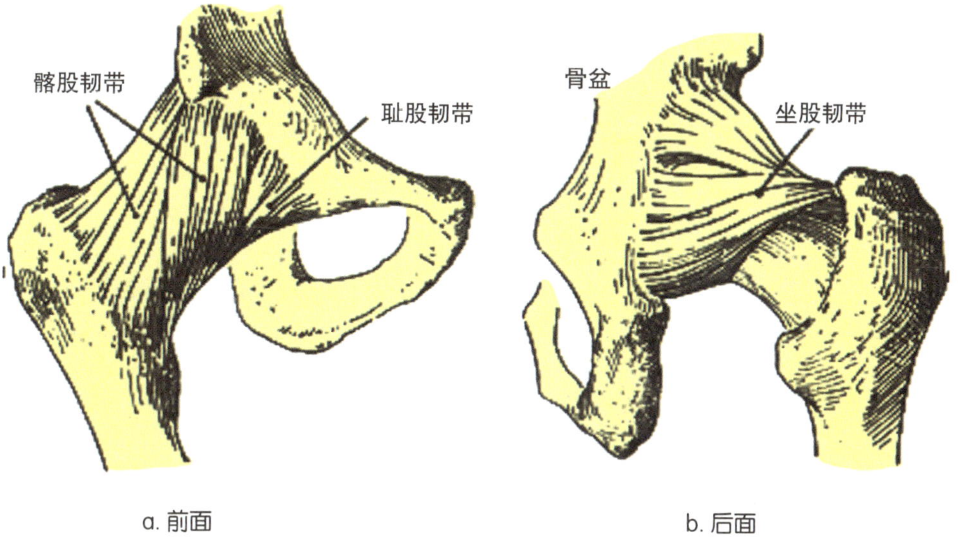

图1–38　髋关节的辅助结构

（3）运动：髋关节可绕3轴运动，沿冠状轴做前屈、后伸，沿矢状轴做内收、外展，沿垂直轴做旋内、旋外以及环转运动。

3. 膝关节

（1）组成：膝关节是人体最大的关节，由股胫关节和股髌关节构成。股胫关节由股骨和胫骨相应的内、外侧髁关节面构成；股髌关节由股骨的髌面和髌骨关节面构成（图1–39）。

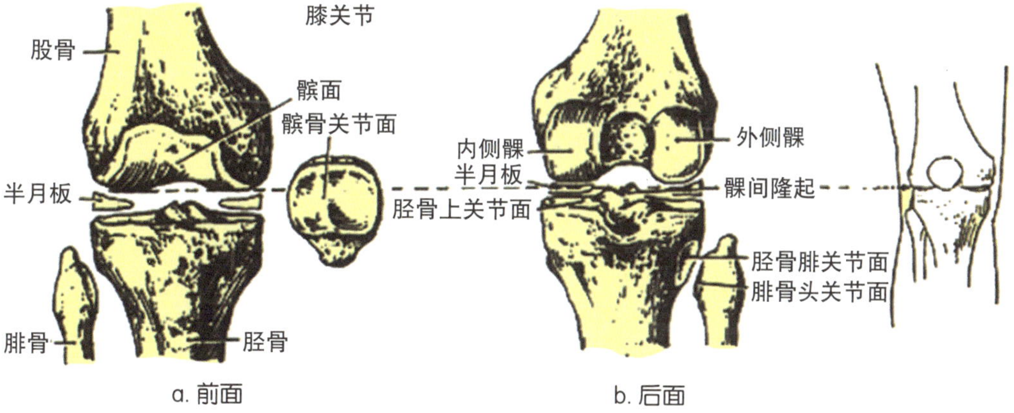

图1–39　膝关节的关节面

（2）结构特点：股胫关节头大、关节窝浅，两关节面不相适应，关节囊薄而松弛。仅从关节面形状分析，膝关节似乎是不稳固的，但是，由于膝关节有一系列关节的辅助结构，因此，它是人体中相当稳固的关节，也是人体最复杂的关节。

膝关节的辅助结构（图1-40）

半月板：是垫在胫骨内、外侧髁关节面上的两个纤维软骨板。内侧半月板呈“C”形，外侧半月板呈“O”形。半月板外缘厚、内缘薄，具有加深关节窝，使上下两关节面吻合、缓冲震动和保护膝关节的功能。

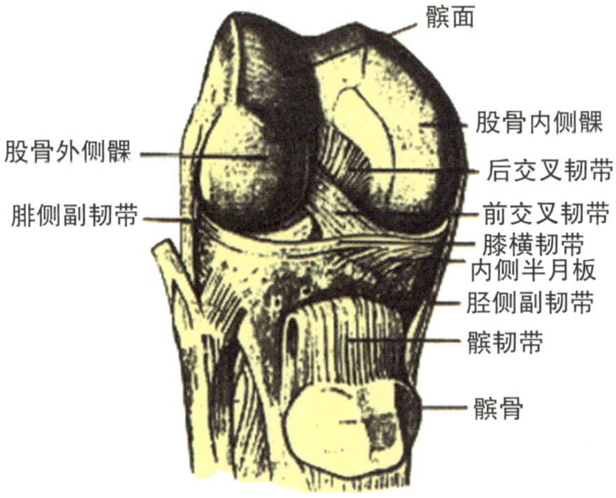

a. 前面

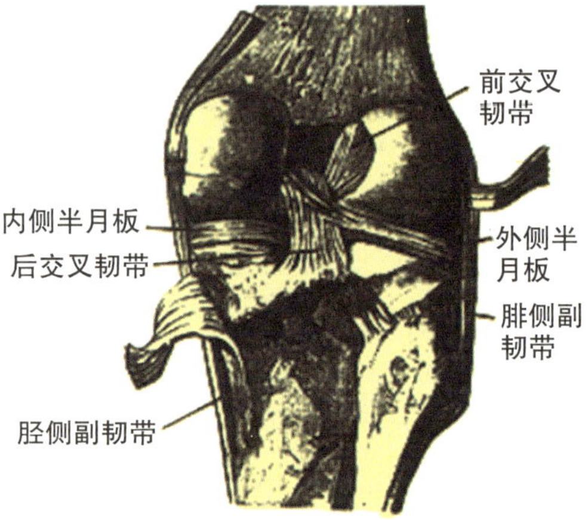

b. 后面

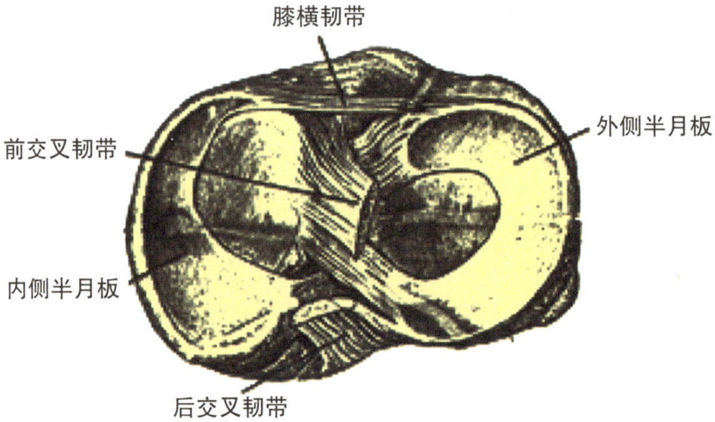

c. 半月板上面

图1-40 膝关节的辅助结构

翼状襞：在关节腔内，位于髌骨下方的两侧，为含有脂肪的皱襞，填充关节腔，以增大关节稳固性，并有缓冲震动的功能。

髌上囊和髌下深囊：位于股四头肌肌腱与股骨面之间，具有减少股四头肌收缩时肌腱与骨面之间摩擦的作用。

连结和加固膝关节的韧带有交叉韧带：又分前交叉韧带和后交叉韧带，位于关节腔内，韧带的两端分别附着于股骨内、外侧髁与胫骨髁间隆起，防止胫骨前、后移位。腓侧副韧带：位于膝关节外侧稍后方，起自股骨外上髁至腓骨头，从外侧加固膝关节和限制膝关节过伸。胫侧副韧带：位于膝关节的内侧偏后方，起自股骨内上髁至胫骨内侧髁，从内侧加固膝关节和限制膝关节过伸。髌韧带：位于膝关节囊的前方，为股四头肌腱的延续部分，起自髌骨，止于胫骨粗隆，从前方加固膝关节和限制膝关节过度屈。

（3）运动：当膝关节完全伸直时，胫骨髁间隆起与股骨髁间窝嵌锁，两侧副韧带紧张，股胫关节不能做旋转运动。屈膝时，股骨内外侧髁后部进入关节窝，嵌锁关系解除，两侧副韧带松弛，股胫关节此时可以绕垂直轴做轻度的旋转运动。

4. 踝关节

（1）组成：即距骨小腿关节，又名距上关节。该关节由胫骨的下关节面、内踝关节面和腓骨的外踝关节面共同形成的叉状关节窝，以及距骨滑车的关节头构成（图1–41）。

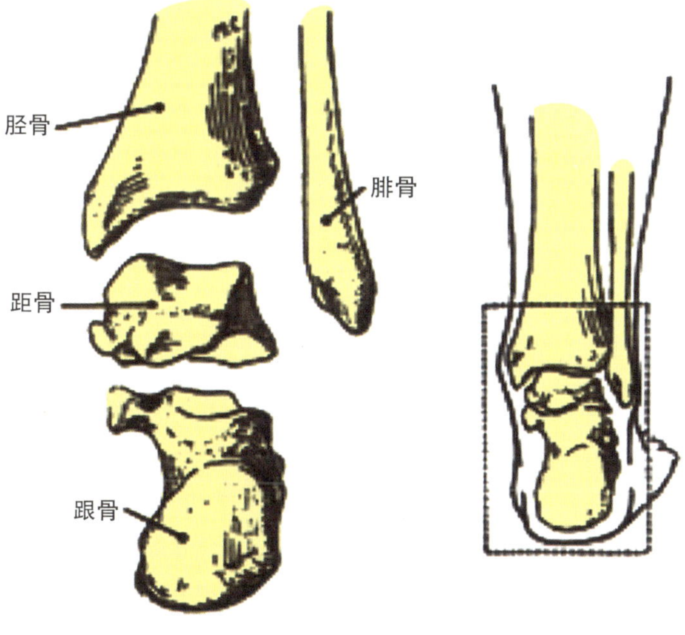

图1–41　踝关节的组成（右）

（2）结构特点：组成踝关节关节面的距骨滑车因具有前宽后窄的特点，故当足背屈时，宽的关节面部分进入关节窝，此时关节比较稳定。而当足跖屈时，窄的关节面部分进入关节窝，此时关节可做侧方运动，关节处于不稳定状态，容易发生损伤。由于外踝比内踝长，踝关节的关节囊前后松弛，有利于屈伸运动，两侧有韧带加固，内侧为三角韧带，有限制足过伸及过度外翻作用。外侧有3条，前方为距腓前韧带，中部为跟腓韧带，后方为距腓后韧带，有防止小腿位移和限制足过度内翻的作用（图1–42）。

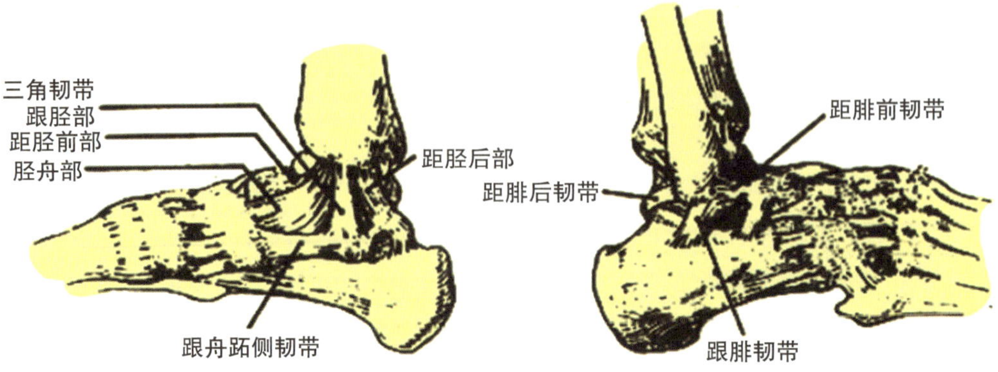

a. 右内侧　　b. 右外侧

图1-42　踝关节韧带

（3）运动：绕此关节冠状轴，足可做屈伸运动（足向下为屈，或称跖屈；足向上为伸，或称背屈）。足跖屈时，尚可做侧方运动（即内收、外展）。

5. 足弓

（1）组成：由足的跗骨、跖骨以及足部的关节、韧带、肌腱共同构成的凸向上方的弓形结构。足弓可分为前后方向的纵弓和左右方向的横弓。纵弓又由内侧纵弓和外侧纵弓组成（图1–43）。

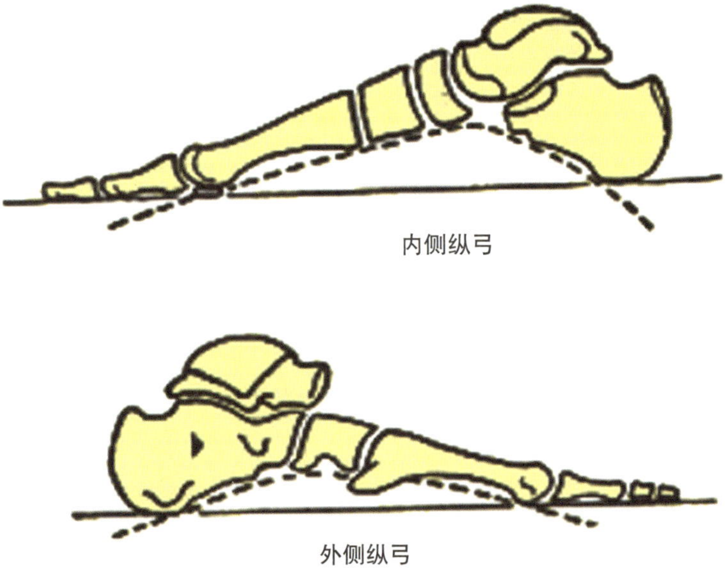

图1-43　足弓

内侧纵弓：由跟骨、距骨、舟骨、3块楔骨和1、2、3跖骨构成，此弓较高，有较大的弹性，有缓冲震荡的作用，又称弹性足弓。

外侧纵弓：由跟骨、骰骨和4、5跖骨构成，此弓较矮，弹性较差，与维持直立有关，又称支撑足弓。

横弓：由骰骨和3块楔骨组成。

（2）功能：足弓作为拱形结构，可支持负重，缓冲震荡，免使足底血管神经受压。它弹性好，利于完成行走、跑跳等人类所必需具备的生活机能。组成足弓的关节多，并多为短骨，显示它灵活、轻便等特点，方便运动。

（三）脊柱的组成、特征与运动

1. **组成：**脊柱由24块独立的椎骨、1块骶骨、1块尾骨以及连结它们的23个椎间盘、关节和韧带连结构成。

2. **特征**

（1）脊柱整体观：其中央有椎孔连成的椎管，内容纳脊髓。成年男性脊柱长约70厘米，女性略短，约65厘米，其长度可因姿势不同而略有差异。

（2）脊柱前面观：正常人自第2颈椎到第2骶椎，椎体的大小、宽度自上而下随负载的增加逐渐加大，到骶骨耳状面以下又突然变小、变窄。

（3）脊柱后面观：从后面观察脊柱，可见所有椎骨棘突连贯形成纵嵴。位于背部正中线上。颈椎棘突短而分叉，近水平位。胸椎棘突细长，多斜向后下方，呈叠瓦状排列。腰椎棘突呈板状，水平伸向后方，而骶椎棘突逐渐退化，直至消失。

（4）脊柱侧面观：从侧面观察脊柱，可见成人脊柱有颈、胸、腰、骶4个生理性弯曲。其中颈曲和腰曲凸向前，胸曲和骶曲凸向后。脊柱的生理性弯曲是人类在漫长的进化过程中形成的，这些弯曲增大了脊柱的弹性，对维持人体的重心稳定和减轻震荡有重要意义。

3. **运动：**脊柱的运动主要依靠椎间盘的扁化作用来实现的。在相邻两椎骨之间的活动范围是有限的，但整个脊柱的活动范围较大。可做屈、伸、侧屈、回旋、环转运动。脊柱各部的运动形式和范围不同，这主要取决于关节突的关节方位和形状，椎间盘的厚度，韧带的位置及强弱等。同时也与年龄、性别和锻炼程度有关。在颈部，颈椎关节突的关节面略呈水平位，关节松弛，椎间盘较厚，故屈伸和旋转运动的幅度较大。在胸部，胸椎与肋骨相连，椎间盘较薄，关节突的关节面呈冠状位，棘突呈叠瓦状，这些因素限制了胸椎的运动，故活动范围较小。在腰部，椎间盘最厚，屈伸运动灵活，关节突的关节面几乎呈矢状位，限制了旋转运动。一般人与运动员存在的差别则更大。

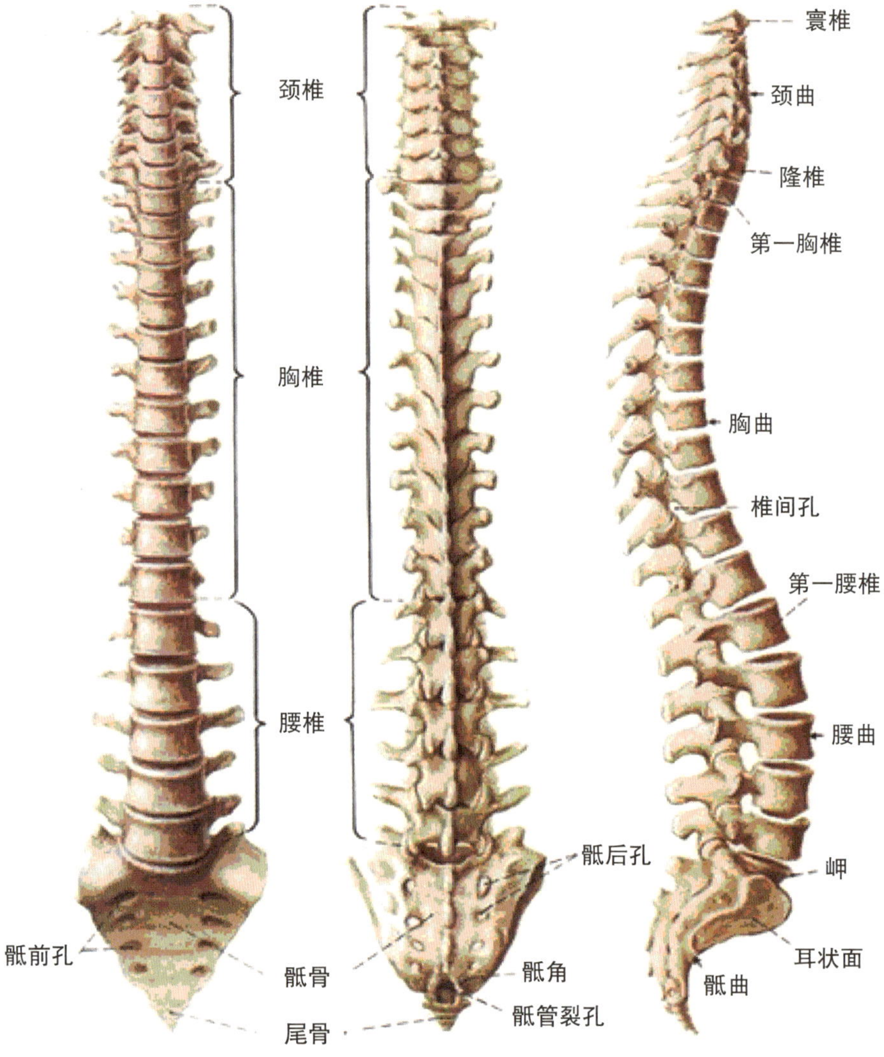

a. 前面　　b. 后面　　c. 侧面

图1-44 脊柱整体观

第三节　骨骼肌概述

骨骼肌直接受人的意志控制，亦称为随意肌或简称为肌肉，其生理特点是收缩速度快，容易疲劳。肌是运动系统的动力部分，当其收缩时为人体运动提供动力，使人体在空间产生位移，并维持相应的姿势。人体肌肉共有600余块（图1-45、图1-46），在人体分布极为广泛，多呈对称分布，成人的肌约占体重的40%。

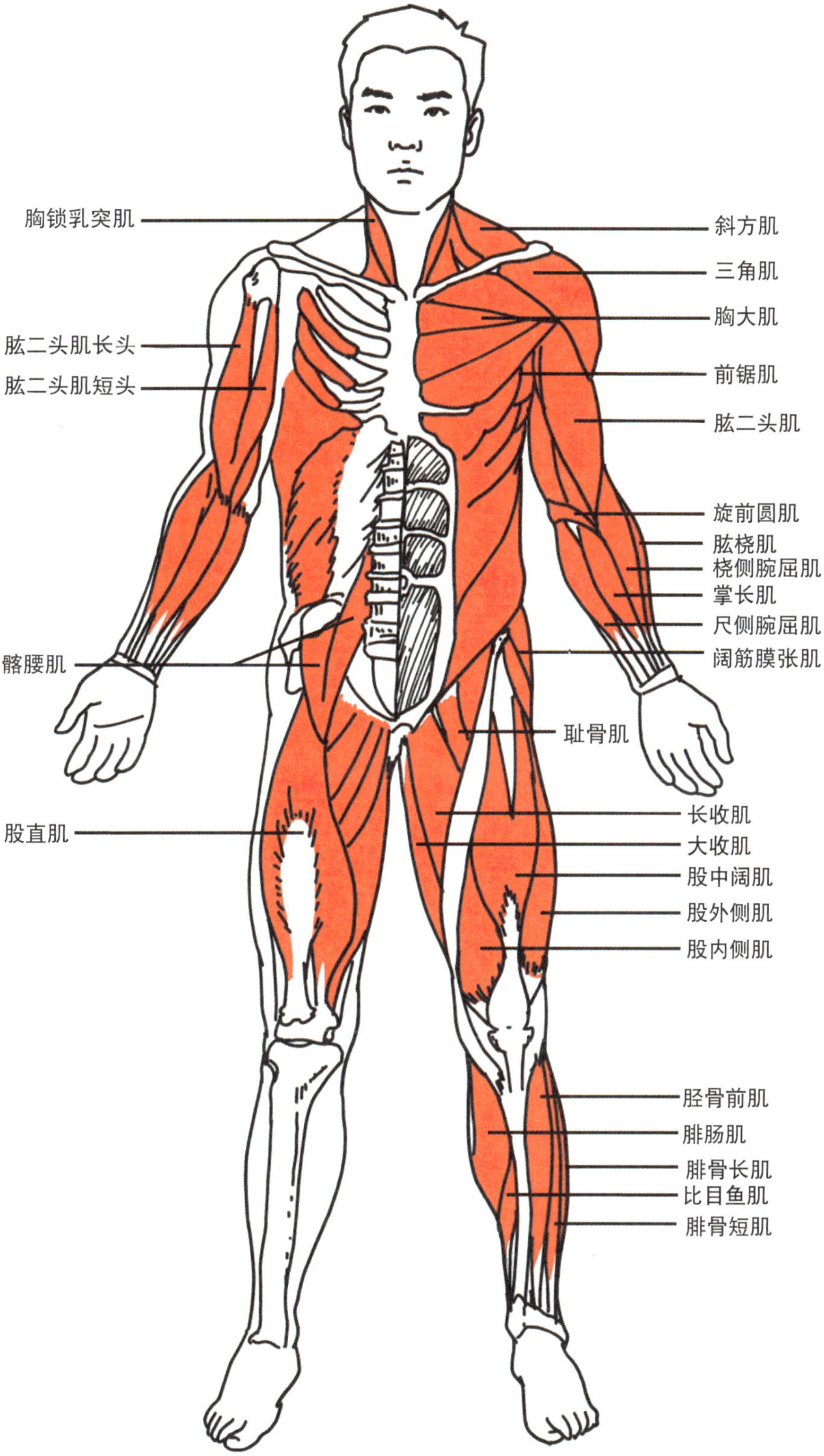

图1–45　全身肌肉前面观

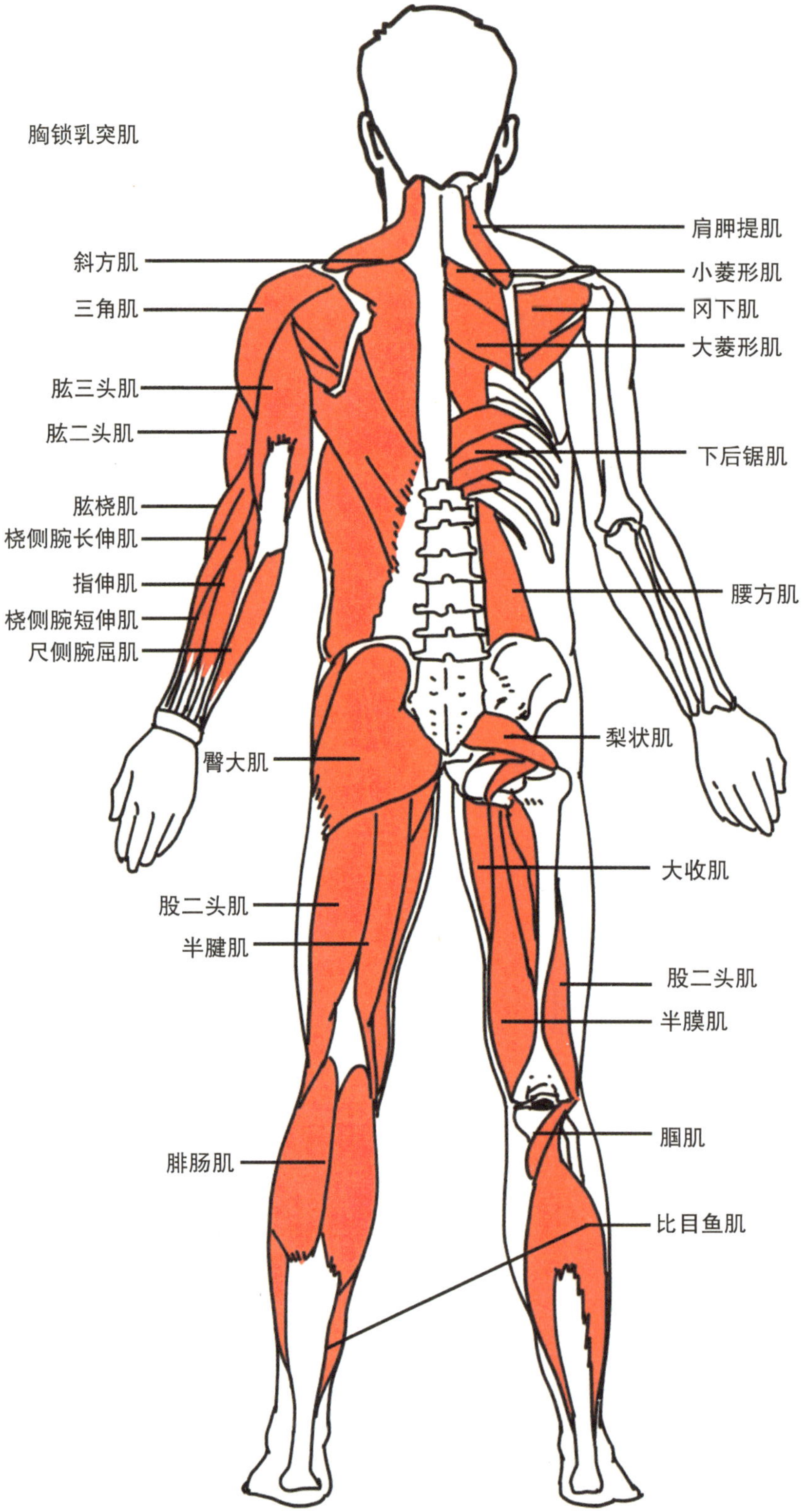

图1-46　全身肌肉后面观

一、肌肉的基本结构

肌肉的结构包括肌腹、肌腱以及肌肉的神经和血管（图1-47）。

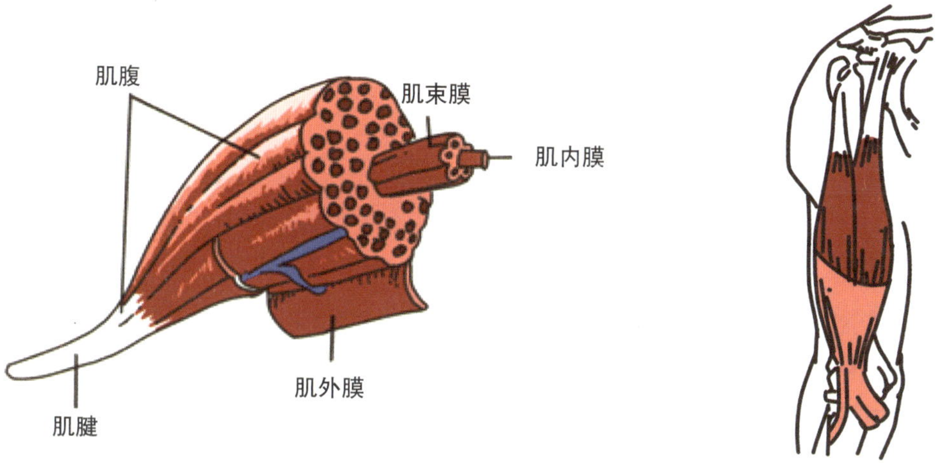

图1-47　肌肉的结构

（一）肌腹

肌腹由大量可收缩的肌纤维构成。每条肌纤维由肌内膜包裹着，肌内膜是肌纤维与血液进行物质交换的部位，毛细血管与小的神经分支穿行其中。肌内膜与包绕一组或一束平行肌纤维的肌束膜相延续，肌束膜内含较多的血管和神经，也容纳神经肌梭。肌束膜由肌外膜向内延伸而成，肌外膜有一定的厚度，构成围绕整个肌肉的筋膜部分。

（二）肌腱

通常肌腱位于肌的两端，连接肌腹与骨之间，主要由富含胶原纤维的肌外膜、肌束膜和肌内膜合并形成，具有很强的抗张力。肌纤维末端扩展分为若干指状突起，胶原纤维插入这些指状突起的间隙中。在这些肌纤维——肌腱接头处，从肌纤维到细胞外基质存在着特殊的动力传送装置。肌收缩时产生的肌力通过结缔组织传导至骨、肌腱、腱膜和筋膜。肌腱本身不具有收缩能力，但能抵抗很大的张力，其抗张强度为肌的112～233倍。肌腱略有弹性。可被拉伸其长度的6%而无损伤。肌腱的弹性恢复能力使运动更经济。肌腱既有抗伸展力，又有一定弹性，因而能围绕骨面分散拉力，或改变拉力角度。

（三）肌肉中的血管

肌肉中含有丰富的血管，在肌束膜中分布着小动脉和小静脉，并有吻合支相连。肌肉中的毛细血管尤其丰富，人体肌肉中约有毛细血管3000条/毫米^2；人体全部肌肉的毛细血管长约10万公里；其总表面积约为6300米^2。安静时，肌肉中毛细血管仅100条/毫米^{2}开放，剧烈运动时可全部开放。肌腱的血供较少，故呈白色。来自周围肌组织的小动脉纵行于胶原纤维束间，自由分支，相互吻合，有小静脉及淋巴管与之伴行。在肌腱与骨的连接处无血管通过。

（四）肌肉中的神经

肌肉中分布的神经有躯体运动神经、躯体感觉神经和交感神经3类。

躯体运动神经支配骨骼肌的运动。一个神经细胞（细胞体及其突起）和它所支配的肌纤维构成一个运动单位，是骨骼肌的基本机能单位。运动单位的大小取决于运动神经元所支配的肌纤维数目。通常一个运动神经元支配的肌纤维约100条，小运动单位仅支配数条（如眼肌），大运动单位可支配上千条。

躯体感觉神经除了传导肌肉的痛、温度等一般感觉外，主要将肌肉收缩的本体感觉传导至神经中枢。肌肉中的交感神经主要分布于血管壁，以调节肌肉的营养、物质代谢和生长发育。

二、肌肉的物理特性

骨骼肌主要的物理特性为伸展性、弹性和粘滞性。

（一）伸展性与弹性

肌肉在外力作用下，可以被拉长的特性称为伸展性。当外力解除后，肌可恢复到原长度的特性称为弹性。

在运动实践中，肌肉的伸展性好，关节灵活性好，完成动作的运动幅度大。肌肉的弹性好，则肌肉收缩时的弹性回缩力大，肌肉力量大，动作效率高。

（二）粘滞性

肌肉收缩与舒张时，肌纤维内部的分子之间、肌纤维之间及肌群之间会发生摩擦，这种因摩擦产生的阻力称为肌肉的粘滞性。

在运动实践中，肌肉的粘滞性大，既影响肌肉的快速收缩与舒张，又易在快速伸展时拉伤肌肉。由于粘滞性受温度的影响，温度高时肌肉的粘滞性降低，因此在冬天，尤其是在肌肉进行爆发式收缩练习之前，应做好充分的准备活动，使体温升高。肌肉的温度升高，可有效地提高肌肉的收缩速度，防止肌肉损伤。

三、肌肉的工作术语

（一）肌肉的附着与工作条件

1. 肌肉的起、止点

肌肉的起点与止点（图1-48）：肌肉通常以两端的肌腱附着于骨上，起点指靠近身体正中面或肢体近侧端的附着点，止点指远离身体正中面或肢体远侧端的附着点。肌肉的起止点是固定不变的。

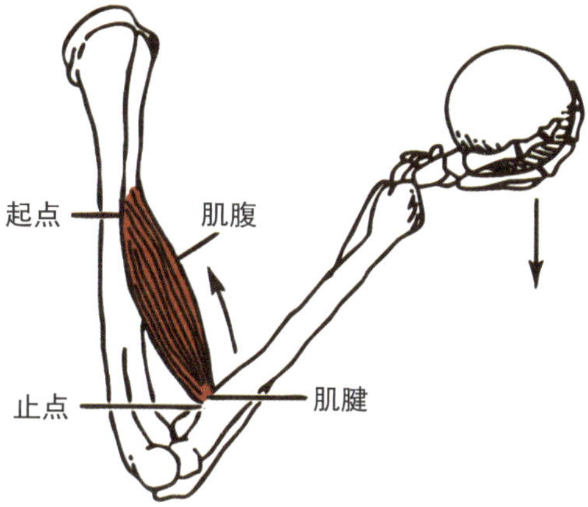

图1-48　肌肉的起、止点示意图

2. 肌肉的工作条件

（1）定点与动点：肌肉工作时，通常是一个附着点相对地固定，另一个附着点明显地运动，相对固定的附着点称为定点（图1-49a），相对移动的附着点称为动点（图1-49b）。肌肉的动点与定点会随动作的变化而改变。如在负重弯举动作中，肱二头肌的起点是定点，牵引前臂向上臂靠拢；而在引体向上动作中，肱二头肌的止点成为定点，牵引上臂向前臂靠拢。

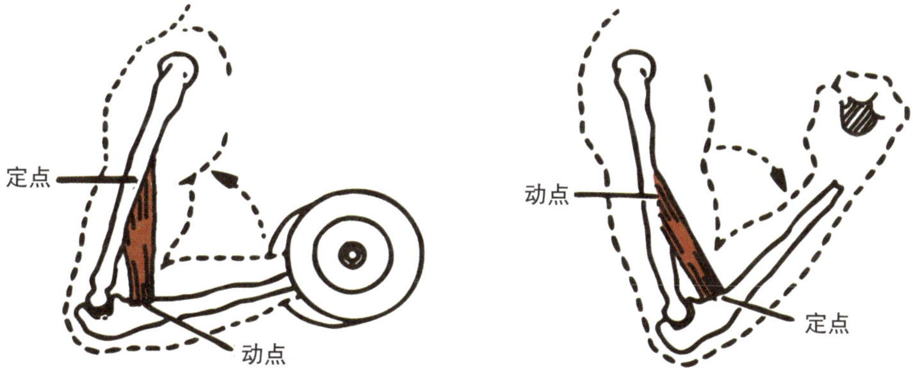

a. 持哑铃屈前臂　　b. 单杠引体向上

图1-49　肌肉工作时定点与动点示意图

（2）近固定与远固定：肌肉工作时的固定条件不同，所引起其附着环节的运动不同。通常将四肢肌工作时，起点是定点的工作称为近固定工作，如负重弯举动作中肱肌的工作。四肢肌在工作时，止点是定点的工作称为远固定工作，如引体向上动作中肱二头肌的工作（图1-50a）。

（3）上固定、下固定及无固定：躯干肌工作时一般称为上、下固定。肌肉上端附着点相对固定的工作称为上固定，下端附着点相对固定的工作称为下固定（图1-50b），若人体各环节之间完成相向运动，则工作肌群在无固定条件下工作，例如俯卧腿臂上振动作中竖脊肌的工作（图1-50c）。

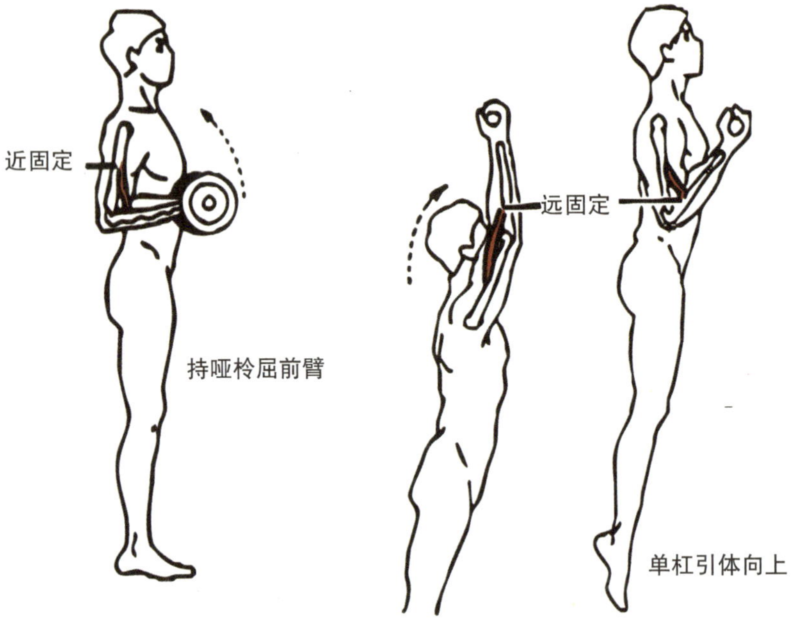

a. 近固定与远固定

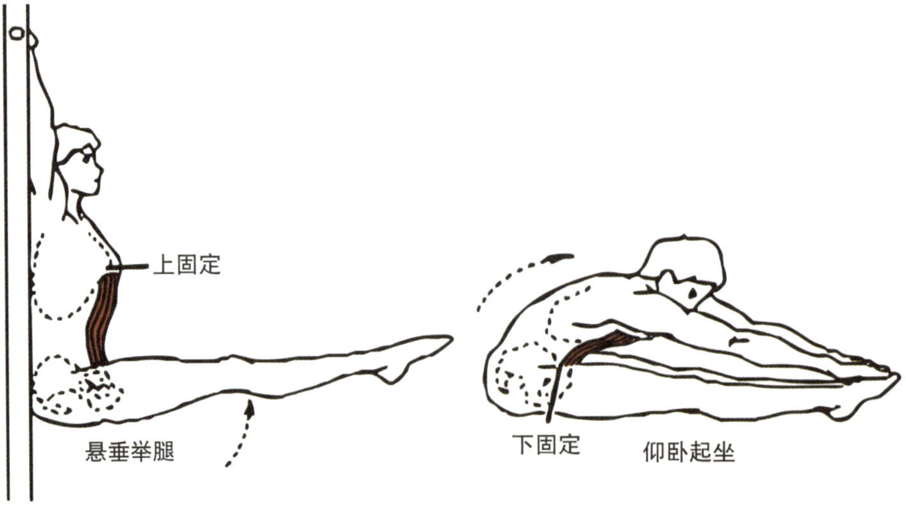

b. 上固定与下固定

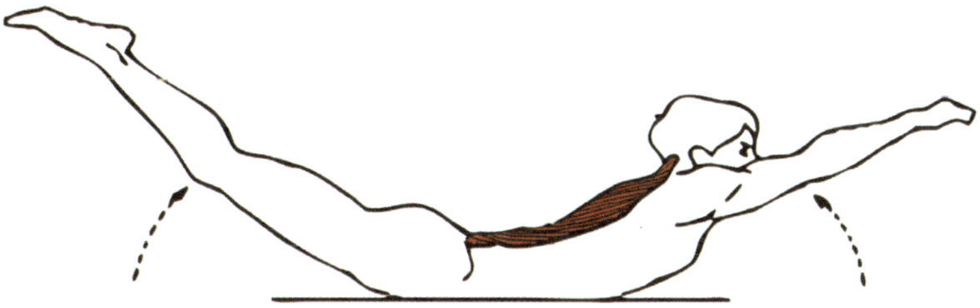

俯卧腿臂上振

c. 无固定

图1-50 肌肉不同工作条件示意图

一般情况下，上肢与下肢以末端游离，离开接触点或面（开放链）的形式进行运动时，四肢肌通常在近固定条件下工作；若上肢与下肢以末端接触支撑点或面（闭合链）的形式进行运动时，四肢肌通常在远固定条件下工作；肩胛骨的运动肌群例外，因为前锯肌等肌大多以止点附着肩胛骨，通常在近固定条件下工作。

（二）肌肉的作用

骨杠杆：骨骼肌牵引骨骼而产生运动，其作用恰像杠杆装置，具有3种基本形式（图1-51）。第一种为平衡杠杆运动，支点在阻力点和力点之间，如在寰枕关节上进行的仰头和低头运动。第二种为省力杠杆运动，阻力点位于支点和力点之间，类似撬棍撬重物原理，如起步抬足跟时踝关节的运动。第三种为速度杠杆运动，力点位于阻力点和支点之间，如举起重物时肘关节的运动。

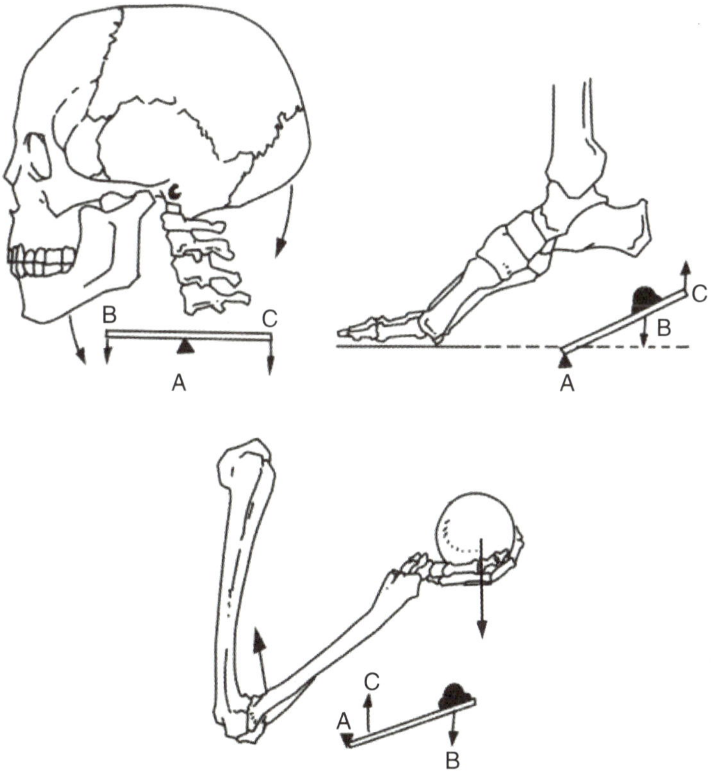

图1-51 肌肉的杠杆作用（A. 支点 B. 阻力点 C. 力点）

在平衡杠杆中，如果力矩与阻力矩相等，则作用力与阻力也相等，省力杠杆由于力矩大于阻力矩，所以比较省力，但是运动幅度较小。速度杠杆力量损失较多，但能获得运动速度。在速度杠杆中，同样大小的肌肉，止点距离关节近的，力矩较小，产生的运动力量小，但是运动范围大；若止点距离关节远，力矩较大，则产生的运动力量大而范围小。因此，最大力量和最大运动范围两者是相矛盾的。

（三）肌肉的协作关系

人体完成的各种体育动作，即使是最简单的动作，往往也不是由某一块肌独立工作所完成的，而是多块肌或多群肌共同配合完成的。如负重弯举过程中的屈肘动作，是由经过该关节前方的肌群同时收缩的结果。

肌的协作关系是指人体在完成各种体育动作过程中，多群肌共同参与、互相协调配合的关系，简称肌间的协作。

依据肌群在完成动作中的作用，可将参与完成动作的各种肌群分为原动肌与拮抗肌（图1–52），固定肌与中和肌。

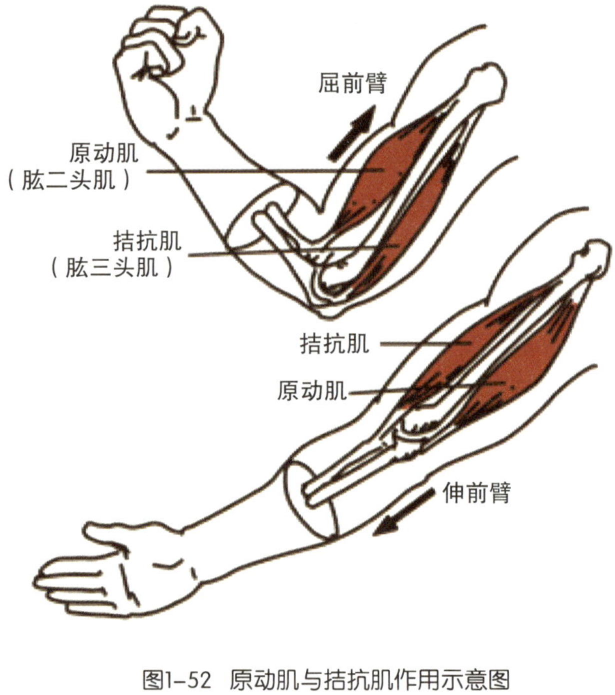

图1–52　原动肌与拮抗肌作用示意图

1. **原动肌**：原动肌是指在运动中主动收缩发力，直接参与完成动作的肌群。是引起运动环节运动的原动力。在原动肌中起主要作用的肌群称为主动肌，起次要作用的肌群称为次动肌。如前臂弯举动作，肱肌、肱二头肌、肱桡肌与旋前圆肌是屈肘关节的原动肌，引起前臂在肘关节处屈。其中肱肌和肱二头肌是主动肌，肱桡肌和旋前圆肌是次动肌。

2. **拮抗肌**：拮抗肌是指位于原动肌相对的一侧，与原动肌作用相反的肌群。拮抗肌在原动肌工作时协调放松，一方面可使原动肌工作时所对抗的阻力下降；另一方面，拮抗肌在动作之末收缩，可防止动作过度而拉伤肌，或使动作制动。如前臂弯举中，肱三头肌、肘肌是屈肘关节的拮抗肌。

3. **固定肌**：固定肌是指固定原动肌定点附着骨或环节的肌群。固定肌的协调参与，可以防止原动肌两端附着的骨或环节产生相向运动，防止出现多余的、错误的动作。如弯举动作中，肩关节周围的肌群固定肱骨，防止肱二头肌（具有屈肩、屈肘的功能）在牵拉前臂屈的同时，出现上臂在肩关节屈的多余动作。此时，肩关节周围的肌群即为固定肌。

4. 中和肌：大多数肌对其跨过的关节都具有多种功能。中和肌是指为了保证原动肌能按照动作的要求，有效地发挥与动作相关的功能，参与抵消原动肌其他（与动作无关）功能的工作肌群。如前臂弯举动作中，为了保证旋前圆肌按动作要求牵拉肘关节屈，而不产生旋前的多余动作，肱二头肌、旋后肌作为中和肌参与抵消旋前圆肌的旋前功能。

值得注意的是，肌群之间的这种协调关系不是固定不变的，它们会随着动作阶段的变化、运动状态的变化而改变。

（四）肌肉的工作性质

根据肌肉的收缩特征与力的作用，肌肉工作的性质可分为动力性工作与静力性工作两大类。

1. 动力性工作

动力性工作指肌肉收缩产生肌张力，肌肉的长度、肌肉拉力角度与方向、骨杠杆的位置发生变化，使运动环节相对于身体发生位置的变化或位移的工作。动力性工作可分为向心工作与离心工作两类。

（1）向心工作：肌肉收缩产生的肌力矩大于阻力矩，肌纤维收缩变短克服阻力做功，使运动环节朝向肌拉力方向运动的工作，又称克制工作。如肩关节做外展过程中三角肌和冈上肌的工作即为向心工作。

（2）离心工作：肌肉收缩产生的肌力矩小于阻力矩，肌纤维在此过程中渐渐被拉长，运动环节朝向肌拉力相反的方向运动的工作。又称退让工作。例如，在俯卧撑动作的下降阶段中，肱三头肌的工作性质就是离心工作。

2. 静力性工作

静力性工作指肌肉收缩产生的肌力矩等于外力矩，使环节固定以保持一定的动作姿势时完成的工作。根据平衡外力矩的情况可分为支持工作、加固工作与固定工作。

（1）支持工作：肌肉收缩或拉长到一定程度后，长度保持不变，肌肉收缩产生的肌力矩与阻力矩相等用来平衡外力矩，使运动环节保持一定姿势的工作称为支持工作。如肋木悬垂收腹举腿时，髂腰肌等保持髋关节屈位完成的工作为支持工作。

（2）加固工作：当外力（包括重力）使各运动环节之间产生离散趋势时，肌肉收缩保持一定的紧张度，以对抗关节在外力作用下的离散趋势时所完成的工作，称为加固工作。如悬垂时，肘关节周围的肌群保持一定的紧张度，防止肘关节离散时所做的工作，即为加固工作。

（3）固定工作：肌肉收缩使相邻环节在关节处互相靠紧的工作称为固定工作。如双杠直角支撑时，肘关节周围肌的工作就是固定工作。又如站立时，膝关节周围肌的工作也是固定工作。

四、影响肌力的解剖学因素

肌肉的生理横断面积与肌肉的初长度都是影响肌力发挥的解剖学因素，与体育运动动作关系非常密切。

（一）肌肉的生理横断面积

肌肉的生理横断面积是指横切整块肌肉的全部肌纤维所得到的面积之和，肌肉的力量与肌肉的生理横断面积成正比。即肌肉越发达，生理横断面积越大，肌肉的绝对力量越大，完成动作的速度越快，越轻松自如。德国生理学家菲克（Fick）的研究表明，人体肌肉的最大力量为6～10kg/cm^2，美国莫里斯（Morris）的研究结果是人体肌肉的最大力量男子为9.2kg/cm^2，女子为7.1kg/cm^2。

（二）肌肉的初长度

肌肉的初长度指肌收缩之前的长度。运动实践证明，肌肉在收缩前被适度地拉长，能有效地将拉长肌肉产生的动能以弹性势能的形式贮存，使肌肉收缩时弹性回缩力量增大。研究表明，足背屈60°，使小腿三头肌预先被拉长后再收缩完成跖屈动作，此时的肌力可从384公斤增加到598公斤。

增加肌肉初长度的增力效应与拉伸肌肉的长度、拉伸肌肉的速度、肌肉由离心转变为向心收缩的耦联时间密切相关。一般而言，适宜的初长度、快速地拉伸肌肉、肌肉由离心转变为向心收缩的耦联时间越短，效果越好。通常，肌肉的初长度是由关键动作之前的动作阶段决定的，即关键动作之前的动作越合理，则肌肉的初长度越适宜，贮存的弹性势能越大。以立定跳远为例，蹬地起跳前下肢各关节的屈曲幅度与速度，以及下蹲转变为蹬地起跳的耦联时间，直接决定动作的效果。

五、多关节肌的工作特点及其应用

起止点只跨过一个关节的肌肉叫单关节肌。多关节肌是指跨过两个或两个以上关节的肌肉，如股直肌、股后肌群等。多关节肌工作时若仅作用于一个关节，则具有收缩发力大、引起环节运动幅度大的优势；若同时作用于两个或两个以上关节时，则存在力量性主动不足与伸展性被动不足现象（图1–53）。

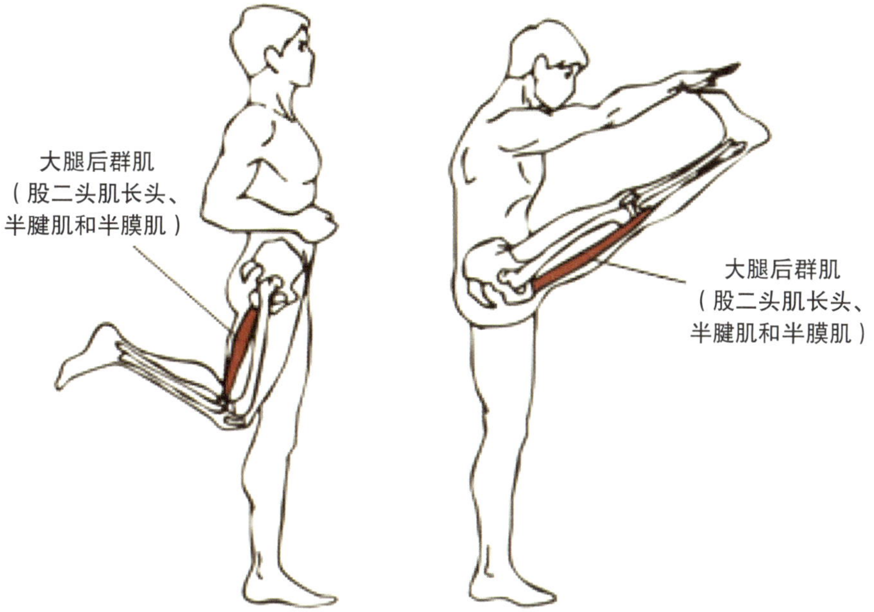

a. 多关节肌主动不足　　b. 多关节肌被动不足

图1-53　多关节肌主动不足与被动不足示意图

（一）主动不足

主动不足指多关节肌收缩时，若已作用于其跨过的一个关节，则对其他关节不能充分发挥作用的现象。屈膝伸髋时，存在股后肌群用力屈膝后，伸髋无力；直膝屈髋时，存在股直肌用力伸膝后，屈髋无力的现象。

（二）被动不足

被动不足指多关节肌在其跨过的一个关节被伸展拉长后，在其他关节不能被充分伸展拉长的现象。屈膝伸髋时，会出现股直肌在膝关节前被拉长后，在髋关节前被拉长的幅度受限；直膝屈髋时，会出现股后肌群在膝关节后面被拉长后，在髋关节后面被拉伸的幅度受限的现象。

在运动实践中进行技术动作创新时，应尽可能地避免多关节肌的主动不足与被动不足。例如，跳高动作技术从跨越式、俯卧式到背越式的不断改进，仅就摆动腿而言，从跨越式动作要求膝关节必须完全伸直，俯卧式动作中膝关节可自然伸直或稍屈，到背越式的屈腿摆动，逐渐避免了股直肌的主动不足和股后肌群的被动不足，形成了背越式动作技术的优势。

现有的技术动作若必须在多关节肌处于“两个不足”的状态下运动，如跨栏的攻栏动作，实践中则必须加强多关节肌在“两个不足”的状态下进行训练，以适应专项动作的要求。

单关节肌仅作用于一个关节，具有发力集中的特点，也是关节产生独立运动的基础。实践中加强单关节肌的力量训练，可弥补多关节肌的力量性不足。

六、发展肌肉力量与伸展性的解剖学依据及练习原则

肌肉力量与伸展性无论是与运动竞技的能力，还是与全民体质健康都关系非常密切。在运动训练、全民健身实践中，必须充分重视肌肉力量与伸展性的科学训练。

（一）发展肌肉力量的解剖学依据与练习原则

1. 发展肌肉力量的解剖学依据

在运动训练实践中设计或选用发展肌肉力量的练习时，应遵循的解剖学依据是使肌肉的起点与止点在完成动作的过程中相互接近（向心收缩）或趋向于接近（离心收缩或等长收缩）。发展肌肉力量可采用抗阻练习法、等速练习法、全幅度练习法与超等长练习法等练习。

2. 发展肌肉力量的练习原则

（1）超负荷原则：超负荷是肌肉力量训练的基本原则。超负荷是指力量训练的负荷应不断地超过平时采用的负荷，包括负荷强度、负荷量和频率。应该注意的是力量训练的超负荷是一个渐进的过程，运动负荷递增过快或者过大时，容易导致过度训练。

（2）专门性原则：专门性原则指发展肌肉力量时，肌肉的收缩类型、练习模式与代谢性质，以及所产生的特定反应、适应，应该与专项要求具有一致性。即在力量训练过程中，肌肉收缩的工作条件、性质及速度应与专项动作的结构、特点相一致。

（3）练习顺序原则：力量训练由多种力量练习组成，练习的顺序直接影响训练的效果。一组练习至少应包括8～10组主要运动肌群的练习，应该重视对小肌群的练习（尤其是儿童少年的小肌群发育落后于大肌群）。通常在训练课中，大肌群训练在先，小肌群训练在后（较大肌群容易疲劳）；多关节肌训练在前，单关节肌训练在后；训练单一肌群时，大强度练习在前，小强度练习在后。

（二）发展肌肉伸展性的解剖学依据与练习原则

1. 发展肌伸展性的解剖学依据

在运动训练实践中设计或选用发展肌伸展性的练习时，应遵循的解剖学依据是使肌的起点与止点在完成动作的过程中尽可能地分离，使肌伸展拉长。发展肌伸展性可采用静力拉伸法、动力拉伸法与动静结合拉伸法等练习。

2. 发展肌伸展性的练习原则

（1）动静结合：练习时有节奏地、多次重复地进行大幅度运动，使位于环节运动相反一侧的肌肉被短暂的动力性拉伸；然后，缓慢、较长时间地固定于某一种姿势进行静力性拉伸。这是因为肌肉、肌腱与韧带属于非完全性弹性体，静力拉伸用力大、时间过长，会造成软组织永久性变形。尤其是肌纤维受到长时间的被动拉伸，甚至会发生结构的改变，如细胞间质发生纤维化，这样会使肌纤维、肌腱的弹性丧失，其表现出来的不是柔韧而是松弛。此外，过长时间的静力拉伸，会造成供血不良，影响软组织的新陈代谢，要动静结合才能取得良好的训练效果。

（2）时间效应：材料力学实验表明，关节周围软组织（胶原组织）的变形具有一定的时间效应。进行肌伸展性训练时应注意持之以恒，且每次练习中拉伸肌肉至感觉酸、胀时应保持15～20秒。

七、研究肌肉功能的方法

在运动解剖学教学实践中，研究肌肉功能的方法主要是采用扪触法、肌肉的起止点与定动点、分析推测法（根据肌拉力线与关节运动轴的位置关系进行解剖分析）。在科学研究与实验中，还可采用肌电图、电刺激、临床观察等方法。

（一）肌肉的起止点与定动点

运用肌肉的起止点与定动点知识，可以确定肌肉运动的关节及其工作条件。通过观察肌肉标本，辨认肌肉的起、止点，确定其对关节产生何种作用。然后，确定肌收缩时定点在哪一端（侧），从而分析判断其工作条件。

（二）肌拉力线与关节运动轴的关系

肌拉力线一般指肌肉起、止点中心点之连线（通过肌纵轴）。肌肉收缩时通常牵拉动点附着骨进行转动，肌拉力方向一般指向定点。肌拉力线从关节运动轴的不同方向通过，对关节所产生的作用不同（表1–1）。

表1–1　肌功能分析简表（肌拉力线与关节运动轴的关系）

关节运动轴	肌拉力线通过的方向	肌的功能	举例	特殊情况
冠状轴	前方	屈	肱二头肌	膝关节、踝关节运动方向相反
	后方	伸	肱三头肌	
矢状轴	外上方	外展	三角肌	脊柱、头颈为侧屈，骨盆为侧倾
	内下方	内收	胸大肌	
垂直轴	顺时针方向斜行（右侧）	旋外/后	旋前圆肌	左侧肢体相反
	逆时针方向斜行（右侧）	旋内/前	旋后肌	

八、体育运动对骨骼肌形态结构的影响

（一）肌肉的体积增大

大量运动实践与研究均表明，长期坚持体育锻炼与运动训练，肌肉的体积明显增大，主要表现为臂围、腿围等围度增加，使人体显得强壮有力。肌肉体积的增大主要是由于肌纤维内肌原纤维、线粒体等各种成分增多或增大，使肌纤维增粗所致。研究还表明，运动项目不同，对身体各部位肌肉的影响不同，如体操运动员的胸围与上肢围度一般都较普通人的大。

（二）肌肉中的毛细血管增多

长期进行各种静力性负荷与动力性负荷练习，可使肌肉中毛细血管的数量与形态发生改变，且静力性负荷练习较动力性负荷练习的影响更明显。毛细血管的数量增多，分支吻合丰富，行程分布迂曲，可为肌肉工作提供更充足的血液供应。

（三）肌纤维内的化学成分变化

研究表明，系统的体育锻炼可使肌纤维内的化学成分肌糖元、肌球蛋白、肌动蛋白与肌红蛋白，以及线粒体内的各种生物氧化酶等发生显著的变化，且这些变化也具有项目选择性。有氧运动可使肌糖元、肌红蛋白含量增多，线粒体数量增多与体积增大，有氧氧化酶的活性加强。短跑、举重等运动，可使肌纤维内的肌球蛋白与肌动蛋白等肌肉的收缩蛋白，以及与无氧代谢有关的酶活性增强。

骨骼肌作为运动的动力器官，体育锻炼与运动训练无疑会对其产生显著的影响，但这种影响具有双向性。长期大强度、大运动量训练或力竭性运动，易导致肌肉的损伤或微损伤。

第四节　人体各主要关节运动肌群

一、运动上肢各主要关节的肌群

（一）运动上肢带的肌群

使肩带上提的肌群：斜方肌上部、菱形肌、肩胛提肌。

使肩带下降的肌群：斜方肌下部、前锯肌下部、胸小肌。

使肩带前伸的肌群：前锯肌、胸小肌。

使肩带后缩的肌群：斜方肌、菱形肌。

使肩带上回旋的肌群：斜方肌上部和下部、前锯肌下部。

使肩带下回旋的肌群：胸小肌、菱形肌、肩胛提肌。

（二）运动肩关节的肌群

使肩关节屈的肌群：胸大肌、三角肌前束、肱二头肌、喙肱肌。

使肩关节伸的肌群：背阔肌、三角肌后束、肱三头肌长头、大圆肌、小圆肌、冈下肌。

使肩关节外展的肌群：三角肌、冈上肌。

使肩关节内收的肌群：三角肌后束、冈下肌、小圆肌。

使肩关节旋外的肌群：胸大肌、背阔肌、大圆肌、小圆肌、冈下肌、肩胛下肌。

使肩关节旋内的肌群：三角肌后束、冈下肌、小圆肌。

（三）运动肘关节的肌群

使肘关节屈的肌群：肱二头肌、肱肌、肱桡肌、旋前圆肌。

使肘关节伸的肌群：肱三头肌、肘肌。

（四）运动腕关节的肌群

使腕关节屈的肌群：桡侧腕屈肌、掌长肌、尺侧腕屈肌、指浅屈肌、指深屈肌。

使腕关节伸的肌群：桡侧腕长伸肌、桡侧腕短伸肌、伸指总肌，尺侧腕伸肌、拇长伸肌、拇短伸肌、食指和小指固有伸肌等。

使腕关节外展的肌群：桡侧腕屈肌、桡侧腕长伸肌、桡侧腕短伸肌、拇长展肌、拇短伸肌、拇长伸肌。

使腕关节内收的肌群：尺侧腕屈肌、尺侧腕伸肌。

二、运动下肢各主要关节的肌群

（一）运动髋关节的肌群

使髋关节屈的肌群：髂腰肌、股直肌、缝匠肌、阔筋膜张肌、耻骨肌、长收肌、短收肌。

使髋关节伸的肌群：臀大肌、股二头肌、半腱肌、半膜肌、大收肌。

使髋关节外展的肌群：臀中肌、臀小肌、臀大肌上部、梨状肌、阔筋膜张肌。

使髋关节内收的肌群：大收肌、长收肌、短收肌、耻骨肌、股薄肌。

使髋关节外旋的肌群：髂腰肌、臀中肌和臀小肌的后部、长收肌、大收肌、缝匠肌、梨状肌、股方肌、闭孔内肌、闭孔外肌。

使髋关节内旋的肌群：臀中肌、臀小肌前部、阔筋膜张肌。

（二）运动膝关节的肌群

使膝关节屈的肌群：股二头肌、半腱肌、半膜肌、缝匠肌、股薄肌、腓肠肌。

使膝关节伸的肌群：股四头肌。

使膝关节内旋的肌群：半腱肌、半膜肌、腓肠肌外侧头、缝匠肌、股薄肌。

使膝关节外旋的肌群：股二头肌、腓肠肌内侧头。

（三）运动踝关节的肌群

使踝关节屈的肌群：小腿三头肌、胫骨后肌、趾长屈肌、踇长屈肌、腓骨长肌、腓骨短肌。

使踝关节伸的肌群：胫骨前肌、踇长伸肌、趾长伸肌。

三、运动脊柱的肌群

使脊柱屈的肌群：胸锁乳突肌、腹直肌、腹外斜肌、腹内斜肌、髂腰肌。

使脊柱伸的肌群：斜方肌、夹肌、竖脊肌。

使脊柱侧屈的肌群：同侧的胸锁乳突肌、腹直肌、腹外斜肌、腹内斜肌、斜方肌、夹肌、竖脊肌、腰方肌、髂腰肌。

使脊柱回旋的肌群：同侧的腹内斜肌、夹肌、肩胛提肌，对侧的腹外斜肌、胸锁乳突肌、斜方肌。

第二篇　体育动作解剖学分析

第三章　体育动作解剖学分析方法

在进行体育动作分析时，一定要遵循动作本身的特点与规律，熟悉动作的完整过程，抓住动作各阶段的特征，用简明的方式表达。

第一节　动作分析的步骤、内容与方法

一、确定动作的开始姿势

开始姿势是完成动作前的状态，通过简明扼要的文字描述，展现人体所处状态，为下一步分析做好准备。如“肩部飞鸟练习”的开始姿势为：身体前屈约90°，双手握重物，手臂伸直，位于体侧（图2–1）。

又如“杠铃站姿提踵练习”的开始姿势为：肩扛杠铃，身体直立，双脚分开，与肩同宽，双脚站立于地面（图2–2）。

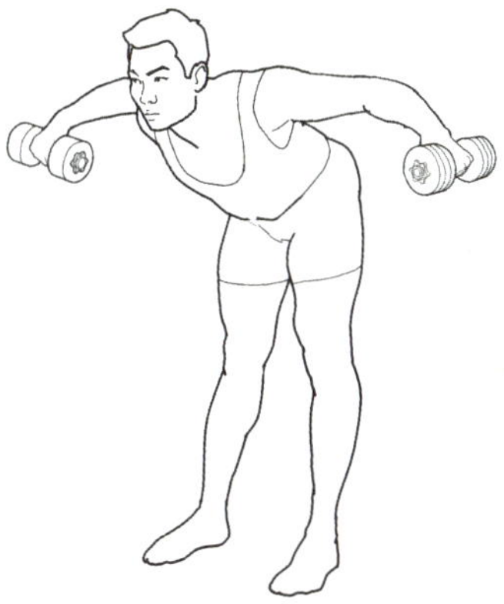

图2–1　肩部飞鸟

图2–2　杠铃站姿提踵

二、划分动作阶段

体育动作的解剖学分析应对动作过程中包含的各个“阶段”进行分析。划分动作阶段的方法主要有两个：其一，根据体育动作规律划分。其二，根据动作过程中关节运动状态划分。如“跨步练习”向前迈步，脚跟落地为一个阶段，前腿向上蹬伸，还原到站立姿势为另一个阶段（图2–3）。从关节运动状态看，“跨步练习”中髋关节有屈、伸两个阶段。

图2–3 跨步练习

三、各阶段内容分析

动作分析的主要内容包括：环节名称与运动方向、关节名称与运动形式、环节运动方向与外力方向关系分析（简称“与外力关系”）、原动肌名称、原动肌工作条件（简称“工作条件”）、原动肌工作性质（简称“工作性质”）等。

（一）环节名称与运动方向

在分析体育动作时，首先要确定在动作中参与运动的环节。如“深蹲练习”的下蹲阶段，大腿在膝关节处向小腿靠近，大腿与小腿均是完成该动作的环节（图2–4）。

图2–4 负重深蹲

又如“排球扣球”动作时，肩胛骨相对脊柱运动，上臂相对肩胛骨运动，前臂相对上臂运动，手相对前臂运动等，它们均为完成动作时的运动环节（图2–5）。

图2–5 排球扣球

在动作分析中，不仅要确定参与动作的环节名称，还要确定其运动方向。应该注意不是确定每个参加运动的环节的运动方向，而是确定人体部位整体的运动方向，如“羽毛球正手击高球”动作中，虽然涉及到肩胛骨、上臂、前臂、手4个环节的运动，但是仅需要确定上肢整体的运动方向为“向下”即可。又如“原地纵跳”动作，虽然涉及到大腿、小腿、足3个环节的运动，但是仅需要确定下肢整体的运动方向为“向上”即可（图2–6）。

图2–6 原地纵跳

（二）关节名称与运动形式

在分析动作中，如果仅分析环节名称与环节运动方向，还不能确定完成动作的原动肌，必须转换为具体的关节名称与运动形式，才能根据人体解剖学中肌肉的功能确定原动肌名称。一般分析上肢动作主要应包括肩胛骨（代表肩带的运动）、肩关节、肘关节、腕关节及运动形式；分析下肢动作主要应包括髋关节、膝关节、踝关节及运动形式；分析躯干动作主要应包括脊柱、骨盆及运动形式。在动作过程中上下肢关节的运动形式主要有屈、伸、外展、内收、旋内、旋外、水平屈、水平伸、上回旋、下回旋、前伸、后缩、上提、下降；躯干的运动形式主要有脊柱的屈、伸、侧屈、回旋，骨盆的前倾、后倾、上下运动等。在动作分析中准确描述关节的运动，对确定原动肌十分重要。

（三）与外力的关系

任何环节或关节的运动，均是肌力与外力共同作用的结果。在进行动作解剖学分析时，外力主要是重力，在整个动作过程中，其方向始终“向下”；肌力主要考虑原动肌的肌力。动作分析的目的主要是需要确定原动肌的位置，再根据解剖学中肌肉的相关内容，确定原动肌的名称。

在动作分析时，如果环节运动方向与外力方向相反，表明肌力大于外力，原动肌在关节运动方向的同侧；如果环节运动方向与外力方向相同，且环节运动速度加快，表明肌力与外力共同作用环节，原动肌在关节运动方向的同侧；如果环节运动方向与外力方向相同，且环节运动速度减慢，表明肌力抵消了部分外力，原动肌在关节运动方向的对侧。

（四）确定原动肌

在完成体育动作时会有很多肌肉参与工作，其中起主要作用的肌肉或肌群为原动肌。根据环节运动方向与外力方向关系分析结果，结合解剖学中肌肉功能方面的内容，确定完成该动作时具体的肌肉或肌群名称。如完成“引体向上”的向上阶段动作时，上肢环节运动方向为“向上”，使肩胛骨后缩的原动肌是斜方肌、菱形肌；使肩关节伸的原动肌是背阔肌、三角肌后部、肱三头肌长头；使肘关节屈的原动肌是肱二头肌、肱肌；使腕关节屈的原动肌是桡侧腕屈肌、尺侧腕屈肌等前臂屈肌群（图2–7）。

图2-7　引体向上

又如完成“正踢腿”踢腿阶段动作时，下肢环节运动方向为“向上”，使髋关节屈的原动肌是髂腰肌、股直肌；使膝关节伸的原动肌是股四头肌；使踝关节伸的原动肌是小腿前群肌（图2-8）。

图2-8　正踢腿

（五）原动肌的工作条件

原动肌附着于骨骼上，一般有两个（部分肌肉有多个）附着点。在完成动作时，原动肌附着点移动幅度较小（甚至基本不动）的部分称为“定点”，移动幅度较大的部分称为“动点”。如果定点靠近人体的近侧，则称为“近固定”，定点靠近人体的远侧，则称为“远固定”；定点靠近人体的颅侧，则称为“上固定”，定点靠近人体的足部，则称为“下固定”；当人体处于腾空状态时，位于人体中线上的部分肌肉收缩呈现出附着点相向运动的特征，这种状态的肌肉收缩称为“无固定”。如“前臂弯举”时，肱二头肌收缩，使肘关节屈，该肌起点移动幅度较小，止点移动幅度较大，为近固定（图2-9）。

图2-9 前臂弯举

“负重深蹲”的向上阶段，股四头肌收缩，使膝关节伸，该肌止点移动幅度较小，为远固定（图2-10）。“肋木悬垂举腿”时，腹直肌起点部分移动幅度小，为上固定；“向前弯腰”时，腹直肌止点部分移动幅度小，为下固定。“挺身式跳远”动作在空中的收腹动作腹直肌附着点相向运动，起点、止点部分移动幅度基本相同，为无固定（图2-11）。

图2-10 负重深蹲

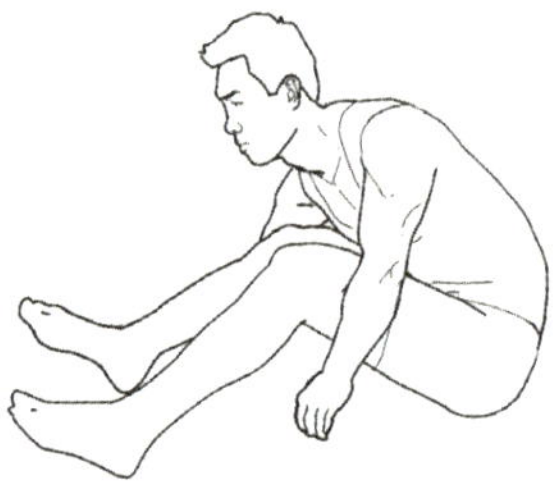

图2-11 挺身式跳远

（六）原动肌的工作性质

原动肌的工作性质指完成动作时原动肌的收缩状况。肌肉收缩时长度变短称为“克制工作”，或称为“向心工作”；长度变长称为“退让工作”，或称为“离心工作”；长度无变化称为“静力性工作”。例如“仰卧起坐”动作中，腹直肌收缩，长度变短，牵引胸廓与骨盆相互靠近，为向心工作（图2-12）。

“俯卧撑”下降动作中，肱三头肌收缩，长度变长，延缓下降的速度，为离心工作（图2-13）。

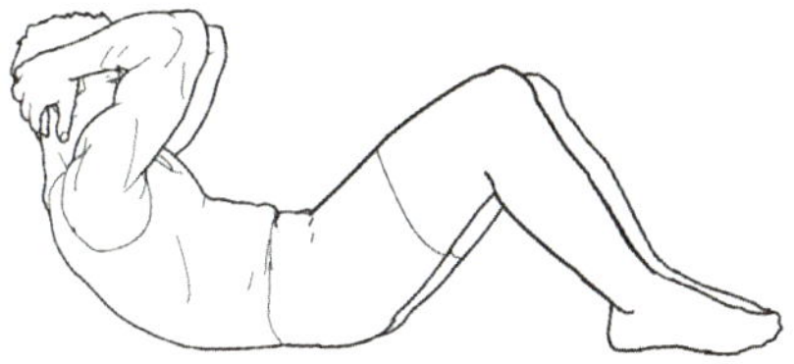

图2-12　仰卧起坐

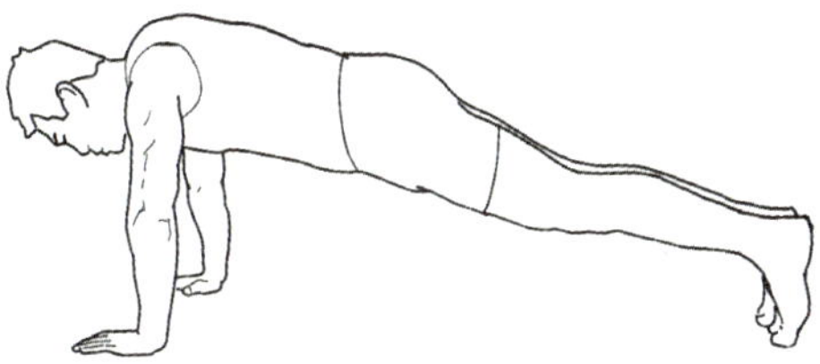

图2-13　俯卧撑

“燕式平衡”动作中，后举腿的臀大肌收缩，但是长度不变，抵抗重力，为静力性工作（图2-14）。

各阶段内容分析是体育动作解剖学分析的主要部分，分析的内容可以通过下列“表格”进行展示，该方法简明扼要，易于掌握（表2-1）。

图2-14　燕式平衡

表2-1　体育动作解剖学分析表

关节名称	关节运动	原动肌名称	工作条件	工作性质

四、小结与建议

在体育动作完成过程中，针对关节运动的形式与幅度以及主要原动肌的工作条件与工作性质，对不同动作的分析讨论与建议可有所侧重。

（一）专项动作

应侧重技术性评价与建议，指出完成动作的关键部分及易出现的错误动作，以及改进动作技术的方法与建议。

（二）辅助性练习动作

应侧重于练习作用与效果的评价，指出该练习动作对发展某部位肌群所产生的作用与效果，以及辅助性练习对改进某技术动作结构的有效性。

第二节　环节受力分析法——确定原动肌

一、环节的概念

人体“环节”一词借用于动物学，在此是指人体的一段肢体或者一块骨骼，如上肢、下肢、躯干等。上肢中又可以分为上臂、前臂、手等若干环节；下肢中又可以分为大腿、小腿、足等若干环节。环节可以绕关节运动轴进行运动。

二、环节受力种类

人体环节运动是由其受到的“内力”与”外力”共同作用的结果。“内力”是指使环节产生运动的肌肉收缩力。“外力”是指人体受到的所有力，包括地心引力，即重力、液体的浮力、地面的摩擦阻力、空气的阻力等。在进行体育动作解剖学分析时，为了简化分析内容，主要考虑使环节产生运动的“原动肌肌力”与“重力”。

三、环节运动方向与关节运动形式

在完成体育动作时人体的环节会产生运动，而运动必然会有运动方向。如投篮球时上肢的运动方向为“向上”；马步冲拳时上肢的运动方向为“向前”；落地缓冲时下肢的运动方向为“向下”；后踢腿时下肢动作方向为“向后”。在进行体育动作解剖学分析时，不仅仅要观察环节运动方向，还要将其转换为关节运动形式。如将投篮球时上肢运动方向“向上”，转换为“屈肩关节，伸肘关节，屈腕关节”；将落地缓冲时下肢运动方向“向下”，转换为“屈髋关节，屈膝关节，伸踝关节”等。

四、环节运动方向与外力方向的关系

通过分析环节运动方向与外力方向的关系，确定原动肌的位置，并根据解剖学知识，指出原动肌的名称。环节运动方向与外力方向关系主要有以下两种。

1. 环节运动方向与外力方向相反——环节抵抗外力矩向上运动时，原动肌配布在关节运动方向的同侧（即关节完成屈的运动时，原动肌就是该关节的屈肌群）。

如单手肩上投篮时，上肢各环节运动方向向上，而上肢各环节受到的外力主要为重力，方向朝下，此时肩关节屈、肘关节伸，原动肌即为肩关节的屈肌群（胸大肌、肱二头肌、三角肌前部），肘关节的伸肌群（肱三头肌、肘肌）。

2. 环节运动方向与外力方向相同——有以下两种情况：

第一种情况是环节运动方向与外力方向相同的加速运动，原动肌配布在关节运动方向的同侧（同上）。原动肌在不同的工作条件下完成向心工作，使环节产生加速运动。如排球扣球时，上肢各环节运动方向朝下，且速度快为宜，此时肩关节伸，肘关节伸和腕关节屈，其原动肌即为肩关节的伸肌群、肘关节的伸肌群和腕关节的屈肌群。

第二种情况是环节运动方向与外力方向相同的减速运动，原动肌配布在关节运动方向的对侧（即关节完成屈运动时，原动肌就是该关节的伸肌群）。关节运动方向对侧的原动肌做离心收缩以减缓环节的运动速度。如落地缓冲时，下肢各环节运动方向向下，且速度慢为宜，此时髋关节屈、膝关节屈、踝关节伸，其原动肌分别为髋关节的伸肌群、膝关节的伸肌群、踝关节的屈肌群。

五、原动肌的确定

在环节受力分析法确定了原动肌处于关节的某部位后，可以运用解剖学中使关节运动的肌肉小结内容，确定参加运动的原动肌名称。如经过分析得知，后踢腿动作的原动肌位于髋关节伸侧，膝关节伸侧，踝关节屈侧。通过查阅运动这些关节运动的肌肉小结内容（参见本书第50～52页），可知伸髋关节的肌肉为臀大肌、半腱肌、半膜肌，伸膝关节的肌肉为股四头肌，屈踝关节的肌肉为小腿三头肌等。再如经过分析得知，铅球出手的原动肌位于肩关节屈侧，肘关节伸侧，腕关节屈侧。通过查阅运动这些关节运动的肌肉小结内容，可知屈肩关节的肌肉为胸大肌、肱二头肌、三角肌前部，伸肘关节的肌肉为肱三头肌、肘肌，屈腕关节的肌肉为前臂屈肌群等。

第四章 人体主要部位常见动作的解剖学分析

体育动作解剖学分析要与体育运动实践紧密结合，可以为运动实践提供科学训练的理论依据。下面就一些运动项目的主要技术动作或练习动作进行解剖学分析，以便为其提供运动训练的建议。我们均运用表格法，对常见的体育动作进行实例分析。

根据完成动作时的主要运动部位不同，分为上肢动作分析，下肢动作分析，躯干动作分析，并综合进行全身动作分析。

第一节 上肢动作分析

根据运动形式的差异，上肢动作主要可分为推、拉、挥臂3类。

一、推

通过上肢各关节的运动，将重物或器械推离身体的动作为“推”。根据完成动作时肌肉工作条件、肌肉工作性质等不同，可分为近固定与远固定，向心工作与离心工作等多种“推”动作。体育运动中常见的“推”动作有“推铅球”“单手肩上投篮球”“排球托球”“俯卧撑”“双手胸前传球”“卧推杠铃”等。

下面以“卧推杠铃”的向上阶段为例进行解剖学分析（图2–15）。

1. **准备阶段：**仰面平躺在平板卧推凳上，以头部、上背和臀部接触凳面获得支撑，双脚平放在地板上。双手正手握杠铃杆，握距略比肩宽。从卧推架上取下杠铃，双臂伸直，使杠铃位于锁骨正上方。

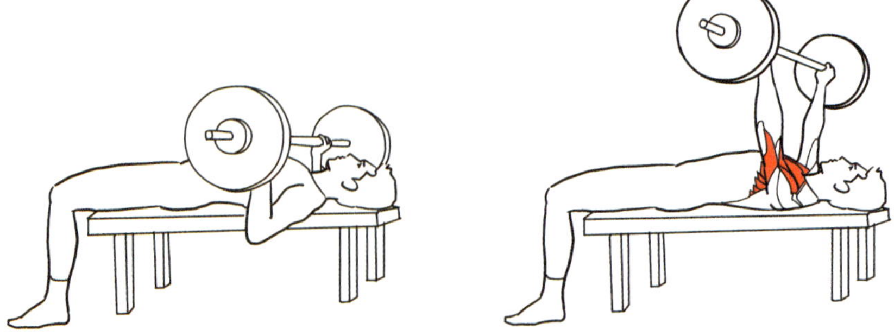

图2–15 卧推杠铃

2. **动作阶段：**卧推杠铃向上阶段解剖学分析，见表2-2。

表2-2　卧推杠铃向上阶段上肢动作解剖学分析

关节名称	关节运动	原动肌名称	工作条件	工作性质
肩胛骨	前伸	胸小肌、前锯肌	近固定	向心工作
肩关节	屈	胸大肌、三角肌前束、肱二头肌	近固定	向心工作
肘关节	伸	肱三头肌、肘肌	近固定	向心工作
前臂	旋前	旋前肌群	近固定	向心工作
腕关节	屈	前臂屈肌群	近固定	向心工作

3. **小结与建议**

在完成动作时双手的握距不同，对肌肉的训练效果也不相同。较宽的握距着重锻炼胸大肌，较窄的握距对肱三头肌和三角肌刺激更多一些。此外，还可以换用其他器材，如哑铃等进行锻炼，可以达到方便调节重量的目的。

二、拉

通过上肢各关节的运动，将重物拉近身体的动作为“拉”。根据完成动作时肌肉工作条件、肌肉工作性质等不同，可分为近固定与远固定，向心工作与离心工作等多种“拉”动作。体育运动中常见的“拉”动作有“引体向上”“拉拉力器”“蛙泳划水”“体前屈划船动作”“T-杆下拉”等。

下面以蛙泳划水阶段为例进行上肢动作解剖学分析（图2-16）。

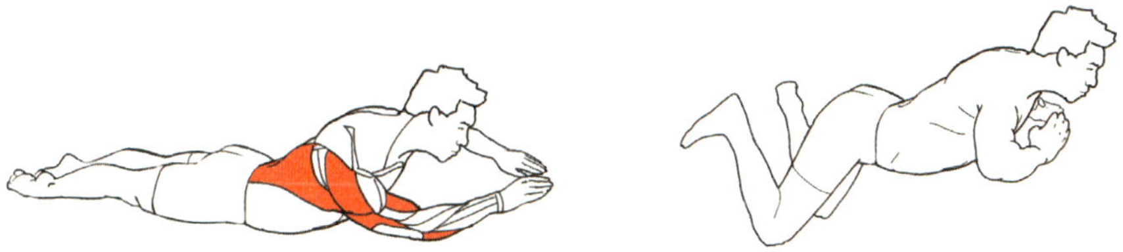

图2-16　蛙泳划水

1. **准备阶段：**手臂划水之前上肢与水面平行，双侧肩关节屈，肘关节伸，前臂内旋，掌心向下。

2. **动作阶段：**蛙泳划水上肢动作解剖学分析，见表2-3。

表2-3　蛙泳划水上肢动作解剖学分析

关节名称	关节运动	原动肌名称	工作条件	工作性质
肩胛骨	后缩	斜方肌、菱形肌	近固定	向心工作
肩关节	伸、内旋	背阔肌、三角肌后束、肱三头肌	近固定	向心工作
肘关节	屈	肱二头肌、肱肌	近固定	向心工作
腕关节	屈	前臂屈肌群	近固定	向心工作

3. 小结与建议

肩胛骨后缩、肩关节伸是手臂划动的主要运动形式，故斜方肌、背阔肌等的力量直接影响划臂效果，应注意这些肌肉的绝对力量训练。此外，在完成动作过程中，手掌的运动方向变化对动作质量影响较大，应注意手部小肌群意识性控制能力的训练。

三、挥臂

通过上肢以大关节运动带动小关节运动，形成类似鞭打动作为“挥臂”。上肢肌在完成该动作时均为近固定、向心工作。体育运动中常见的“挥臂”动作有“排球扣球”，羽毛球“正手击高球”与“正手攻球”等。

下面以羽毛球“正手击高球”扣杀阶段为例进行上肢动作解剖学分析（图2–17）。

图2–17　羽毛球正手击高球

1. 准备阶段：持拍手高举后引，肩关节屈，肘关节微屈，腕关节微伸。

2. 动作阶段：羽毛球正手击高球扣杀阶段上肢动作解剖学分析，见表2–4。

表2–4　羽毛球正手击高球扣杀阶段上肢动作解剖学分析

关节名称	关节运动	原动肌名称	工作条件	工作性质
肩胛骨	下回旋、前伸	胸小肌、前锯肌	近固定	向心工作
肩关节	伸	背阔肌、三角肌后束、肱三头肌	近固定	向心工作
肘关节	伸	肱三头肌、肘肌	近固定	向心工作
腕关节	屈	前臂屈肌群	近固定	向心工作

3. 小结与建议

扣杀动作要求原动肌具有较强的爆发力，尤其是运动肩关节、肘关节等大关节的肌群。加强胸大肌、前锯肌、背阔肌、肱三头肌快速发力的能力，有助于提高扣杀的力量与速度。此外，还应注意躯干部分参与协同工作的肌肉力量训练，有助于提高扣球的力度。

第二节　下肢动作分析

根据运动形式的差异，下肢动作主要分为蹬、摆、缓冲3类。

一、蹬

通过下肢各关节的运动，给支撑部位施加作用力的动作为“蹬”。若得到的反作用力大于身体重量，人体就会产生腾空状态，下肢肌在完成该动作时均为远固定、向心工作。体育运动中常见的“蹬”动作有“立定跳远”“原地纵跳”“负重深蹲”“急行跳远”“跳马上板”“蛙泳蹬腿”“蹲踞式起跑”等。

下面以“跳马上板”起跳阶段为例进行下肢动作解剖学分析（图2–18）。

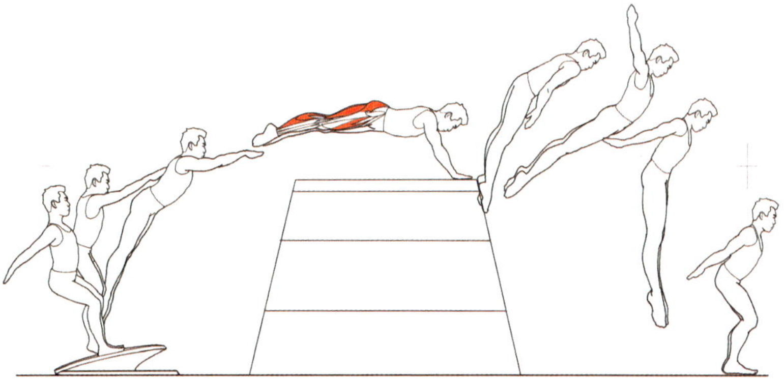

图2–18　跳马

1. **准备阶段：**双脚踏板，手臂后伸，身体略微前倾，髋关节屈、膝关节屈，踝关节背屈。

2. **动作阶段：**跳马上板起跳阶段下肢动作解剖学分析，见表2–5。

表2–5　跳马上板 起跳阶段下肢动作解剖学分析

关节名称	关节运动	原动肌名称	工作条件	工作性质
髋关节	伸	臀大肌、股后肌群	远固定	向心工作
膝关节	伸	股四头肌	远固定	向心工作
踝关节	屈	小腿三头肌	远固定	向心工作

3. 小结与建议

双脚触板时，下肢各关节适度屈曲，这样可以预先拉长完成动作时的原动肌，增加肌肉力量。在踏跳时，髋关节伸、膝关节伸、踝关节屈均在瞬间完成，要求运动这些关节的肌肉爆发力强，以达到弹跳高的目的。

二、摆

以髋关节为轴，下肢完成各方向“钟摆式”运动的动作为“摆”。下肢肌在完成该动作时均为近固定、向心工作。体育运动中常见的“摆”动作有“正踢腿”“里合腿”“正脚背踢球”“侧踢腿”“后踢腿”“外摆腿”等。

下面以“侧踢腿”为例进行下肢动作解剖学分析（图2–19）。

图2–19 侧踢腿

1. **准备阶段：**髋关节外旋，膝关节伸，踝关节伸。
2. **动作阶段：**侧踢腿下肢动作解剖学分析，见表2–6。

表2–6 侧踢腿下肢动作解剖学分析

关节名称	关节运动	原动肌名称	工作条件	工作性质
髋关节	外展、外旋	臀中肌、臀小肌、髂腰肌	近固定	向心工作
膝关节	伸	股四头肌	近固定	向心工作
踝关节	伸	小腿伸肌群	近固定	向心工作

3. 小结与建议

在完成“侧踢腿”动作时，髋关节适度外旋，可使股骨大转子避开髋臼，增大外展幅度。此外，由于大腿内收肌群共计5块，这些肌肉大小不等，长短不一，走向各异，体积不同，肌肉的伸展性也有一定差异，进行柔韧训练时应注意这些特点会导致训练效果的不同。

三、缓冲

通过下肢各关节的运动，形成折叠动作，延缓人体下降速度为“缓冲”，下肢肌在完成该动作时为远固定、离心工作。体育运动中常见的“缓冲”动作主要为“落地缓冲”“跨栏”下栏着地等。

下面以“跨栏”下栏着地阶段下肢动作为例进行解剖学分析（图2-20）。

1. **准备阶段**：摆动腿在接触地面前完成下压动作。

2. **动作阶段**：“跨栏”下栏着地阶段下肢动作解剖学分析，见表2-7。

图2-20　跨栏

表2-7　跨栏下栏着地阶段下肢动作解剖学分析

关节名称	关节运动	原动肌名称	工作条件	工作性质
髋关节	屈	臀大肌、股后肌群	远固定	离心工作
膝关节	屈	股四头肌	远固定	离心工作
踝关节	伸	小腿三头肌	远固定	离心工作

3. **小结与建议**

在攻栏腿过栏后，膝关节伸直下压，在接触地面时，前脚掌应做积极的扒地动作，以便接下一个动作。该动作要求足部小肌肉也应具有较强的力量才能完成，故应该注意这些肌肉的力量训练。此外，在攻栏腿着地过程中，下肢各关节虽然表现为屈曲状态，但由于要延缓、控制人体的下降速度，就需要伸肌群收缩发力，抵消一部分由重力导致的下肢各关节屈曲作用，故臀大肌、股后肌群、股四头肌、小腿三头肌等与下肢三大关节运动方向相反的肌肉完成离心收缩。经常练习，能够有效发展这些肌肉的离心收缩力量，提高控制能力，更好达到缓冲效果。

在落地缓冲过程中，下肢有两个部位容易发生损伤，一是半月板，该结构上下两面因同时要承受来自股骨与胫骨的冲击，容易发生挤压损伤。二是踝关节外侧韧带，因前脚掌着地时踝关节容易出现跖屈内翻，伤及韧带。

第三节　躯干动作分析

躯干动作包括胸廓、脊柱两个整体结构的运动。前者的运动主要在呼吸时表现，后者的运动主要在躯干运动时表现。此外，由于骨盆与脊柱在构造上相互关联，所以往往两者的运动是密切相连的。在体育动作解剖学分析时一般没有对胸廓的运动加以描述，而是分析脊柱与骨盆的运动。

根据运动形式的差异，躯干动作主要分为屈、伸、侧屈和回旋。

一、屈

骨盆绕髋关节双侧额状轴前倾，脊柱绕自身额状轴向前为“屈”。该运动下肢肌的工作条件为远固定，工作性质为向心工作；躯干腹部肌的工作条件为下固定，工作性质为向心工作。体育运动中常见的躯干屈的动作有“坐位体前屈”“仰卧起坐”“仰卧两头起”等。

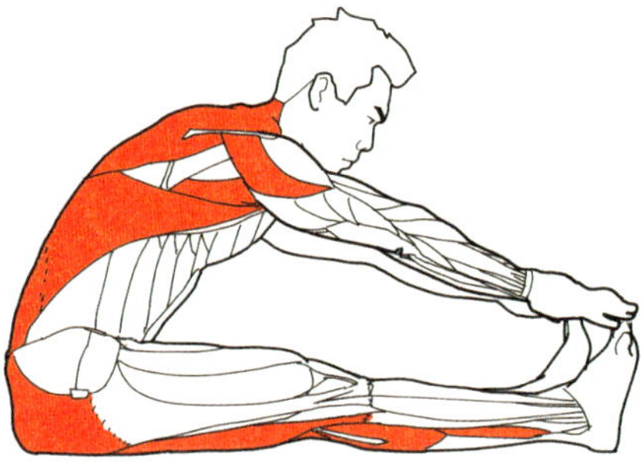

图2-21　坐位体前屈

下面以“坐位体前屈”为例进行解剖学分析（图2-21）。

1. **准备阶段：**身体平躺，双臂伸直，髋关节伸、膝关节伸，踝关节伸。

2. **动作阶段：**“坐位体前屈”阶段躯干动作解剖学分析，见表2-8。

表2-8　坐位体前屈动作解剖学分析

关节名称	关节运动	原动肌名称	工作条件	工作性质
脊柱	屈	腹直肌、腹内斜肌、腹外斜肌	下固定	向心工作
骨盆	前倾	髂腰肌、股直肌	远固定	向心工作

3. **小结与建议**

在完成该动作时，脊柱伸肌群、骨盆背侧部肌群、股后肌群均受到拉伸。此外，还有若干限制脊柱过度前屈的韧带，如后纵韧带、黄韧带、棘间韧带与棘上韧带等均受到牵拉。在动作过程中若这些肌群与韧带的伸展性不足，就会影响前屈幅度，故加强脊柱后部软组织的柔韧素质训练，有助于提高动作质量。

由于股后肌群是人体中紧张度很高的肌群，因此，作为一项监测人体柔韧素质的指标，坐位体前屈具有简单易测、区分度高、可接受性强、有效性程度高的特点。

二、伸

脊柱绕自身额状轴向后，骨盆绕双侧髋关节额状轴后倾为躯干“伸”。体育运动中脊柱伸的常见动作有“体操下桥”“俯卧背腿”等。

下面以“俯卧背腿”动作为例进行解剖学分析（图2-22）。

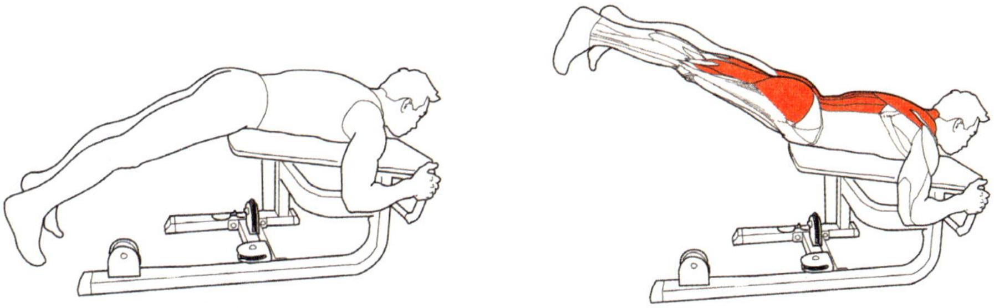

图2-22　俯卧背腿

1. **准备阶段：** 俯卧于器械上，双手握住器械。
2. **动作阶段：** “俯卧背腿”动作解剖学分析，见表2-9。

表2-9　俯卧背腿动作解剖学分析

关节名称	关节运动	原动肌名称	工作条件	工作性质
脊柱	伸	竖脊肌、斜方肌	上固定	向心工作
骨盆	后仰	臀大肌、股后肌群	远固定	向心工作

3. **小结与建议**

俯卧背腿动作对发展腰背部肌肉力量效果十分明显，尤其是患有腰背疼痛的人长期坚持运动，可以达到增加肌力，减轻疼痛的效果。

三、侧屈

脊柱绕矢状轴侧向运动，骨盆绕单侧髋关节矢状轴侧倾运动为“体侧屈”。该运动下肢肌工作条件为远固定，肌肉工作性质为向心工作；躯干腹部和背部的同侧肌群同时收缩，肌肉工作条件为下固定，肌肉工作性质为向心工作。体育运动中常见的“体侧屈”动作有“侧弯腰”、哑铃操“体侧屈”等。

下面以哑铃操“体侧屈”为例进行解剖学分析（图2-23）。

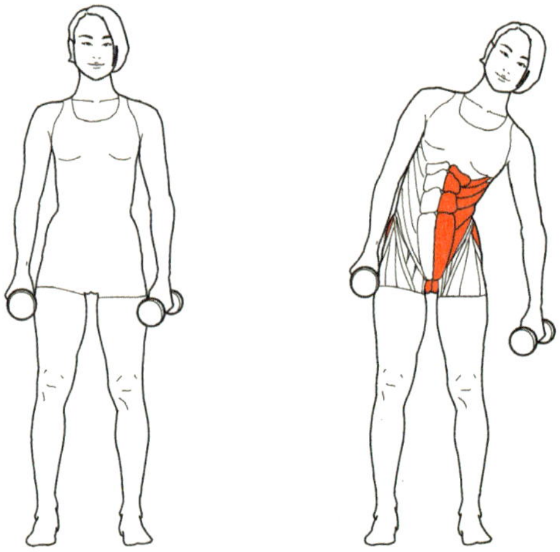

图2-23 哑铃操体侧屈

1. **准备阶段**：身体直立，双手持哑铃位于体侧。

2. **动作阶段**：哑铃操“体侧屈”动作解剖学分析，见表2-10。

表2-10 哑铃操体侧屈动作解剖学分析

关节名称	关节运动	原动肌名称	工作条件	工作性质
脊柱	侧屈	同侧腹直肌、腹内斜肌、腹外斜肌、竖脊肌、斜方肌	下固定	向心工作
骨盆	侧倾	同侧臀大肌、臀中肌、臀小肌	远固定	向心工作

3. **小结与建议**

体侧屈时，由于脊柱、骨盆运动使对侧的肌群、韧带等软组织能够得到拉伸，故能够发展其伸展性。在完成该动作时，如果两脚距离太大会导致侧屈幅度减小，不能达到训练脊柱侧屈肌的效果。

四、回旋

骨盆绕单侧髋关节垂直轴向前运动，脊柱绕垂直轴顺时针（或逆时针）转动为“回旋”，也称转体。该运动的下肢肌工作条件为远固定，工作性质为向心工作；腹部肌群的工作条件为下固定，肌肉工作性质为向心工作。体育运动中常见的“转体”动作有“左（右）转体”“仰卧起坐带转体”等。

下面以“右转体”动作为例进行动作解剖学分析（图2-24）。

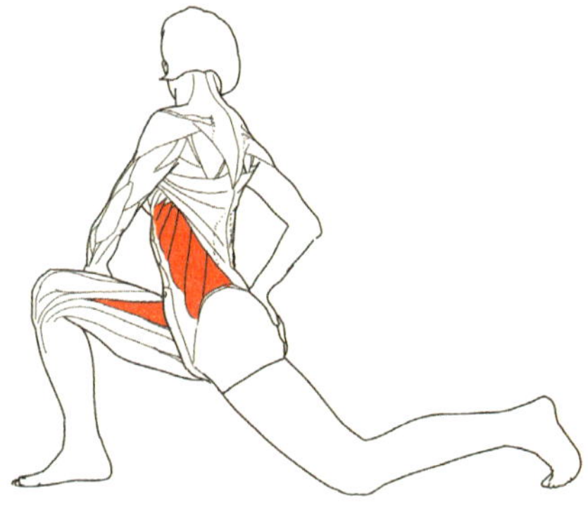

图2-24 右转体

1. **准备阶段：**身体直立，双手叉腰。

2. **动作阶段：**“右转体”动作解剖学分析，见表2-11。

表2-11　右转体躯干回旋动作解剖学分析

关节名称	关节运动	原动肌名称	工作条件	工作性质
脊柱	右回旋	右腹内斜肌、左腹外斜肌	下固定	向心工作
骨盆	右回旋	左臀大肌、左髂腰肌	远固定	向心工作

3. **小结与建议**

由于腹外斜肌与腹内斜肌的肌纤维走向呈交叉状，在转体动作时，两块肌肉的工作条件均为下固定，故起点在外下部位，止点在内上部位的腹内斜肌将拉脊柱向同侧转动，而起点在外上部位，止点在内下部位的腹外斜肌则拉脊柱向对侧转动。此外，骨盆在左右转体动作中也会伴随着有轻微运动。

第五章 体育项目中常见动作的解剖学分析实例

第一节 篮球运动中常见动作的解剖学分析

一、双手胸前传球

1. 动作简介

“双手胸前传球”是篮球传球技术的基础，使用频率很高，具有准确性高、容易控制、便于变化的特点，运动员一般在中、近距离传球中运用（图2–25）。

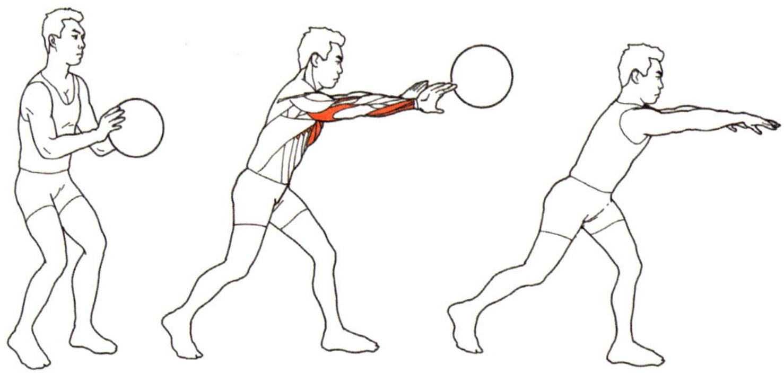

图2–25 双手胸前传球

2. 动作要领

双手持球，五指自然分开，两大拇指成八字形，用指根以上部位持球，手心空出。面向要传球的队友，抬头、屈膝，将球持于胸前，两肘微向外。传球时，目视传球方向，两臂前伸，手腕由下向上转动，再由内向外翻，急促抖腕，同时拇指用力下压，食指、中指用力弹拨，将球传出。出球后手心和拇指向下，其余四指向前。远距离传球，则需加大蹬地和腰腹的协调用力。

3. 动作阶段划分与解剖学分析

“双手胸前传球”分为准备阶段与传球阶段，以传球阶段的上肢动作为例进行解剖学分析，见表2–12。

表2-12 双手胸前传球上肢动作解剖学分析

关节名称	关节运动	原动肌名称	工作条件	工作性质
肩胛骨	前伸	胸小肌、前锯肌	近固定	向心工作
肩关节	屈	胸大肌、肱二头肌、三角肌前束	近固定	向心工作
肘关节	伸	肱三头肌、肘肌	近固定	向心工作
腕关节	屈	前臂屈肌群	近固定	向心工作

4. 小结与建议

在完成远距离传球动作时，需要较多的大肌肉参加工作，如前锯肌、胸大肌、三角肌、肱三头肌；在完成近距离传球动作时，主要由前臂的肌肉收缩完成，如屈腕、屈指肌等，练习中应该大小肌肉力量训练兼顾。此外，在传球动作中往往都有一个快速“抖腕”动作，应特别注意发展腕关节屈与内收肌群爆发力的训练。

二、单手肩上投篮

1. 动作简介

“单手肩上投篮”是篮球运动中最基本的动作之一，是行进间和跳起投篮的基础，它具有出手点高、便于结合其他动作、不易被防守等优点，并能在不同位置和距离上应用。该动作属于非周期性、非对称性运动（图2-26）。

图2-26 单手肩上投篮

2. 动作要领

右手五指自然分开，掌心空出，指根以上部位触球，伸腕，屈肘持球于肩上方耳部附近，肩关节微内收，前臂与地面垂直，左手扶球的左侧，右脚稍前，左脚稍后，重心放在两脚之间，两膝微屈，目视投篮目标。投篮时，两脚前脚掌用力蹬地，伸展腰腹，抬肘，手臂上伸，在即将伸直时，手腕用力前屈，手指拨球，球最后经中指和食指的指端投出。球出手后，腿、腰、臂自然伸直。

3. 动作阶段划分与解剖学分析

该动作是以投篮手的动作为主要运动，配合下肢的蹬地，力量通过躯干传递至上肢完成。以篮球出手阶段上肢动作和蹬地阶段下肢动作为例进行解剖学分析，见表2–13、表2–14。

表2–13 单手肩上投篮出手阶段上肢动作解剖学分析

关节名称	关节运动	原动肌名称	工作条件	工作性质
肩胛骨	前伸、上回旋	胸小肌、前锯肌	近固定	向心工作
肩关节	屈	胸大肌、肱二头肌、三角肌前束	近固定	向心工作
肘关节	伸	肱三头肌、肘肌	近固定	向心工作
腕关节	屈	前臂屈肌群	近固定	向心工作

表2–14 单手肩上投篮蹬地阶段下肢动作解剖学分析

关节名称	关节运动	原动肌名称	工作条件	工作性质
髋关节	伸	臀大肌、股后肌群	远固定	向心工作
膝关节	伸	股四头肌	远固定	向心工作
踝关节	屈	小腿三头肌	远固定	向心工作

4. 小结与建议

“单手肩上投篮”动作虽然主要为上肢运动，但下肢蹬地动作的力量通过躯干传递到上肢，有助于增加投篮远度，故在运动训练中应注意下肢肌与躯干肌在力量传递过程中的协调配合训练。

第二节　排球运动中常见动作的解剖学分析

一、正面双手垫球

1. 动作简介

“排球正面双手垫球”是指双手在腹前垫击来球的一种垫球方法，是各种垫球技术的基础，适合于接各种发球、扣球和拦网球，也可以用来组织进攻。根据来球的力量大小垫球又可以分为垫轻球、垫中等力量来球、垫重球（图2–27）。

图2–27　正面双手垫球

2. 动作要领

两脚开立稍比肩宽，垫球手型可以采用抱拳互握式、叠掌式、互靠式等。垫球前，两臂夹紧前伸插到球下，用腕关节以上10厘米左右两臂桡骨内侧形成的平面垫球。注意插、夹、抬、蹬连贯完成，灵活控制传球方向和力量。

3. 动作阶段划分与解剖学分析

“排球正面双手垫球”动作分为“准备阶段”与“垫球阶段”，以垫球阶段的上肢动作进行解剖学分析，见表2–15。

表2–15　排球垫球阶段上肢动作解剖学分析

关节名称	关节运动	原动肌名称	工作条件	工作性质
肩胛骨	前伸	前锯肌、胸小肌	近固定	向心工作
肩关节	内收、屈	胸大肌、肱二头肌、三角肌前束	近固定	向心工作
肘关节	伸	肱三头肌、肘肌	近固定	向心工作
腕关节	伸	前臂伸肌群	近固定	向心工作

4. 小结与建议

腕关节以上10厘米双臂桡骨内侧形成的平面虽然为垫球的最佳部位，但若垫球频率、强度过大，很容易造成该部位局部劳损，严重者甚至发生应力性骨折，尤其是中年女性该部位出现骨折的几率更大，故在全民健身运动中，对于完成垫球这类动作时，应注意年龄、性别特点，避免出现不必要的损伤。

在垫球时，肩关节应尽量放松，便于手臂上下移动；在击球瞬间，还要注意完成肩胛骨上提动作，以保证力量向前上方传递，调控球的运动方向。此外，该动作虽然是以上肢运动为主，但若能将下肢蹬地力量通过核心区传递到手臂，对增加垫球力量与准确性有很好效果。

二、正面扣球

1. 动作简介

“扣球”是排球基本技术中攻击性最强的一项技术，在比赛中占有重要地位，是得分、得发球权的主要手段，也是进攻中最积极有效的武器。扣球是战术配合中的最终目的，强有力又富有战术目的的扣球，可使对方难以防守和组织反击，从而掌握比赛的主动权。扣球技术一般分为正面扣球、调整扣球、扣快球等（图2-28）。

图2-28　排球正面扣球

2. 动作要领

起跳后，右臂随之抬起，身体稍向右转，抬头挺胸并展体，击球手臂后引，肘部自然弯曲略高于肩；挥臂时，身体迅速向左转，伴收腹、含胸的动作带动手臂挥动，成快速鞭打动作向右肩前上方挥击；击球时，手臂充分伸直，五指微张呈勺形，并保持适当的紧张，以全手掌包住球，掌心击球的后中上部或后中部，手腕猛力迅速下甩，同时主动屈指向前推压，使球向前下方加速上旋飞行，落入对方场区。

3. 动作阶段划分与解剖学分析

“排球正面扣球”分为准备姿势、判断助跑、起跳、空中击球、落地5个动作阶段，以“起跳”“臂上举”“空中击球”动作为例进行解剖学分析，见表2-16、表2-17、表2-18。

表2-16　排球正面扣球起跳阶段下肢动作解剖学分析

关节名称	关节运动	原动肌名称	工作条件	工作性质
髋关节	伸	臀大肌、股后肌群	远固定	向心工作
膝关节	伸	股四头肌	远固定	向心工作
踝关节	屈	小腿三头肌	远固定	向心工作

表2-17　排球正面扣球起跳阶段臂上举动作解剖学分析

关节名称	关节运动	原动肌名称	工作条件	工作性质
肩胛骨	上回旋	斜方肌上下部纤维、前锯肌下部纤维	近固定	向心工作
肩关节	屈	胸大肌、三角肌前束、肱二头肌	近固定	向心工作
肘关节	屈	肱二头肌、肱肌	近固定	向心工作
腕关节	伸	前臂伸肌群	近固定	向心工作

表2-18　排球正面扣球空中击球动作解剖学分析

关节名称	关节运动	原动肌名称	工作条件	工作性质
肩胛骨	下回旋	胸小肌、菱形肌	近固定	向心工作
肩关节	伸	背阔肌、三角肌后束、肱三头肌长头	近固定	向心工作
肘关节	伸	肱三头肌、肘肌	近固定	向心工作
腕关节	屈	前臂屈肌群	近固定	向心工作

4. 小结与建议

“排球正面扣球”动作要求，运动肩关节、肘关节等关节的原动肌具有较强的爆发力，尤其是要加强胸大肌、前锯肌、背阔肌、肱三头肌快速发力的能力，这有助于提高扣球的力量与速度。此外，在扣球结束后单脚落地容易造成膝关节损伤，应力争两脚同时落地。落地时，应以前脚掌先着地再过渡到全脚掌着地，同时顺势收腹、屈膝，以缓冲下落的力量。

三、拦网动作

1. 动作简介

“排球拦网”是排球运动中积极主动并具有攻击性的防守基本技术之一。拦网既可形成本方第一道防线，也能直接得分。成功的拦网可使本方由被动变为主动，削弱对方的进攻力量，减轻本方防守的压力。此外，有效拦网还给对方心理造成很大的威胁，削弱对方的锐气，增强本方士气和必胜的信心。“排球拦网”分单人拦网、双人拦网和集体拦网3种（图2–29）。

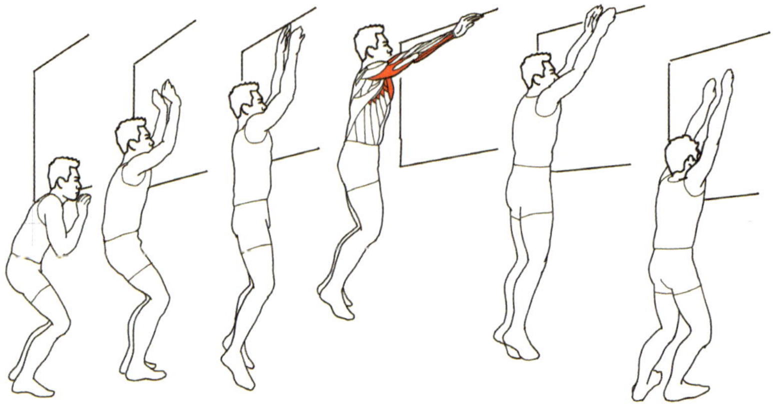

图2–29　排球拦网

2. 动作要领

拦网前，队员面对球网，两脚左右开立约与肩宽，距网30~40厘米，两膝微屈，两臂在胸前自然屈肘。随着来球，脚步的移动可采用并步、交叉步、跑步，向前或斜前移动等形式。原地起跳瞬间，重心降低，两膝弯曲，用力蹬地，使身体垂直起跳。拦网时两手从额前平行球网向网上沿前上方伸出，两臂平行，两肩尽量上提，两臂尽力过网伸向对方上空，两手接近球，自然张开，手触球时两手要突然紧张，用力屈腕。

3. 动作阶段划分与解剖学分析

“排球拦网”动作由准备姿势、移动、起跳、空中拦击和落地等相互衔接的5个部分组成，以空中拦击时上肢动作为例进行解剖学分析，见表2–19。

表2–19　排球拦网空中拦击上肢动作解剖学分析

关节名称	关节运动	原动肌名称	工作条件	工作性质
肩胛骨	上回旋	斜方肌上下部纤维、前锯肌下部纤维	近固定	向心工作
肩关节	屈	胸大肌、三角肌前束、肱二头肌	近固定	向心工作
肘关节	伸	肱三头肌、肘肌	近固定	向心工作
腕关节	屈	前臂屈肌群	近固定	向心工作

4. 小结与建议

拦网是一个需要较高智慧的战术与技术，要让对方捉摸不透你的拦网意图，要求运动员对场上形势有正确的分析和预判。故要求其身体灵敏性、大脑分析问题的能力极强，平时训练应有意识地训练协调性、灵敏素质，提高大脑的反应能力。

第三节 足球运动中常见动作的解剖学分析

一、正脚背踢球

1. 动作简介

当踝关节屈、足稍外翻时，第一、二、三、四跖骨体及跖骨底部分形成一个较大的平面，即为脚背正面，用这一部分去击球称为“正脚背踢球”。在踢球时，由于下肢的摆动幅度大，脚背与球的接触面大，因而踢球力量大，准确性较强。在比赛中经常使用脚背正面踢定位球、地滚球、空中球、反弹球及倒勾球等（图2–30）。

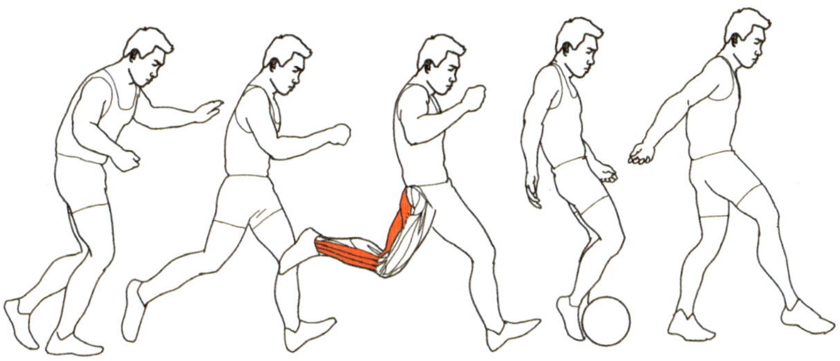

图2–30 正脚背踢球

2. 技术要领

踢球前的助跑最后一步稍大些，支撑腿积极着地支撑，在球的侧面10 ~ 12厘米处，脚尖正对出球方向，膝关节微屈；踢球腿随跑动向后摆动，小腿屈曲，以髋关节为轴，大腿带动小腿由后向前摆动。当膝关节摆至接近球的正上方时，小腿做爆发式的摆动，脚趾屈，以脚背正面部位击球的后中部，击球后身体及踢球腿随球前移。

3. 动作阶段划分与解剖学分析

“正脚背踢球”动作的踢球腿分为后摆阶段与踢球阶段，以右脚踢球为例进行两个阶段的解剖学分析，见表2–20、表2–21。

表2–20 正脚背踢球后摆阶段下肢动作解剖学分析

关节名称	关节运动	原动肌名称	工作条件	工作性质
髋关节	伸	臀大肌、股后肌群	近固定	向心工作
膝关节	屈	股后肌群、腓肠肌	近固定	向心工作
踝关节	伸	小腿前群肌	近固定	向心工作

表2-21 正脚背踢球前摆阶段下肢动作解剖学分析

关节名称	关节运动	原动肌名称	工作条件	工作性质
髋关节	屈	髂腰肌、股直肌	近固定	向心工作
膝关节	伸	股四头肌	近固定	向心工作
踝关节	屈	小腿三头肌	近固定	向心工作

4. 小结与建议

在后摆阶段，应注意摆动幅度不宜过大，以免屈髋关节肌群与伸膝关节肌群过度伸长，影响其收缩力量。在前摆击球时，注意以大关节运动带动小关节运动，使原动肌产生爆发式收缩，下肢完成鞭打式踢球动作。

二、铲球

1. 动作简介

“铲球”是足球运动中利用倒地时脚或腿的伸、扫、蹬、勾等动作进行抢截或控球、传球、射门的技术。随着足球技术的进步，铲球已由过去单纯用于防守而发展成为现在进攻中的铲控、铲传、铲射等攻守兼用的技术，具有快速、突然的特点。铲球的方式主要有脚尖或是脚背铲球、正面铲球、侧后铲球、单脚脚背外侧铲球、单脚脚掌铲球、双脚铲球、异侧脚铲球、同侧脚铲球等。下面以防守者单脚脚背外侧铲球为例，简述其动作要领与解剖学分析（图2-31）。

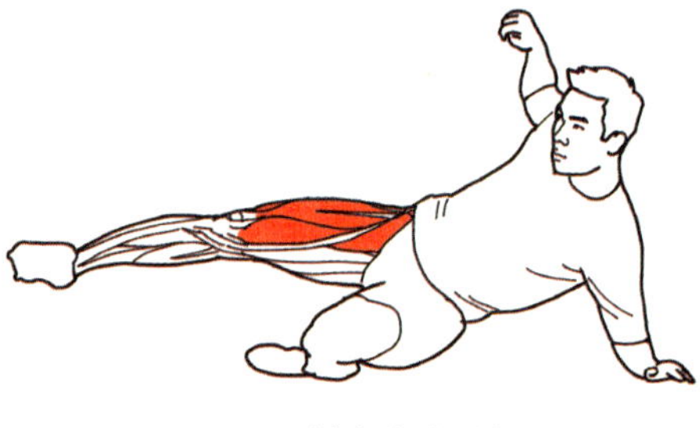

图2-31 单脚脚背外侧铲球

2. 动作要领

防守队员移动接近控球者，膝关节微屈，重心下降，当控球者触球脚触球尚未落地时，抢球者双脚沿地面向球滑铲，随即用手扶地做向一侧的翻滚，并尽快起身。

单脚脚背外侧铲球一般在回追情况下采用。铲球时要先抓住时机，在球刚一离脚的刹那做铲球的动作。支撑腿同侧的膝关节弯曲，铲球腿的髋关节向有球方向送出，身体借蹬地力量迅速后仰，腰、腹充分伸展，铲球时脚的外沿顺地滑行，小腿、大腿与臀部均着地，手部同时支撑地面，铲球后顺势转体起立。

3. 动作阶段划分与解剖学分析

以右脚“单脚脚背外侧铲球”动作的铲球阶段进行解剖学分析，见表2-22。

表2-22　单脚脚背外侧铲球动作解剖学分析

关节名称	关节运动	原动肌名称	工作条件	工作性质
髋关节	屈	髂腰肌、股直肌	近固定	向心工作
膝关节	伸	股四头肌	近固定	向心工作
踝关节	屈	小腿三头肌	近固定	向心工作

4. 小结与建议

铲球动作由于速度较快，突然性较强，容易造成运动损伤，所以在铲球时一定要注意安全。铲球时不要直接对着足球，应该朝球运动方向的提前位置铲去，这样既能够更准确地铲到足球，又能够避免伤人。

第四节　田径运动中常见动作的解剖学分析

一、背越式跳高

1. 动作简介

“背越式跳高”又称“福斯贝里式跳高”，是急行跳高姿势之一。助跑步数为8～12步，前段跑直线，后段跑弧线，用离横杆较远的腿起跳。起跳离地后，身体保持伸展姿势向上腾起，并在摆动腿及其同侧手臂的带动下，加速身体围绕纵轴旋转，使身体背对横杆；当头、肩越过横杆后，及时仰头、倒肩、展体、挺腹，并稍后收双腿，形成杆上背弓姿势，同时身体重心尽量靠近横杆，以充分利用腾空高度；当身体重心移过横杆后，应加速向上甩腿越过横杆，过杆后以背部落垫（图2-32）。

图2-32　背越式跳高

2. 动作要领

助跑，由直线转弧线，弧线助跑以外侧脚的前脚掌内侧着地，摆动侧肩高并领先于起跳侧肩，身体内倾，后两步加速起跳。起跳：在助跑的倒数第二步采用“硬撑式”的快速摆动，摆动腿向上稍内收摆动，膝比踝靠内，摆动侧髋高于起跳侧髋，起跳腿积极着地，肩侧背对横杆。过杆：以头与脊柱冲击横杆上方，头部过杆后，两臂也由肩上方开始向身体两侧下放，当胸部过杆后，积极向上顶髋，两小腿放松下垂，杆上成“桥”的动作。落地：大腿过杆后，以大腿带小腿做甩小腿的动作，低头含胸伸膝，肩背着垫。

3. 动作阶段划分与解剖学分析

一次完整的背越式跳高包括助跑、起跳、过杆、落地4个阶段，以起跳阶段的蹬地腿动作和过杆阶段的躯干动作为例进行解剖学分析，见表2–23、表2–24。

表2–23　背越式跳高起跳阶段下肢动作解剖学分析

关节名称	关节运动	原动肌名称	工作条件	工作性质
髋关节	伸	臀大肌、股后肌群	远固定	向心工作
膝关节	伸	股四头肌	远固定	向心工作
踝关节	屈	小腿三头肌	远固定	向心工作

表2–24　背越式跳高过杆阶段躯干动作解剖学分析

关节名称	关节运动	原动肌名称	工作条件	工作性质
脊柱	伸	竖脊肌、斜方肌	下固定	向心工作
骨盆	后倾	臀大肌、股后肌群	下固定	向心工作

4. 小结与建议

完成“背越式跳高”动作会涉及多个运动环节，要求众多肌群参与工作，这些肌肉在工作条件、工作性质等多方面存在差异。起跳动作的合理性和起跳的高度是高质量完成整个动作取得较高水平的先决条件，在训练中不仅应注重小腿三头肌、股四头肌等肌群的快速力量的训练，还要注意加强腰腹部肌群控制能力的训练以及脊柱、骨盆等处软组织柔韧性的练习。

二、原地侧向推铅球

1. 动作简介

“原地侧向推铅球”属于非对称性、非周期性运动，其特点是运动持续时间短、技术性强、以绝对力量为基础、速度为核心、对爆发力要求极高。该动作不仅需要投掷臂具有快速用力的能力，也要求具有较强的全身继发性的爆发式用力能力（图2–33）。

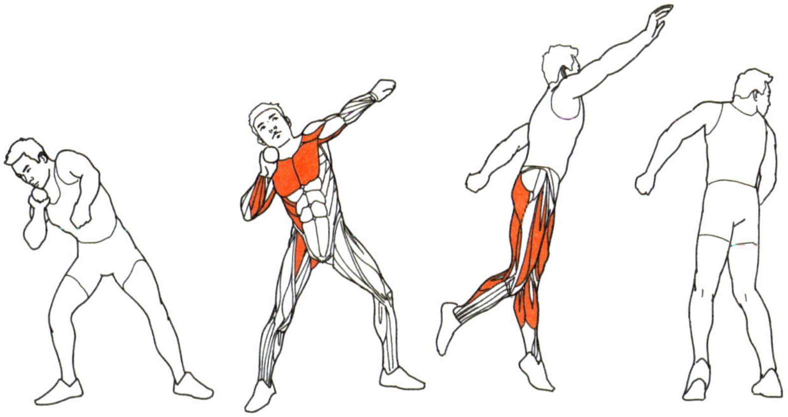

图2–33　原地侧向推铅球

2. 动作要领

“原地侧向推铅球”（以右手投掷为例），包括持球、预摆、蹬地、转髋、挺胸、抬头、挥臂、拨球、缓冲等技术动作。每个技术动作要领不同，此重点介绍出手的动作要领。推球时右脚迅速用力蹬地，脚跟提起，右膝内转，右髋前送，使上体向左侧抬起，朝着投掷方向转动。当身体左侧接近于地面垂直一刹那，以左肩为轴，右腿迅速伸直，身体转向投掷方向，挺胸、抬头，右肩用力向前送，右臂迅速伸直将球向前上方40°～42°角推出。球离手时手腕用力屈，并用手指拨球。在推球的同时，左腿用力向上蹬直，以增加铅球向前和向上的力量。

3. 动作阶段划分与解剖学分析

“原地侧向推铅球”分为上肢动作、躯干动作、下肢动作。现对出球阶段的上肢、躯干、下肢动作进行解剖学分析，见表2–25、表2–26、表2–27、表2–28、表2–29。

（1）上肢动作

上肢分为持球手与协助手，两者运动不同，重点分析持球手的动作。

表2–25　原地侧向推铅球持球阶段上肢动作解剖学分析

关节名称	关节运动	原动肌名称	工作条件	工作性质
肩胛骨	后缩	斜方肌、菱形肌	近固定	静力性工作
肩关节	水平伸	背阔肌、三角肌后束、肱三头肌长头	近固定	静力性工作
肘关节	屈	肱二头肌、肱肌	近固定	静力性工作
腕关节	伸	前臂伸肌群	近固定	静力性工作

表2-26 原地侧向推铅球出手阶段上肢动作解剖学分析

关节名称	关节运动	原动肌	工作条件	工作性质
肩胛骨	前伸	前锯肌、胸小肌	近固定	向心工作
肩关节	水平屈	胸大肌、三角肌前束、肱二头肌	近固定	向心工作
肘关节	伸	肱三头肌、肘肌	近固定	向心工作
腕关节	屈	前臂屈肌群	近固定	向心工作

（2）躯干动作

出手阶段时躯干向左转体。

表2-27 原地侧向推铅球出手阶段躯干动作解剖学分析

关节名称	关节运动	原动肌名称	工作条件	工作性质
脊柱	左回旋	左侧腹内斜肌、右侧腹外斜肌	下固定	向心工作
骨盆	左回旋	右侧臀大肌、髂腰肌	远固定	向心工作

（3）下肢动作

铅球出手阶段双侧下肢虽然都是蹬地动作，但关节运动仍有一定差异。

表2-28 原地侧向推铅球蹬地阶段右下肢动作解剖学分析

关节名称	关节运动	原动肌名称	工作条件	工作性质
髋关节	伸、内旋	臀大肌、半腱肌、半膜肌	远固定	向心工作
膝关节	伸、内旋	股四头肌、腓肠肌内侧头	远固定	向心工作
踝关节	屈	小腿三头肌	远固定	离心工作

表2-29 原地侧向推铅球蹬地阶段左下肢动作解剖学分析

关节名称	关节运动	原动肌名称	工作条件	工作性质
髋关节	伸、外旋	臀大肌、股二头肌	远固定	向心工作
膝关节	伸、内旋	股四头肌、腓肠肌内侧头	远固定	向心工作
踝关节	屈	小腿三头肌	远固定	向心工作

4. 小结与建议

“原地侧向推铅球”动作表面看主要是投掷臂在用力，实则需要全身肌肉参与工作，且需要肌肉有较强的爆发力。在完成该动作前应注意全身性的热身运动，减小肌肉的黏滞性，既有利于动员全身肌肉参与工作，也能起到防止肌肉损伤的作用。

三、蹲踞式起跑

1. 动作简介

在19世纪短跑比赛时采用的起跑方式千姿百态，有直立着的，有弯着腰的，也有双手摊开的。在1896年第1届雅典奥运会上美国田径运动员托玛斯·伯克用近似“蹲踞式”的起跑方法，以12秒整的成绩夺得100米跑冠军，他的成功使田径界在短跑比赛中开始普遍采用“蹲踞式”的起跑技术（图2–34）。

图2–34　蹲踞式起跑

2. 动作要领

“蹲踞式起跑”由“各就位”“预备”“鸣枪”3个环节组成。运动员在听到“各就位”口令后，屈体，两手撑地，有力腿在前，两脚依次蹬在起跑器的抵脚板上。前脚距起跑线一脚至一脚半，后脚距前脚一脚至一脚半，两只脚中轴线间隔约15厘米，后腿跪地。两手收回紧靠起跑线后沿并支撑于地面，两手拇指相对，其余四指并拢或稍分开与拇指成“八字形”，虎口向前做弹性支撑。两手距离比肩稍宽，两臂伸直，肩微移超过起跑线。头与躯干保持在一条直线上，颈部自然放松，两眼视前方约50厘米处，身体重量均衡地落在两手、前脚和后膝关节之间，注意听“预备”口令。听到“预备”口令后，运动员抬起臀部，身体重心同时前移，形成臀部高于肩，肩超过起跑线的身体姿势，此时体重主要由两臂和前脚支撑。听到枪声后，两手迅速推离地面，两臂屈肘做有力的前后摆动，同时两腿迅速蹬起跑器。

3. 动作阶段划分与解剖学分析

“蹲踞式起跑”看似环节较多，但实际上躯干运动仅为轻微的回旋，左右上肢与左右下肢的动作均为对称性、周期性运动。现以右腿蹬地动作为例进行解剖学分析，见表2–30。

表2-30　蹲踞式起跑蹬地阶段右下肢动作解剖学分析

关节名称	关节运动	原动肌名称	工作条件	工作性质
髋关节	伸	臀大肌、股后肌群	远固定	向心工作
膝关节	伸	股四头肌	远固定	向心工作
踝关节	屈	小腿三头肌	远固定	向心工作

4. 小结与建议

“蹲踞式起跑”动作需要运动员在极短时间内同时完成下肢蹬、上肢摆、躯干抬的动作，要求运动上下肢各关节与运动脊柱的肌群爆发力强，协调性好。

“蹲踞式起跑”动作在发令前，要求运动员严格控制身体重心，这就需要其具有良好的心理素质才能够达到。

四、途中跑

1. 动作简介

“途中跑”为径赛的一项技术。指经起跑、起跑后加速跑转入高速度跑的一段跑程。全程跑中距离最长的阶段。一般100米跑项目中，其距离为55～60米；400米跑项目中为300～320米；1500米跑项目中约为1200米（图2-35）。

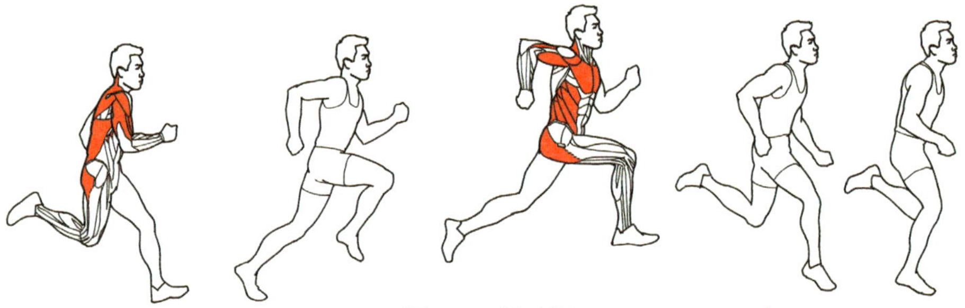

图2-35　途中跑

2. 动作要领

跑的周期由支撑阶段和腾空阶段组成。支撑腿的有力后蹬，为身体重心快速腾起和摆动腿的充分摆动创造有利的条件。同时摆动腿的快速摆动又能给予后蹬动作以积极的影响。前进时，上体稍前倾，两臂做前后摆动，配合腿部动作，保持跑动中的平衡。短跑的途中跑呈现出明显的快速并富有力感；中长跑则表现为自然、协调，富有节奏感。

3. 动作阶段划分与解剖学分析

“途中跑”属于对称性运动，左右侧上下肢运动相同，只需分析单侧上肢、下肢及躯干动作即可。途中跑也属于周期性运动，每个周期的动作结构完全相同，故分析一个动作周期即可。

（1）上肢动作分析

在“途中跑”时，左右臂的摆动均分为前摆与后摆两个阶段，以右臂为例进行解剖学分析，见表2–31、表2–32。

表2–31　途中跑上肢前摆动作解剖学分析

关节名称	关节运动	原动肌名称	工作条件	工作性质
肩胛骨	前伸	前锯肌、胸小肌	近固定	向心工作
肩关节	屈	胸大肌、三角肌前束、肱二头肌	近固定	向心工作
肘关节	屈	肱二头肌、肱肌	近固定	静力性工作
腕关节	解剖位	前臂屈、伸肌群	近固定	静力性工作

表2–32　途中跑上肢后摆动作解剖学分析

关节名称	关节运动	原动肌名称	工作条件	工作性质
肩胛骨	后缩	斜方肌、菱形肌	近固定	向心工作
肩关节	伸	背阔肌、三角肌后束、肱三头肌	近固定	向心工作
肘关节	屈	肱二头肌、肱肌	近固定	静力性工作
腕关节	解剖位	前臂屈、伸肌群	近固定	静力性工作

（2）躯干动作分析

在“途中跑”时，脊柱与骨盆两个环节同时完成左右回旋运动，下面以左回旋为例进行解剖学分析，见表2–33。

表2–33　途中跑躯干左回旋动作解剖学分析

关节名称	关节运动	原动肌名称	工作条件	工作性质
脊柱	左回旋	左侧腹内斜肌、右侧腹外斜肌	下固定	向心工作
骨盆	左回旋	右侧臀大肌、右侧髂腰肌	远固定	向心工作

（3）下肢动作分析

在“途中跑”时，左右下肢运动形式相同，均分为支撑、后蹬、前摆、下压与落地缓冲5个阶段，以右腿运动为例进行解剖学分析，见表2–34、表2–35、表2–36、表2–37、表2–38。

表2–34　途中跑下肢支撑动作解剖学分析

关节名称	关节运动	原动肌名称	工作条件	工作性质
髋关节	屈	臀大肌、股后肌群	远固定	离心工作
膝关节	屈	股四头肌	远固定	离心工作
踝关节	伸	小腿三头肌	远固定	离心工作

表2-35 途中跑下肢蹬地动作解剖学分析

关节名称	关节运动	原动肌名称	工作条件	工作性质
髋关节	伸	臀大肌、股后肌群	远固定	向心工作
膝关节	伸	股四头肌	远固定	向心工作
踝关节	屈	小腿三头肌	远固定	向心工作

表2-36 途中跑下肢前摆动作解剖学分析

关节名称	关节运动	原动肌名称	工作条件	工作性质
髋关节	屈	髂腰肌、股直肌	近固定	向心工作
膝关节	屈	腓肠肌、股后肌群	近固定	向心工作
踝关节	伸	小腿前群肌	近固定	向心工作

表2-37 途中跑下肢下压动作解剖学分析

关节名称	关节运动	原动肌名称	工作条件	工作性质
髋关节	伸	臀大肌、股后肌群	近固定	向心工作
膝关节	伸	股四头肌	近固定	向心工作
踝关节	屈	小腿三头肌	近固定	向心工作

表2-38 途中跑下肢落地缓冲动作解剖学分析

关节名称	关节运动	原动肌名称	工作条件	工作性质
髋关节	屈	臀大肌、股后肌群	远固定	离心工作
膝关节	屈	股四头肌	远固定	离心工作
踝关节	伸	小腿三头肌	远固定	离心工作

4. 小结与建议

无论是快速短距离的短跑运动，还是慢速长距离的中长跑运动都有“途中跑”动作，其运动方式基本相同，只是动作频率节奏有很大差异。这对参加工作的肌群来说，前者要求具有很强的无氧代谢能力，后者要求具有很强的有氧代谢能力。

应注意在“途中跑”的过程中上、下肢运动的协调配合，躯干旋转幅度适宜。

第五节　体操运动中常见体育动作的解剖学分析

一、侧空翻

1. 动作简介

“侧空翻”是体操等项目中一个较为简单的翻腾动作，由于其危险性小，适合初学者练习。该动作通过下肢蹬地获得力量，身体侧倾，头朝下，双腿空中额状面扇形分开依次摆动，最后落地，动作完成。侧空翻不仅要求全身协调性好，而且对腰腹部、腿部的肌肉力量及传递能力，以及柔韧性都有较高的要求（图2-36）。

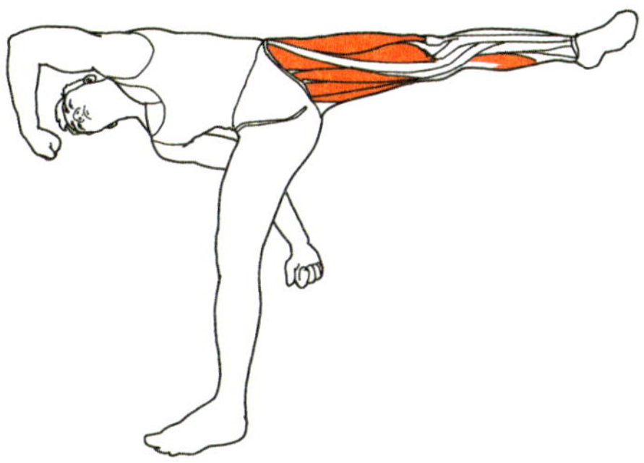

图2-36　侧空翻

2. 动作要领

空中摆腿的速度和头部离地的高度是影响侧空翻成功和观赏性的两个非常重要的因素。以左侧空翻为例，在快速助跑几步后，左腿爆发式发力蹬地，右腿先在空中摆动，左腿跟随其后，以头部为旋转点。完成该动作时应尽量做到助跑快、腾空高、摆动快、腿伸直、落地轻。

3. 动作阶段划分与解剖学分析

“侧空翻”动作以下肢蹬地、空中翻腾、落地缓冲3个动作阶段为主，上肢协调配合，以及躯干侧屈、空中控制为辅，以下肢空中摆动动作为例进行解剖学分析，见表2-39、表2-40。

表2-39　侧空翻空中摆动右下肢动作解剖学分析

关节名称	关节运动	原动肌名称	工作条件	工作性质
髋关节	外展	臀中肌、臀小肌	近固定	向心工作
膝关节	伸	股四头肌	近固定	向心工作
踝关节	屈	小腿三头肌	近固定	向心工作

表2-40　侧空翻空中摆动左下肢动作解剖学分析

关节名称	关节运动	原动肌名称	工作条件	工作性质
髋关节	内收	大腿内收肌群	近固定	向心工作
膝关节	伸	股四头肌	近固定	向心工作
踝关节	屈	小腿三头肌	近固定	向心工作

4. 小结与建议

“侧空翻”是利用蹬地获得腾空力量，身体侧倾使头部与下肢朝上，上肢摆动增加腾空时间与固定空中姿势。要顺利完成动作，需要练习者动作连贯性好，身体各部分协调配合。此外，有意识增加大腿内收肌群与外展肌群的力量，有助于提高下肢的摆腿速度，为落地创造较好的条件。

二、团身前空翻

1. 动作简介

“团身前空翻”是体操、跳水等运动的空翻类动作之一，苏联著名女体操选手穆辛娜在1977年世界杯体操赛中，采用了此空翻动作获得了自由体操的冠军（图2–37）。

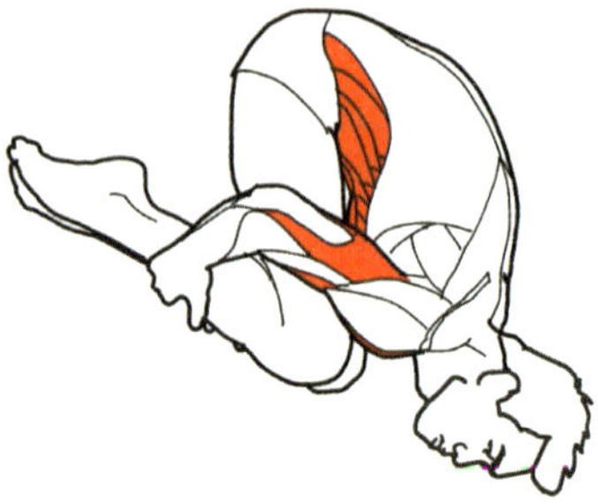

图2–37　团身前空翻

2. 动作要领

该动作起跳时需提气上顶，空中低头、含胸、收腹、屈膝等动作必须顺次快速完成，使身体成球状向前翻转，随即两臂上举，两腿前伸，并保持含胸、夹臀直至落地。在双脚落地时，脚掌落地部位应尽量赶在肩的前面。

3. 动作阶段划分与解剖学分析

“团身前空翻”主要包括助跑、摆臂起跳、团身翻转与落地缓冲4个阶段。起跳是该动作完成最为重要的环节，起跳后紧跟着需要完成上肢抱膝，躯干团身动作，以下分别对其进行解剖学分析，见表2–41、表2–42、表2–43。

表2–41　团身前空翻下肢蹬地动作解剖学分析

关节名称	关节运动	原动肌名称	工作条件	工作性质
髋关节	伸	臀大肌、股后肌群	远固定	向心工作
膝关节	伸	股四头肌	远固定	向心工作
踝关节	屈	小腿三头肌	远固定	向心工作

表2–42　团身前空翻上肢抱膝动作解剖学分析

关节名称	关节运动	原动肌名称	工作条件	工作性质
肩胛骨	前伸	前锯肌、胸小肌	近固定	向心工作
肩关节	屈	胸大肌、肱二头肌、三角肌前束	近固定	向心工作
肘关节	屈	肱二头肌、肱肌	近固定	向心工作
腕关节	屈	前臂屈肌群	近固定	向心工作

表2–43　团身前空翻躯干团身动作解剖学分析

关节名称	关节运动	原动肌名称	工作条件	工作性质
脊柱	屈	腹直肌、腹外斜肌、腹内斜肌	无固定	向心工作
骨盆	前倾	股直肌、髂腰肌	远固定	向心工作

4. 小结与建议

“团身前空翻”是利用蹬地获得的动力使人体腾空，然后身体抱团翻转完成。该动作的顺利完成需要利用人体运动的惯性，肌肉工作、关节运动一定呈现出连续、有序的特征。该动作的起跳高度决定整个动作的质量，多做一些辅助练习提高下肢肌的爆发力对保证动作质量有益。此外，由于人体处于腾空状态，滞空能力的练习也十分必要。

第六节　游泳运动中常见动作的解剖学分析

一、蝶泳

1. 动作简介

蝶泳的泳姿优美，动作流畅，在4种竞技游泳姿势中是最年轻的项目，蝶泳主要有“海豚泳”和“蹬腿泳”两种形式，前者又称现代蝶泳，被运动员广为采用。蝶泳需要运动员具有很好的柔韧、力量、协调等身体素质（图2–38）。

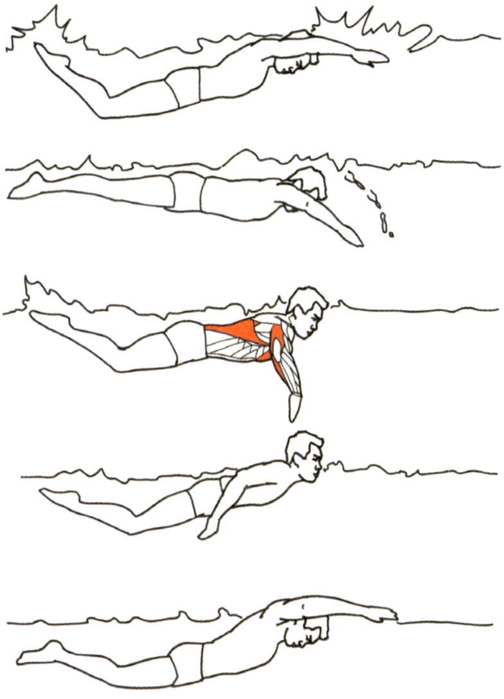

图2–38　蝶泳

2. 动作要领

以“海豚泳”为例简要介绍技术动作要领。该泳姿动作始于头和胸部动作，且幅度不大，然后从骨盆到整个下肢，逐渐加大动作幅度，并以鞭状打腿结束整个动作。技术关键是从身体头部到脚尖的波浪动作以及划臂与其他动作协调配合。在移臂时，臂要放松，臂、头应同时入水；游进过程中，脸朝下是头部的基本姿势；在提臂与挺臂动作产生的波浪运动形式基础上的有效打腿动作是最后产生较大推进力的原因，在打腿动作过程中，膝部动作不宜超出身体波浪动作范围。

3. 动作阶段划分与解剖学分析

“海豚泳”的动作分为上肢、下肢与躯干3部分，其中下肢与躯干在游进过程中的运动主要表现为两腿并拢进行波浪式的上下打水。腿打水时，由躯干发力，大腿下沉，膝关节弯曲，使小腿和脚面向后对准水，然后用力向后下方压水。当小腿和脚向下压水时，及时抬起大腿，形成鞭状的打水动作，连续不断地推动身体前进。从解剖学角度看，下肢运动主要是通过较小幅度的骨盆前倾、后仰，髋关节伸、屈，膝关节屈、伸，踝关节屈、伸等运动完成。躯干运动主要通过脊柱较小幅度的屈、伸完成。运动下肢各关节的肌肉均为近固定，完成向心工作；运动躯干各肌群均为无固定，完成向心工作。上肢动作较为复杂，分为入水划水、水中划水、水中推水3个阶段，双臂动作相同。现以单侧手臂运动为例进行解剖学分析，见表2-44、表2-45、表2-46。

表2-44　海豚泳入水划水阶段上肢动作解剖学分析

关节名称	关节运动	原动肌名称	工作条件	工作性质
肩胛骨	上回旋	斜方肌上下部纤维、前锯肌下部纤维	近固定	向心工作
肩关节	外展	三角肌、冈上肌	近固定	向心工作
肘关节	屈	肱二头肌、肱肌	近固定	向心工作
腕关节	伸	前臂伸肌群	近固定	向心工作

表2-45　海豚泳水中划水阶段上肢动作解剖学分析

关节名称	关节运动	原动肌名称	工作条件	工作性质
肩胛骨	下回旋	菱形肌、胸小肌	近固定	向心工作
肩关节	内收	胸大肌、背阔肌	近固定	向心工作
肘关节	伸	肱三头肌、肘肌	近固定	向心工作
腕关节	屈	前臂屈肌群	近固定	向心工作

表2-46　海豚泳水中推水阶段上肢动作解剖学分析

关节名称	关节运动	原动肌名称	工作条件	工作性质
肩胛骨	下回旋	菱形肌、胸小肌	近固定	向心工作
肩关节	伸	背阔肌、三角肌后束	近固定	向心工作
肘关节	伸	肱三头肌、肘肌	近固定	向心工作
腕关节	屈	前臂屈肌群	近固定	向心工作

4. 小结与建议

“蝶泳”的手臂和腿的配合动作为1∶2，即臂划1次水，腿打2次水，在臂入水时打第1次腿，臂划水至后部时打第2次腿，同时抬头吸气，这是现代蝶泳的技术特点之一。增加肌肉协调性练习，对于保障技术动作的完成十分必要。蝶泳对呼吸节奏的要求是当手臂入水时，用鼻嘴开始均匀吐气。推水时抬头，手出水时张大口吸气，臂移过肩时憋气。要达到这样的要求需要很好地把握呼吸节奏，注意呼吸肌的训练。

二、自由泳

1. 动作简介

自由泳是竞技游泳比赛项目之一。严格来说自由泳不是一种游泳姿势，它的比赛规则是不受任何姿势的限制。大多数游泳运动员在自由泳比赛时选择使用“爬泳”技术，是因为这种姿势结构合理，阻力小，速度均匀、快速，是最省力的一种游泳姿势。自由泳技术要求高体位、高肘加速后划为主，减少换气次数，动作连贯，节奏稳定合理（图2-39）。

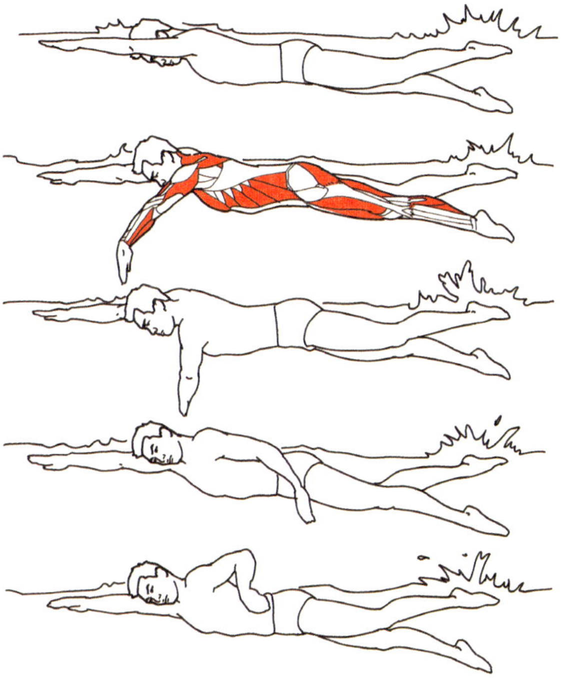

图2-39　自由泳

2. 动作要领

在游进过程中，身体保持俯卧位，双腿并拢，脚稍内翻，踝关节放松，以髋关节为轴，由大腿带动小腿和脚掌，两腿交替做鞭打动作；手臂多采用高肘加速划水，既是游进的动力来源，也具有保持身体稳定和协调的作用。换气是生理需要，对身体各部分完整配合有一定影响，尤其是在高频率快速冲刺阶段，故在速度快时为了减少因换气动作对完整节奏的影响，多采用缩小换气动作时间或减少次数的方法进行。

3. 动作阶段划分与解剖学分析

“自由泳”的动作虽然涉及到上肢、下肢与躯干多环节运动，但属于对称性、周期性运动，以上下肢、躯干的部分动作阶段为例进行解剖学分析，见表2-47、表2-48、表2-49。

表2-47　自由泳划水阶段上肢动作解剖学分析

关节名称	关节运动	原动肌名称	工作条件	工作性质
肩胛骨	后缩	斜方肌、菱形肌	近固定	向心工作
肩关节	伸	胸大肌、三角肌后束、肱三头肌长头	近固定	向心工作
肘关节	伸	肱三头肌、肘肌	近固定	向心工作
腕关节	屈	前臂屈肌群	近固定	向心工作

表2-48　自由泳划水阶段躯干动作解剖学分析

关节名称	关节运动	原动肌名称	工作条件	工作性质
脊柱	回旋	同侧腹内斜肌、对侧腹外斜肌	下固定	向心工作
骨盆	回旋	同侧臀大肌、对侧髂腰肌	远固定	向心工作

表2-49　自由泳划水阶段下肢动作解剖学分析

关节名称	关节运动	原动肌名称	工作条件	工作性质
髋关节	伸	臀大肌、股后肌群	近固定	向心工作
膝关节	伸	股四头肌	近固定	向心工作
踝关节	屈	小腿三头肌	近固定	向心工作

4. 小结与建议

“自由泳”需要全身肌肉用力，要求四肢、躯干各环节的运动协调配合，力量相互传递，故在运动训练中应注意分析各部分肌肉工作特点，进行有目的的训练。

第七节　武术运动中常见动作的解剖学分析

一、白鹤亮翅

1. 动作简介

“白鹤亮翅”是太极拳中最广为人知的动作之一，在简化太极拳、88式太极拳、48式太极拳、42式太极拳与杨式太极拳竞赛套路均有此招式。最早在陈式太极拳第八代传人陈鑫的《陈式太极拳图说》中被称为“白鹅亮翅”，后由杨氏、吴氏改为有美好寓意的“白鹤亮翅”。该动作是以柔克刚，以静制动，以圆化直，以小胜大，以弱胜强的代表。若对手双掌攻来，防守者可用两手上下分开对方双掌，瓦解其攻势；如果对方用右手攻来，防守者可以用左手擒住其右腕，右臂插入对方右腋下，用转腰横跨之力使其前扑，从而打败对手（图2-40）。

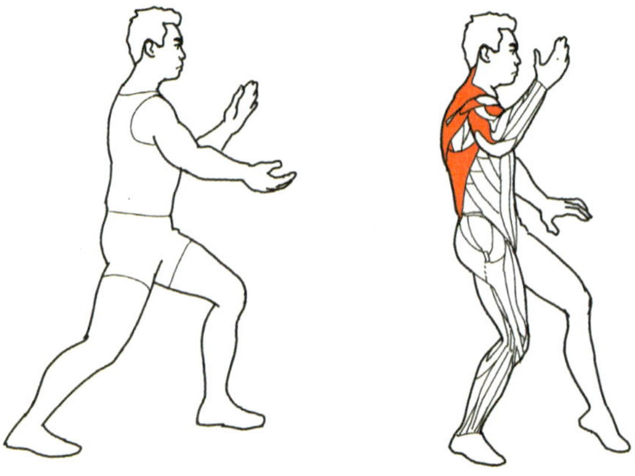

图2-40　白鹤亮翅

2. 动作要领

在完成“白鹤亮翅”动作时，要求重心下沉至脚跟，就像是坐在小腿之上，右脚踏实，同时注意直腰、含胸、拔背。完成姿势呈两臂上下保持半圆形，左膝微屈，身体重心后移，右手上提、左手下按。

3. 动作阶段划分与解剖学分析

“白鹤亮翅”动作分为“跟步抱球”与“后坐转体”两个阶段，以“后坐转体”四肢动作为例进行解剖学分析，见表2-50、表2-51、表2-52、表2-53。

表2-50　白鹤亮翅右上肢动作解剖学分析

关节名称	关节运动	原动肌名称	工作条件	工作性质
肩胛骨	后缩	斜方肌、菱形肌	近固定	向心工作
肩关节	水平伸	背阔肌、三角肌后束、肱三头肌	近固定	向心工作
肘关节	屈	肱二头肌、肱肌	近固定	向心工作
腕关节	解剖位	前臂屈伸肌群	近固定	向心工作

表2-51　白鹤亮翅左上肢动作解剖学分析

关节名称	关节运动	原动肌名称	工作条件	工作性质
肩胛骨	后缩	斜方肌、菱形肌	近固定	向心工作
肩关节	伸	背阔肌、三角肌后束、肱三头肌长头	近固定	向心工作
肘关节	伸	肱三头肌、肘肌	近固定	向心工作
腕关节	伸	前臂伸肌群	近固定	向心工作

表2-52　白鹤亮翅右下肢动作解剖学分析

关节名称	关节运动	原动肌名称	工作条件	工作性质
髋关节	屈	臀大肌、股后肌群	远固定	离心工作
膝关节	屈	股四头肌	远固定	离心工作
踝关节	伸	小腿三头肌	远固定	离心工作

表2-53　白鹤亮翅左下肢动作解剖学分析

关节名称	关节运动	原动肌名称	工作条件	工作性质
髋关节	屈	髂腰肌、股直肌	近固定	向心工作
膝关节	伸	股四头肌	近固定	向心工作
踝关节	屈	小腿三头肌	近固定	向心工作

4. 小结与建议

“白鹤亮翅”是太极拳中具有代表性动作之一，要求习练者手、眼、身、步法协调配合，精、气、神内外统一，故有益于健体益寿、醒脑清神、辅助治疗、防衰抗老、修心养性等作用。由于该动作是以单脚支撑为主，虽然从医学的角度看，这类动作对一些疾病后期康复有一定的疗效，但由于在完成动作中下肢的负荷较重，如果膝关节有损伤的人在做这一类难度相对较大的动作时，应严格控制练习的时间和次数，防止对膝关节造成运动损伤。

二、腾空飞脚

1. 动作简介

“腾空飞脚”是武术跳跃动作中的一种，又称“二起脚”，在武术套路中经常可见，也是体育高考武术专项考生的必考内容。以右脚起跳为例，运动员通过助跑后，左腿前摆，右腿蹬地跳起，在空中完成手拍右脚背后落地（图2–41）。

图2–41 腾空飞脚

2. 动作要领

以右腿起跳“腾空飞脚”为例：助跑后，上右步，左臂与左腿均向前上方摆动，右脚迅速蹬地，使身体腾空。腾空后，右臂由下向前上方摆动，在额头前以右手背迎击左手掌掌心，同时左脚脚面绷直向前上方弹踢；左手迎击左脚面，同时右腿屈膝收控至左腿侧，脚面绷直，脚尖朝下；右手在击拍左掌后迅速摆至右侧方，掌变成勾手，勾尖向下，略高于肩；身体略前倾，眼平视前方。空中造型动作完成后左右脚依次（或同时）落地，动作完成。

3. 动作阶段划分与解剖学分析

以右脚起跳“腾空飞脚”为例进行阶段划分。该动作分为助跑、起跳、空中造型、落地缓冲4个阶段。对空中造型阶段的下肢动作进行解剖学分析，见表2–54、表2–55。

表2–54 腾空飞脚空中造型阶段左下肢动作解剖学分析

关节名称	关节运动	原动肌名称	工作条件	工作性质
髋关节	屈	髂腰肌、股直肌	近固定	向心工作
膝关节	伸	股四头肌	近固定	向心工作
踝关节	屈	小腿三头肌	近固定	向心工作

表2-55 腾空飞脚空中造型阶段右下肢动作解剖学分析

关节名称	关节运动	原动肌名称	工作条件	工作性质
髋关节	屈	髂腰肌、股直肌	近固定	向心工作
膝关节	屈	腓肠肌、股后肌群	近固定	向心工作
踝关节	屈	小腿三头肌	近固定	向心工作

4. 小结与建议

“腾空飞脚”要求人体在空中造型，在训练中应有意识地加强腰腹部力量的训练，增强核心力量，有助于提高运动员空中的控制能力。由于该动作是套路中常用的跳跃动作，往往其后还有平衡、步型、翻腾等动作连接，故落地缓冲的控制能力对完成后续动作十分重要，应加强落地腿下肢肌离心力量的训练。

三、旋风脚

1. 动作简介

“旋风脚”是一个动作难度较高，技术复杂的跳跃动作，在武术套路中出现频率很高。运动员可以通过助跑后完成动作，也可以“原地拔葱”直接起跳完成，一般落地后还可以接其他步型、跳跃等动作。由于动作难度大，要求高，所以完成动作时必须具有较好的身体素质，尤其是弹跳力与协调性（图2-42）。

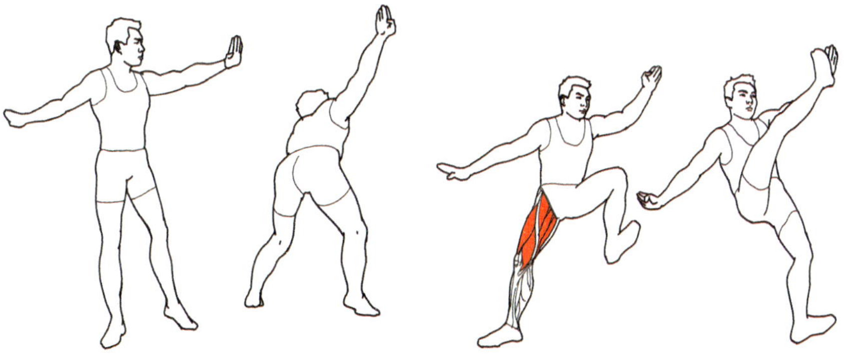

图2-42 旋风脚

2. 动作要领

“旋风脚”起跳时脚尖需稍向内扣，通过下肢肌群爆发性收缩，完成快速蹬地动作。此外，还需要注意通过摆动腿的快速运动来帮助起跳动作的完成。身体腾空后应运用憋气动作来提高滞空能力。当身体在空中旋转时，起跳腿直腿迎击左手掌，完成击响动作后落地。

3. 动作阶段划分与解剖学分析

“旋风脚”主要包括上步起跳、身体腾空转体里合腿、落地缓冲3部分。每个部分的双侧上肢、双侧下肢动作均不一样，躯干在不同动作阶段运动也有很大差异。以腾空后双侧下肢动作为例进行解剖学分析，见表2–56、表2–57。

表2–56 旋风脚腾空阶段直腿（右腿）动作解剖学分析

关节名称	关节运动	原动肌名称	工作条件	工作性质
髋关节	内收	股内收肌群	近固定	向心工作
膝关节	伸	股四头肌	近固定	向心工作
踝关节	伸	小腿前群肌	近固定	向心工作

表2–57 旋风脚腾空阶段屈腿（左腿）动作解剖学分析

关节名称	关节运动	原动肌名称	工作条件	工作性质
髋关节	外展	臀大肌、臀中肌	近固定	向心工作
膝关节	屈	股后肌群、腓肠肌	近固定	向心工作
踝关节	伸	小腿前群肌	近固定	向心工作

4. 小结与建议

“旋风脚”是在腾空状态下完成，且下肢运动幅度大，方向变化多、动作不对称，对产生各关节运动的肌肉要求具有很强的协调能力。此外，在身体腾空转体的同时要完成里合腿，这对腾空高度、空中造型能力、下肢蹬地爆发力、脊柱旋转力、髋关节屈以及内收力量要求均较高。

四、马步冲拳

1. 动作简介

“马步”也叫地盆势，是武术中非常重要的基本步型，也是武术入门时必须习练的桩功之一。由于马步站桩要求人体处于半蹲状态，并保持一定的时间，对下肢负荷较大，故需要下肢肌肉有很强的静力性工作能力。若同时还伴有双侧上肢轮流进行冲拳运动，就会呈现出“上动下不动”状态，难度会进一步增加（图2–43）。

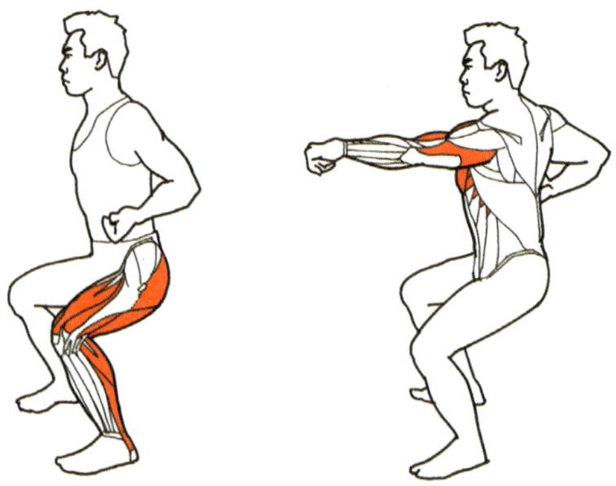

图2–43 马步冲拳

2. 动作要领

“马步冲拳”准备姿势为两脚开立略宽于肩，大腿屈膝半蹲成水平位，膝关节不能超过脚尖，脚尖微内扣，身体重心落于两脚之间，两手腰间抱拳于体侧，拳心朝上，眼平视前方，挺胸塌腰，落臀。出拳时拳心向上前出，全臂放松，不使着力，待拳至将尽未尽处，骤然拧拳，变为拳心向下送肩，周身一紧发力。该动作其劲在腰腿而不在手，需拧腰坐胯，力宜松活，拳自腰肋而出。

3. 动作阶段划分与解剖学分析

“马步冲拳”由下肢站桩与上肢冲拳两个部分组成，由于左右上肢动作相同，仅分析一侧上肢冲拳动作即可。现以下肢站桩与右上肢冲拳动作为例进行解剖学分析，见表2-58、表2-59。

表2-58　马步冲拳站桩动作解剖学分析

关节名称	关节运动	原动肌名称	工作条件	工作性质
髋关节	屈	臀大肌、股后肌群	远固定	支持工作
膝关节	屈	股四头肌	远固定	支持工作
踝关节	伸	小腿三头肌	远固定	支持工作

表2-59　马步冲拳冲拳动作解剖学分析

关节名称	关节运动	原动肌名称	工作条件	工作性质
肩胛骨	前伸	前锯肌、胸小肌	近固定	向心工作
肩关节	屈	胸大肌、肱二头肌、三角肌前束	近固定	向心工作
肘关节	伸	肱三头肌、肘肌	近固定	向心工作
腕关节	解剖位	前臂屈、伸肌群	近固定	向心工作

4. 小结与建议

“马步冲拳”时躯干与臀部离脚支撑点有一定的距离，将会产生较大的阻力矩，需要伸髋关节、伸膝关节、屈踝关节的肌肉共同收缩，产生与其对抗的动力矩，故应注意加强相关部位肌肉的静力性工作能力的训练。

五、金鸡独立

1. 动作简介

“金鸡独立”是一个单脚支撑的平衡动作，能够体现武术 “站如松”特点。经常练习该动作，能够达到集中意念、引导气血行向足底，对高血压、糖尿病、颈腰椎病、小脑萎缩均有一定的辅助疗效，能够明显增强身体的平衡能力（图2-44）。

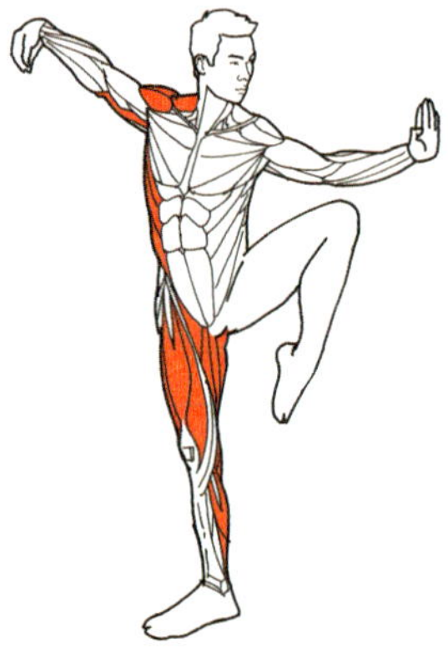

图2-44 金鸡独立

2. 动作要领

“金鸡独立”要求躯干直立，头向上顶；支撑腿挺直，脚趾抓地，游离腿屈膝上抬，尽量贴近胸部，同时踝关节绷脚尖并内扣，护于裆部；双手可以配以推掌、勾手、冲拳等动作，既具有一定的攻防含义，也有助于保持身体的平衡。

3. 动作阶段划分与解剖学分析

“金鸡独立”为静力性动作，以右腿支撑，左腿提膝，左手勾手，右手推掌动作为例进行解剖学分析，见表2-60、表2-61、表2-62、表2-63、表2-64。

表2-60 金鸡独立勾手动作解剖学分析

关节名称	关节运动	原动肌名称	工作条件	工作性质
肩胛骨	后缩	斜方肌、菱形肌	近固定	支持工作
肩关节	外展	三角肌、冈上肌	近固定	支持工作
肘关节	伸	肱三头肌、肘肌	近固定	支持工作
腕关节	屈	前臂屈肌群	近固定	支持工作

表2-61 金鸡独立推掌动作解剖学分析

关节名称	关节运动	原动肌名称	工作条件	工作性质
肩胛骨	前伸	前锯肌、胸小肌	近固定	支持工作
肩关节	屈	胸大肌、肱二头肌、三角肌前束	近固定	支持工作
肘关节	伸	肱三头肌、肘肌	近固定	支持工作
腕关节	伸、外展	前臂伸、外展肌群	近固定	支持工作

表2-62 金鸡独立躯干动作解剖学分析

关节名称	关节运动	原动肌名称	工作条件	工作性质
脊柱	左回旋	左腹内斜肌、右腹外斜肌	下固定	支持工作
骨盆	左回旋	右侧臀大肌、髂腰肌	远固定	支持工作

表2-63 金鸡独立屈膝扣腿动作解剖学分析

关节名称	关节运动	原动肌名称	工作条件	工作性质
髋关节	屈	髂腰肌、股直肌	近固定	支持工作
膝关节	屈、内旋	腓肠肌、半腱肌、半膜肌	近固定	支持工作
踝关节	屈	小腿三头肌	近固定	支持工作

表2-64　金鸡独立支撑腿动作解剖学分析

关节名称	关节运动	原动肌名称	工作条件	工作性质
髋关节	伸	臀大肌、股后肌群	远固定	固定工作
膝关节	伸	股四头肌	远固定	固定工作
踝关节	伸	小腿前群肌	远固定	固定工作

4. 小结与建议

“金鸡独立”动作造型独特，能较好地体现人体的力度与协调性，观赏性强。由于该动作为单腿支撑，长期习练能够较好地提高神经系统对身体的控制能力，达到增强平衡能力的作用。此外，该动作舒展大方、持久性强，需要以较为强大的核心力量做保障，在训练中引入核心力量的一些训练方法，有助于增强身体重心的控制能力，提高完成动作的质量。

六、侧踹腿

1. 动作简介

“侧踹腿”是武术散打实战中重要的实用性腿法，可分为前侧踹腿、后侧踹腿，其特点主要表现为速度快、力量大、杀伤力强、隐蔽性好，可狙击对手或用于进攻（图2-45）。

图2-45　侧踹腿

2. 动作要领

侧踹动作过程为右脚向前跨步的同时，左腿屈膝收提，膝关节尽量向右收，使脚底朝左侧方，重心落于右腿，目视左前方。接着，支撑腿脚跟向前旋转，同时上体右转微侧倾，左腿伸直，猛力挺膝送胯，以脚掌或脚掌外侧缘为力点朝左侧踹出。踹出腿高与膝平为低踹、与腰腹平为中踹，肩以上为高踹。当踹出腿膝部伸直后立即落步踏地，然后收落步还原成实战姿势。

3. 动作阶段划分与解剖学分析

“侧踹腿”动作一般在运动中采用，可以分为踹腿前的运动过程，踹腿动作，踹腿结束3个动作阶段。以侧踹腿运动中踹出腿动作为例进行解剖学分析，见表2-65。

表2-65 侧踹腿踹出腿动作解剖学分析

关节名称	关节运动	原动肌名称	工作条件	工作性质
髋关节	外展	臀中肌、臀小肌	近固定	向心工作
膝关节	伸	股四头肌	近固定	向心工作
踝关节	伸	小腿伸群肌	近固定	向心工作

4. 小结与建议

“侧踹腿”动作要求快速提膝，大腿尽量靠近胸部，这就意味着不仅需要相关肌肉具有很好的爆发力，也对其伸展性要求很高。在注意训练相关肌肉的连续快速发力能力同时，也要特别注意其肌肉伸展性的练习。

第八节 小球类项目中常见动作的解剖学分析

一、保龄球

1. 动作简介

保龄球，又称地滚球，是在木板道上滚球击柱的一种室内运动。保龄球最早开始于公元3—4世纪的德国，用以赎罪、消灾，直到14世纪初，才逐渐演变成为民间普遍爱好的体育运动项目。最初是9个木瓶，钻石形摆放，以后逐渐演变成10个木瓶，三角形摆放，通过投球动作击打木瓶得分（图2-46）。

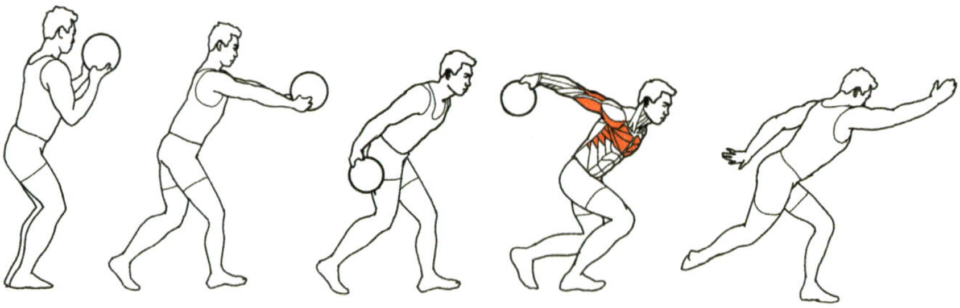

图2-46 保龄球投球

2. 动作要领

以右手持球为例。将右手的拇指全部插入球孔，中指和无名指分别插到第二关节最合适，右手将球举到右胸前，左手托住球，要求身正，松肩，精神集中，然后起步，对着球道中线位置，移动脚步到球道约1米处。拿球手自然下落，借助惯性，手腕向前顺势对着球道抛出。注意呼吸要平稳，抛球的力量、速度要均匀。

3. 动作阶段划分与解剖学分析

保龄球投球动作主要以投球手臂运动为主，分为推球、下摆、前摆3个动作阶段。在此过程中，持球臂以肩为轴，以类似钟摆的形式进行运动，身体正对投球方向，始终保持正直，左臂协调摆动，以维持身体平衡。下面以右手持球，投球前摆阶段（即出球阶段）为例进行解剖学分析，见表2-66。

表2-66　保龄球投球前摆阶段上肢动作解剖学分析

关节名称	关节运动	原动肌名称	工作条件	工作性质
肩胛骨	前伸	前锯肌、胸小肌	近固定	向心工作
肩关节	屈	胸大肌、肱二头肌、三角肌前束	近固定	向心工作
肘关节	伸	肱三头肌、肘肌	近固定	向心工作
腕关节	屈	前臂屈肌群	近固定	向心工作

4. 小结与建议

保龄球是一项集娱乐和锻炼为一体的运动，人们在娱乐游戏的同时既能明显增加体能，又能够提高人们礼仪方面的修养。

进行保龄球运动时选择球的重量应该考虑年龄、性别、运动水平等因素，一般初学者选球重量为体重的1/10即可。

二、高尔夫直挥式挥杆击球

1. 动作简介

高尔夫（英文缩写GOLF）一词是由绿色（Green）、氧气（Oxygen）、阳光（Light）与步履（Foot）四个单词的首字母组成，是一项集文明、优雅、浪漫、休闲与健身于一体的户外运动。直挥式挥杆击球动作是高尔夫的击球方法之一，具有挥杆顶点高、幅度大，挥杆面更接近于直立，冲击球强而有力，球飞得远等特点（图2-47）。

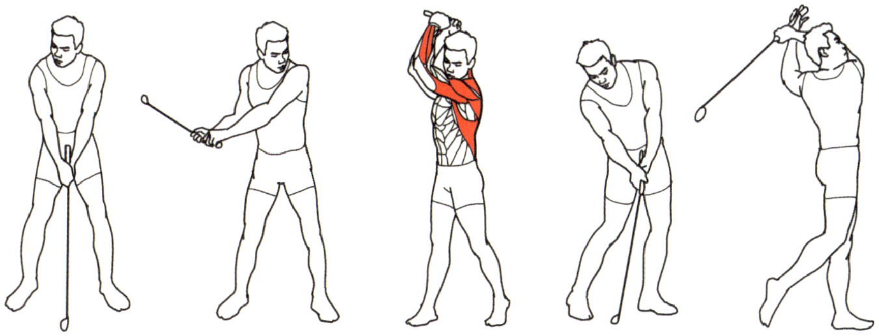

图2-47　直挥式挥杆击球

2. 动作要领

“直挥式挥杆击球”要想达到完美的效果，需要注意握杆、站姿、球位、瞄准、起杆、上杆、顶点、下杆、释放、击球、送杆、前挥、收杆13个环节。下面重点介绍“击球”的动作要领。

杆头通过击球区时，注意杆头的位置仍需保持在击球点的后方。触击球的过程中，右肩必须到下巴下方；上半身向左旋转时，右脚跟可以离地。通过充分伸展手臂增大挥杆弧度。

3. 动作阶段划分与解剖学分析

“直挥式挥杆击球”动作可以分为后摆杆、上挥杆、下挥杆与结束动作4个阶段，以后摆杆与上挥杆两个阶段右上肢动作为例进行解剖学分析，见表2-67、表2-68。

表2-67　直挥式挥杆击球后摆杆阶段上肢动作解剖学分析

关节名称	关节运动	原动肌名称	工作条件	工作性质
肩胛骨	后缩	斜方肌、菱形肌	近固定	向心工作
肩关节	外展、水平伸	三角肌、背阔肌	近固定	向心工作
肘关节	伸	肱三头肌、肘肌	近固定	向心工作
腕关节	伸	前臂伸肌群	近固定	向心工作

表2-68　直挥式挥杆击球上挥杆阶段上肢动作解剖学分析

关节名称	关节运动	原动肌名称	工作条件	工作性质
肩胛骨	前伸	前锯肌、胸小肌	近固定	向心工作
肩关节	内收、水平屈	胸大肌、背阔肌	近固定	向心工作
肘关节	伸	肱三头肌、肱肌	近固定	向心工作
腕关节	屈	前臂屈肌群	近固定	向心工作

4. 小结与建议

“直挥式挥杆击球”要求人体保持绕纵轴（脊柱）旋转时头、肩、腰、膝的动作姿势与挥杆的轨迹相一致，强调以“钟摆式”动作完成击球。在击球前后，应感觉以左腿为轴并支持身体大部分重量，两侧肘关节靠近且同步向前移动。在击球时不要想如何“击”在球上，而应想着打“穿”球，挥杆动作才会流畅，力量击打在球上更加有力。

三、乒乓球反手削球

1. 动作简介

“削球”是利用球拍的摩擦力切削击球的一种技术，在乒乓球运动中进攻与防守皆可使用，主要以上肢运动为主，伴以躯干回旋与下肢步伐进退配合。削球时，球拍后仰，由体侧上方向前下方挥拍，挥拍呈圆弧路线，在球的下降期触球的中下部。削球主要有“正手削球”与“反手削球”两种形式（图2–48）。

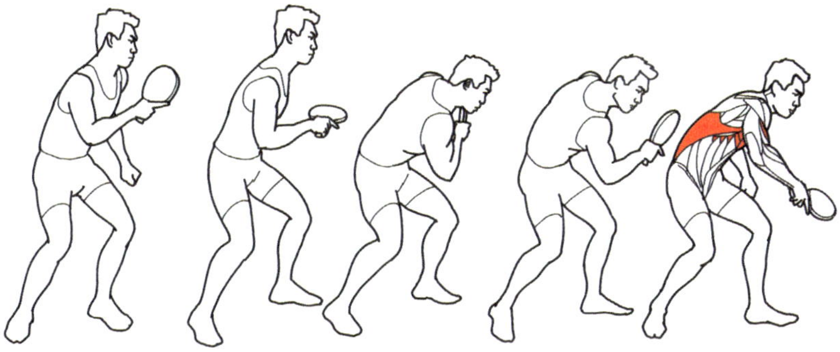

图2–48 反手削球

2. 动作要领

以右手持拍“反手削球”为例简述其动作要领。中台站位右脚稍前，上体左转重心落于左脚，持拍手自然弯曲放松置于胸前。顺来球路线向左上方引拍约与肩高，拍柄向下。当球弹起时持拍手从左上方向右前下方挥动，拍面后仰，用前臂和手腕加速用力切削，球拍在胸前偏左30厘米处击准下降期球的中下部，并顺势挥至右侧下。

3. 动作阶段划分与解剖学分析

“反手削球”主要有“引臂回收”与“削球” 两个动作阶段，以挥拍手的“引臂回收”与“削球”动作为例进行解剖学分析，见表2–69、表2–70。

表2–69 反手削球引臂回收阶段挥拍手动作解剖学分析

关节名称	关节运动	原动肌名称	工作条件	工作性质
肩胛骨	前伸	前锯肌、胸小肌	近固定	向心工作
肩关节	内收	胸大肌、背阔肌	近固定	向心工作
肘关节	屈	肱二头肌、肱肌	近固定	向心工作
腕关节	外展	前臂外展肌群	近固定	向心工作

表2-70　反手削球削球阶段挥拍手动作解剖学分析

关节名称	关节运动	原动肌名称	工作条件	工作性质
肩胛骨	后缩	斜方肌、菱形肌	近固定	向心工作
肩关节	水平伸	三角肌后束、背阔肌	近固定	向心工作
肘关节	伸	肱三头肌、肘肌	近固定	向心工作
腕关节	内收	前臂内收肌群	近固定	向心工作

4. 小结与建议

乒乓球运动属于单侧肢体活动类运动，运动员往往会受长时间训练的影响，使身体左右两侧力量不均衡从而加大伤病的可能性。所以，教练员应当注意队员的力量均衡性、对称性训练。

四、台球击球

1. 动作简介

台球起源于英国，是一项在国际上广泛流行的高雅室内体育运动。“台球击球”是台球运动的最主要的基础技术动作。身体姿势、握杆、支撑手3个步骤的完美组合是球杆在挥摆过程中稳定保持一个方向，击球准确的保障。此外，还要注意出杆时手要稳直、控制力度、眼睛观察击球点位置与角度，勤于思考比赛的击球策略等。台球的击球方式主要有推进球、跟进球、定位球、拉杆球等（图2-49）。

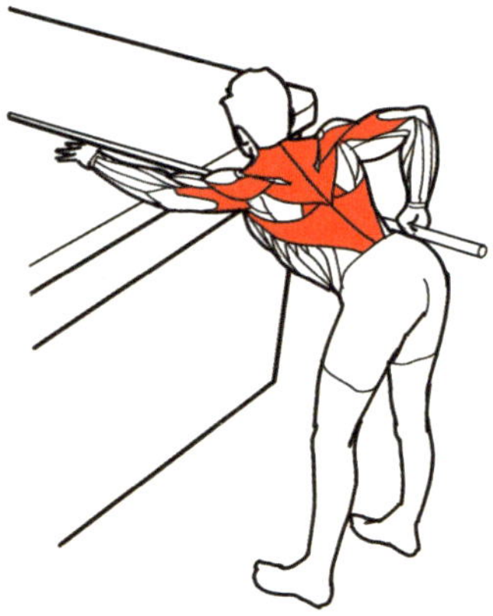

图2-49　台球击球

2. 动作要领

以右手握杆推进球为例。身体站在球杆左侧，右腿伸直为支撑腿，左腿微屈，左脚向击球方向迈出一小步与右脚有一定距离。右手持杆，上臂相对固定，起控制方向作用，前臂垂直地面，并摆动带动球杆运动；左手置于球桌上支杆，左臂伸直，肘关节锁定，由前臂摆动带动球杆运动。上臂、头、前手手架所处的位置从前后看都处在一条直线上，身体与下肢应尽量形成90°的直角。

3. 动作阶段划分与解剖学分析

“台球击球”主要是上肢运动，可分为握杆、后摆、击球、前摆4个动作阶段，其中前摆与击球阶段从解剖学角度分析基本相同。现以持杆手的后摆与击球阶段为例进行解剖学分析，见表2-71、表2-72。

表2-71　台球击球后摆阶段持杆手上肢动作解剖学分析

关节名称	关节运动	原动肌名称	工作条件	工作性质
肩胛骨	后缩	斜方肌、菱形肌	近固定	向心工作
肩关节	伸	背阔肌、三角肌后束、肱三头肌	近固定	向心工作
肘关节	伸	肱三头肌、肘肌	近固定	向心工作
腕关节	内收	前臂内收肌群	近固定	向心工作

表2-72　台球击球阶段持杆手上肢动作解剖学分析

关节名称	关节运动	原动肌名称	工作条件	工作性质
肩胛骨	前伸	前锯肌、胸小肌	近固定	向心工作
肩关节	屈	胸大肌、三角肌前束、肱二头肌	近固定	向心工作
肘关节	屈	肱二头肌、肱肌	近固定	向心工作
腕关节	外展	前臂外展肌群	近固定	向心工作

4. 小结与建议

“台球击球”动作要求相关肌肉具有较好的控制能力，需要发力用“寸劲”，故不需特别关注绝对肌力的训练，应多注意发展肌肉工作的精确度，效果会更好。

五、网球正手击球

1. 动作简介

“网球正手击球”是运动者对落于握拍手同侧的球进行快速有力的击打，给对手造成接球困难，甚至失误。该动作是网球中一个常用的击球方法，也是重要的得分手段。由于其具有运动幅度大、击球快速有力的特点，故对击球者身体肌肉的爆发力与伸展性要求都较高（图2-50）。

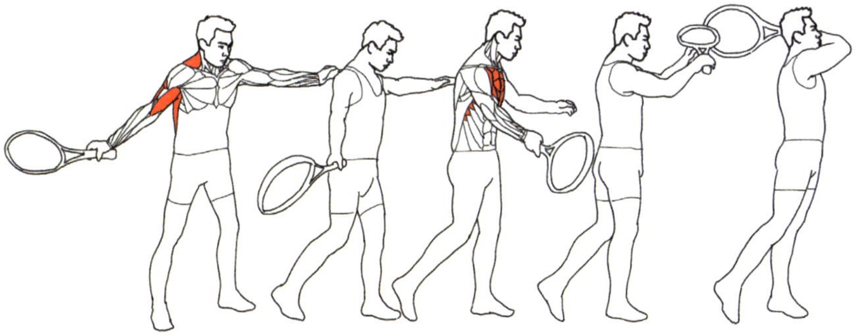

图2-50　网球正手击球

2. 动作要领

以右手持拍为例。“正手击球”是从球拍后摆阶段向前挥动完成。击球者紧握球拍，手腕后伸、固定，脚用力蹬地，转动身体，蹬地力量与转体力量传递至上肢能够增加击球的速度与力量。击球时的挥拍速度最快，球打在拍面的中心。

3. 动作阶段划分与解剖学分析

“网球正手击球”动作分为准备姿势、后摆引臂、击球动作、随挥拍跟进4个阶段。现以右手持拍击球的“后摆引臂”与“击球”两个阶段的上肢动作为例进行解剖学分析，见表2-73、表2-74。

表2-73 网球正手击球挥拍手后摆引臂阶段上肢动作解剖学分析

关节名称	关节运动	原动肌名称	工作条件	工作性质
肩胛骨	后缩	斜方肌、菱形肌	近固定	向心工作
肩关节	水平伸	背阔肌、三角肌后束、肱三头肌	近固定	向心工作
肘关节	屈	肱二头肌、肱肌	近固定	向心工作
腕关节	伸	前臂伸肌群	近固定	向心工作

表2-74 网球正手击球挥拍手击球阶段上肢动作解剖学分析

关节名称	关节运动	原动肌名称	工作条件	工作性质
肩胛骨	前伸	前锯肌、胸小肌	近固定	向心工作
肩关节	伸	背阔肌、三角肌后束、肱三头肌	近固定	向心工作
肘关节	伸	肱三头肌、肱肌	近固定	向心工作
腕关节	屈	前臂屈肌群	近固定	向心工作

4. 小结与建议

由于“网球正手击球”动作在运动中使用频率高，挥拍力量较大，很容易造成运动者持拍手臂肱骨外上髁（前臂伸肌群的附着部位）劳损，出现局部疼痛，即“网球肘”，应注意运动量的控制、肘部使用防护用品，加强该部位的保护。

第九节 其他运动项目中常见动作的解剖学分析

一、举重挺举

1. 动作简介

“挺举”始于18世纪的欧洲，为奥运会举重比赛项目之一，是举重比赛中最后进行的竞赛动作。挺举由提铃至胸和上挺至头上方两个紧密衔接而结构各异的动作所组成。运动员以一个连续动作把杠铃从举重台上提置于肩际，两腿平行伸直保持静止状态，先屈腿预蹲，接着用伸腿伸臂动作将杠铃举起至两臂完全伸直，两腿收回站在一条横线上，杠铃和身体保持在同一垂直面上，并固定在这个姿势，待裁判员发出白灯信号，再将杠铃放下，为试举成功（图2–51）。

图2–51　挺举

2. 动作要领

“挺举”动作前，两手正握杠铃的距离与肩同宽或稍宽，两脚在挺举过程中前后分开为本人一脚左右距离；挺举过程中身体重心放在不动的脚上，上身挺直，头不能乱动；两臂快速伸直，向上挺时要先蹲再挺，一边向上挺一边向后快速分腿，然后脚尖点地快速收回。

3. 动作阶段划分与解剖学分析

“挺举”动作阶段可以分为提拉杠铃至肩高度，挺举向上两个阶段。现以“挺举”时两个阶段上肢动作为例进行解剖学分析，见表2–75、表2–76。

表2–75　挺举提拉阶段上肢动作解剖学分析

关节名称	关节运动	原动肌名称	工作条件	工作性质
肩胛骨	后缩	斜方肌、菱形肌	近固定	向心工作
肩关节	外展	三角肌、冈上肌	近固定	向心工作
肘关节	屈	肱二头肌、肱肌	近固定	向心工作
腕关节	屈	前臂屈肌群	近固定	向心工作

表2-76 挺举阶段上肢动作解剖学分析

关节名称	关节运动	原动肌名称	工作条件	工作性质
肩胛骨	上回旋	前锯肌下部、胸小肌	近固定	向心工作
肩关节	屈	胸大肌、三角肌前束、肱二头肌	近固定	向心工作
肘关节	伸	肱三头肌、肘肌	近固定	向心工作
腕关节	屈	前臂屈肌群	近固定	向心工作

4. 小结与建议

“挺举”动作包括伸膝、伸髋、展体、上挺伸臂和深蹲中起立等动作，虽然几个动作环节运动顺序不同，肌肉用力先后也有差异，但都要求肌肉发挥出最大肌力，且不同阶段肌肉工作性质有所不同。鉴于挺举动作中肌肉收缩常常在向心工作、离心工作、静力性工作之间转换，故应注意加强参与运动的肌肉进行不同性质肌力的训练。

二、射箭开弓

1. 动作简介

弓箭最早出现于中国旧石器时代的晚期，新中国建立以后，射箭发展成为我国正式体育项目。“射箭开弓”动作是射箭技术中最重要一个环节，射手的持弓臂与拉弓臂不同运动，共同用力，产生反作用力将箭射出去。该动作可以分为高位开弓与平位开弓两种（图2-52）。

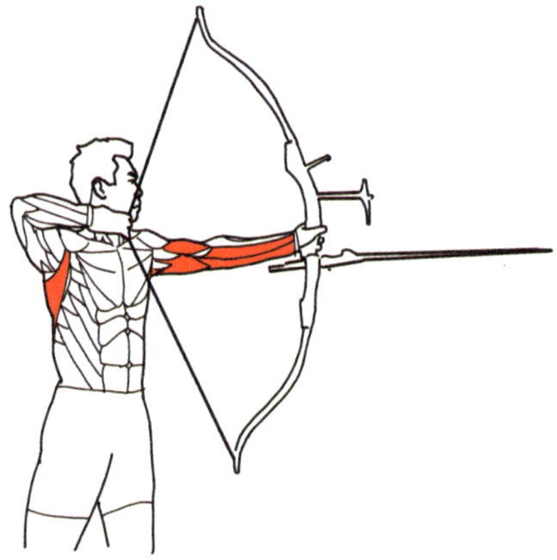

图2-52 射箭开弓

2. 动作要领

开弓是弓弦在拉弓臂固定以后，成直线后拉，持弓臂前撑用力和拉力对称且均匀如抽丝。拉距为举弓后向后移 2～3 寸，并配合深呼吸一次。开弓时两臂肌肉同时用力，抵抗和克服弓的弹性力的作用，使弓的拉距不断扩大。

3. 动作阶段划分与解剖学分析

射箭动作有站立、搭箭、钩弦与推弓、定神、准备（举弓）、开弓、满弓后固定、持续用力、瞄准和推弓、撒放、动作暂留、反思若干环节。下面以侧立式左手持弓为例进行“射箭开弓”上肢动作的解剖学分析，见表2-77、表2-78。

表2-77 射箭开弓持弓臂上肢动作解剖学分析

关节名称	关节运动	原动肌名称	工作条件	工作性质
肩胛骨	上回旋	斜方肌上、下部纤维、前锯肌下部纤维	近固定	固定工作
肩关节	外展	三角肌、冈上肌	近固定	固定工作
肘关节	伸	肱三头肌、肱肌	近固定	固定工作
腕关节	屈	前臂屈肌群	近固定	固定工作

表2-78 射箭开弓拉弓臂上肢动作解剖学分析

关节名称	关节运动	原动肌名称	工作条件	工作性质
肩胛骨	后缩	斜方肌、菱形肌	近固定	向心工作
肩关节	水平伸	背阔肌、三角肌后束	近固定	向心工作
肘关节	屈	肱二头肌、肱肌	近固定	向心工作
腕关节	屈	前臂屈肌群	近固定	向心工作

4. 小结与建议

“射箭开弓”技术用力特点主要表现在“直线对称性”“平面性”“动态均衡性”“简单性”与“注重背肌发力”5个方面，要达到这样的技术要求，在进行训练时既要注意发展上肢肌的绝对力量，也应注意发展肌肉耐力。此外，在开弓过程中为了防止两脚用力不等、身体后仰等错误动作，应注意将身体的重量平均保持在两脚之上，才能保证两臂对称用力。

三、直拳击打

1. 动作简介

“直拳”是指从出拳到击中目标，沿直线运动的一种击打方法，此拳法在单位时间内连续出拳数量比其他拳法多，特别是左直拳的连续直击动作。“直拳”一般用于进攻或有意识退却时破坏对方动作，打乱对方阵脚，是夺取胜利的主要手段，在拳击、散打等项目中广泛采用，属于基本拳法之一（图2-53）。

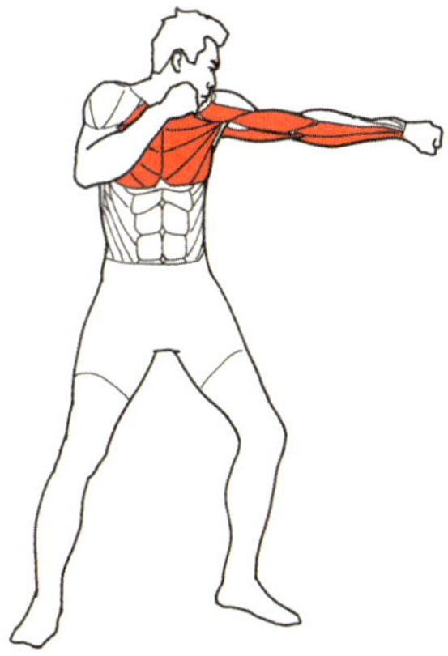

图2-53 直拳

2. 动作要领

“直拳”可分为前手直拳和后手直拳，两种直拳技术一般都采用戒备势开始，但在运动过程中动作要领有一定差异。左前手直拳动作要领是：右脚拇指侧蹬地，左臂借助地面的反作用力迅速伸直，拳眼向上成一条线击出，同时左肩前送，肘关节随着出拳向上抬平，上体略向右转，以加大出拳的速度和力量，眼视左拳，左脚掌的内侧着地，后手保持防守位置。后手直拳动作的技术要领是：左脚掌蹬地，左侧髋关节借助蹬地的力量前送，带动腰部迅速向左转动，同时右肩前送，右拳拳眼向上以直线向前击出，上体保持正直，左手随身体左转自然后移，保持防护姿势。

3. 动作阶段划分与解剖学分析

下面仅对“前手直拳”出拳阶段上肢动作进行解剖学分析，见表2–79。

表2–79 前手直拳出拳阶段上肢动作解剖学分析

关节名称	关节运动	原动肌名称	工作条件	工作性质
肩胛骨	前伸	胸小肌、前锯肌	近固定	向心工作
肩关节	屈	胸大肌、肱二头肌、三角肌前束	近固定	向心工作
肘关节	伸	肱三头肌、肘肌	近固定	向心工作
腕关节	屈	前臂屈肌群	近固定	向心工作

4. 小结与建议

在出拳的同时还要利用腿、腰、髋发力以增加击打力量，使力量通过肩、臂、腕关节和拳峰沿一条直线作用在被击目标上。在出拳过程中应放松臂和肩部肌肉，在即将击中目标时，拳突然握紧，使最后阶段更为有力。

第三篇　肌肉训练的理论与实践

第六章　肌肉训练的基础知识

第一节　力量训练的基础知识

力量训练是人们以身体健康为目标，利用力量训练方法对身体进行适宜的刺激，使身体发生适应性变化的过程。为了达到健身的目的或使健身的效果最大化，在实施训练的过程中，必须掌握以下力量训练的基本知识。

一、力量练习的分类

力量训练一般可分为6种类型，每种训练类型各有其优点及不足，应该根据不同训练对象和训练目标进行选择。

1. 全身训练

全身训练是在一堂训练课中完成的练习覆盖身体的多个部位或主要肌群，以增强全身基本力量水平和塑造整体形态为目的，比较适合初学者和以健身为目的的练习者。其主要原因是身体还没有完全适应抗阻练习，如果直接采用区分训练，可能会出现严重的延迟性肌肉疼痛。很多初入健身房者，往往过高估计自己的力量水平与运动能力，并根据自己的喜好进行过量的局部练习，导致非常强烈的局部肌肉反应。全身训练可以刺激和动员更多的肌群参与工作，而区分训练则相对局限。

2. 区分训练

区分训练是在全身力量水平提高的基础上，强化局部力量和进行个性化塑造的练习。有训练水平者如果继续采用全身训练，则对单个肌群的刺激达不到超负荷的训练量。训练后局部的反应不大，进步也相对缓慢或停滞不前。很多人训练节律和方法长期不变，训练中出现“增长的瓶颈”，需要对训练进行调整。

训练水平越高，越需要选择使肌肉持续超负荷的练习或练习组合。可以通过增加练习频率、练习时间或提高训练强度来进行训练，强化训练效果。

区分训练时，每个部位选择多组数和多次数练习，保持练习肌群持续超负荷。

很多练习者每天只练习身体一个部位，每周训练6～7天，这种方法不无道理，但并不完美。首先，可以使练习部位或肌群得到充分的刺激，练习肌群的恢复没有问题，符合区分训练的原则。但神经系统的恢复滞后于肌群的恢复，一般需要48小时才能完全恢复，由于每天进行大强度的工作，可能无法恢复，长此以往，更会出现神经疲劳。所以，最好连续训练2～3天，休息1天，然后再练习2～3天，再休息1天，如此节律重复练习。

3. 大肌群与小肌群的训练

几乎所有单次训练都应体现从大肌肉群到小肌肉群的练习顺序。这包括全身训练与区分训练计划。通常情况下，先发展或练习大肌群，后发展或练习小肌群。如背肌练习，先进行坐姿划船练习及宽握引体向上，以大重量刺激背阔肌为主。然后进行分化的个别肌群练习，如哑铃前俯挺胸练习，肩胛骨后缩，强化刺激肩胛骨后缩的斜方肌和菱形肌。

此外，开始练习时力量水平处于最高峰，应该安排身体较为薄弱的部位进行练习。

4. 多关节肌与单关节肌的训练

运动各关节肌肉的分布及搭配与关节的功能关系密切，训练计划要考虑这个特点。如肘关节的屈肌，主要是肱二头肌和肱肌。肱二头肌是多关节肌，长度长，对肘关节的作用主要体现在屈肘的幅度上，训练采用弯臂屈肘必须是关节全幅度（活动范围）的运动，才能够体现肱二头肌的功能特点；而肱肌是单关节肌，完全作用于肘关节，它是屈肘力量的保障，练习时通常采用大重量，小幅度的弯臂屈肘练习，而不需要完全屈伸的动作。

相同部位的练习搭配上可以先做全幅度练习，由轻到重增加负荷，逐渐动员不同的肌纤维，并使关节活动自如，所有相关肌肉都动员后，再集中力量完成小幅度大重量的练习，强化单关节肌力量。

多关节肌还存在“主动不足”与“被动不足”的现象，练习设计要有利用其增强肌力和伸展性的考虑，如保持屈肩状态下再弯臂屈肘，肱二头肌存在“主动不足”，有助于发展肌力，而肱三头肌存在“被动不足”，故可发展其伸展性。

5. 肌肉工作条件与训练

不同的工作条件，肌肉力量训练也有所不同。如上肢动作，肌肉工作条件基本是近固定。但是将人体推离地面或器械时，上肢各关节运动的肌肉工作条件均为远固定（除肩胛骨运动的肌群外）。下肢动作以蹬伸为主，基本是远固定条件下的工作，练习也应该符合肌肉工作的条件。但为了平衡发展肌肉力量和增强外观效果，有时要进行上肢远固定和下肢近固定的练习。

6. 肌肉工作性质与训练

一般力量练习，不管采用自由重量或力量练习器，原动肌多半完成动力性工作，而在动作的不同阶段，体现出向心收缩和离心收缩的过程。通常是用力阶段肌肉缩短变粗，完成向心收缩；而在还原阶段肌肉缩细变长，完成离心收缩。在动作过程中，很多参与固定身体部位的肌群，收缩时长度不变，但有肌肉张力的变化，一般完成静力性支持和固定工作。

二、力量练习的选择方法

1. 自由重量与力量练习器练习

采用自由重量或力量练习器练习，究竟哪种更好已经讨论很久了，各有优缺点。如果必须做出选择的话，自由重量练习的优势会大些。

比较而言，采用杠铃进行下肢练习，比起蹬腿机用途更广，可选择的练习方法也更多。如深蹲练习、半蹲练习和跨步练习，深蹲又可以根据杠铃在身体的前后分为前蹲与后蹲等不同的形式。

但是应该指出，两种方法在训练中要配合使用。初学者80%的练习使用力量练习器，20%用自由重量，有训练水平者应该80%用自由重量和20%用力量练习器。原因很简单，初学者身体的平衡性和协调性有待提高，采用力量练习器训练能够固定运动轨迹，在恒定位置和角度内完成练习，动作难度较小，注意力也容易集中于练习部位，对于提高基本力量和体会肌肉感觉效果明显。同时，力量练习器都有保护性设计，可以最大程度地减小损伤的可能性。

初学者选用一定的自由重量练习也很必要，比起力量练习器训练，能更有效发展核心肌群力量和身体的稳定性，提高身体各部协调能力，也有助于向功能性练习过渡。深蹲和硬拉是很好的自由重量练习。

随着训练水平的提高，逐渐增加自由重量练习的比例，对身体稳定性和协调用力要求也更高，自然动员更多的肌群参与工作。

自由重量练习最大的特点是在原动肌群发展的同时，核心肌肉力量得到同步加强和发展。多数坚持使用自由重量练习者，身体姿态的控制能力较强。其次，对于显露肌肉凹凸度、分离度与刻画肌肉线条，自由重量练习的效果也强于力量练习器。

2. 孤立练习与复合练习

孤立练习与复合练习是指完成动作涉及关节和肌群数目的不同。孤立练习指单关节和单肌群的动作，而复合练习则是多关节和肌群参与的动作。一般而论，复合练习有利于发展功能性力量和相关部位的协调用力，孤立练习则能够增强局部力量和外观效果。如卧推练习属于复合练习，参与运动的关节包括肩带、肩关节和肘关节等，有助于发展整个上肢的力量水平和协调用力。而夹胸器则是孤立练习，专门发展胸大肌的力量和强化外观效果。

任何训练水平的人都要以复合练习为主，并合理搭配孤立练习。在整体协调发展的基础上，强化局部的效果。一般在练习时先完成复合，再依次搭配进行局部的孤立练习。一个关节可以搭配进行1个或多个孤立练习。

复合练习在康复或功能性训练中应该是主要的练习方式，可以协调身体各部分的动作衔接和肌群的配合；但个别部位或薄弱肌群的强化，应该采用孤立练习。

三、力量练习的力学问题

进行抗阻练习举起负荷时，必须遵循人体机械力学原理，才能取得最大训练效果和减小损伤的可能性。

1. 保持身体姿态

进行负重训练必须保持正确的身体姿态，即在整个动作过程中控制好身体位置和姿势。脊柱竖直并处于“中立位”，背部挺直，脊柱腰段前屈紧张（塌腰），竖脊肌用力，完成静力性支持工作，躯干深层短肌和腹横肌保持肌张力，完成固定工作。固定躯干，有利于四肢相对于躯干发生运动及上下肢力量的传递。

2. 保持身体平衡

如果不能很好地保持身体平衡，动作用力阶段不可能发挥最大力量。保持身体平衡，理想的站位姿势是保持身体重心于支撑点（两脚之间）的上方。在动作过程中，重心的概念包含着负荷重量，是肌肉发力作用于负荷时形成的整体重心。垂直或向上直线运动时，容易保持重心在支点区域内。与地面成角度或旋转运动则增加了重心控制的难度，如杠铃弯臂屈肘动作时，上臂固定，肘关节内侧要贴近躯干侧面。如果完成动作时，杠铃运动轨迹离开身体距离过远，上臂没有锁定，重心随之前移，超出支点区域的范围，导致身体失去平衡性。这样的动作，一是没有达到动作技术的要求，屈肘肌的训练不到位；二是身体的其他部位必然会代偿性地参加工作，也会使其他部位非正常用力，甚至会导致损伤。

长期训练者，身体核心肌群和相关部位的固定肌参与工作，保持身体平衡和正确姿态，有利于原动肌群的发力和有效完成动作。初学者动作不够准确和娴熟，核心肌群和固定肌参与工作不足，完成动作效率不高，并存在一定的危险性。

完成弯臂屈肘动作时，身体还要随杠铃的上下移动协调运动。初学者也往往控制不好这种节律，建议选择提拉屈臂动作，而不是弯臂屈肘动作进行屈肘肌练习。提拉屈臂动作可以保持杠铃上下运动都在同一垂直面内运动，并靠近躯干，此时，重力的方向垂直向下，肌力方向与其相反，并在同一垂直面上。杠铃运动也在垂直面内，并不是呈半圆形的运动轨迹。

3. 杠杆、支点与运动的动力

人体运动系统由骨、骨连结和骨骼肌3个部分组成，在运动时各自所起的作用不同，骨为杠杆，关节为枢纽，肌肉为运动的动力。负重练习时，负荷离关节中心点水平距离越近，举起负荷就越容易。如进行哑铃飞鸟展翅练习，开始动作哑铃在肩关节垂直下方，负荷与肩关节中心点在水平面内没有距离。然而，随着练习的发展，上臂逐渐外展，哑铃与肩关节的水平距离逐渐增大，到最高位置（与肩关节齐平），此时负荷阻力与难度都达到最大程度。这种情况下，尽管哑铃运动的轨迹为一个半圆形，但两边负荷相等，动作对称，左右方向能够保持平衡，并且前后方向没有太多移动（保持在额状面内），复合重心依然处于支撑区域内。教练员要指导练习者确保相关关节的自由运动，使负荷在垂直方向提起到适宜高度。

如果关节不能够自由运动，负荷不在额状面内上行，负荷将沿旋转轨迹运动，并移至支撑区域之外，打破平衡。

四、力量训练课的组合原则（练习方法、重复次数与完成组数）

训练课的最终目的是采用最少的练习、重复次数和组数达到所需的刺激，并能够使身体最大限度地恢复。练习次数和组数因人而异，但应该遵循如下基本原则。

1. 训练目标与重复次数

不同训练目标，每组练习重复次数不同，基本归类为：

1～6次，增强力量；

6～20次，增大体积；

20次以上，提高耐力。

每组练习重复次数多少与负荷重量有关，重量增大，重复次数自然减少。不同练习次数与重量，机体和肌肉的适应过程不同。以“增强力量”的练习次数少，但重量大，主要训练神经系统的适应过程和刺激肌微丝的增粗。以“增大体积”的练习重复次数与负荷重量适中，主要能够刺激肌细胞（肌纤维）增粗（肥大）。而以“提高耐力”的练习，多次数，轻重量，侧重点是刺激肌肉内毛细血管网的建立与丰富。必须指出，不同练习次数和重量也有交叉适应现象存在。

以减肥为目的的训练适合“增大体积”的练习次数，也可以在不同的大循环（以月计算）变换练习次数，如一个月重复次数少，第二个月采用中等次数，第三个月则采用多次数练习。

2. 训练目标与练习组数

练习组数与训练目标也有很大关系，主要应该考虑负荷重量和结合组间的间歇时间不同，具体如下：

3～5组，增强力量；

1～4组，增大体积；

1～4组，提高耐力。

“增强力量”为目标的练习，重量大，重复次数少，完成3～5组，组间间歇时间较长，有利于恢复和能量补充。以“增大体积”为目标的练习，重量减轻，重复次数增多，根据训练水平，选择完成1～4组，间歇时间较前组缩短，强调保持刺激强度和超负荷训练。“提高耐力”组，重量进一步减轻，每组重复次数最多，同样选择性完成1～4组，组间间歇时间最短，持续小强度刺激和用力，肌肉耐力增长显著。

训练课的热身活动应该充分，并结合主要部分的目标和练习内容。进行主要部分练习，同样需要轻重量完成一组热身练习。一个练习组热身之后，一般完成2个练习组就能达到需要的刺激强度。

3. 力量练习方法的选择

练习方法选择，要考虑训练目标，以及具备的练习条件。通常情况是：

1～3个练习，增强力量；

1～5个练习，增大体积；

1～5个练习，提高耐力。

对同一个部位或肌群而言，在一次练习课中选用不同的练习方法，是为了变化刺激的方式和角度，使肌肉得到全面而深透的刺激。如卧推练习与蝴蝶机夹胸练习对胸大肌的刺激方式是不同的；卧推练习可分为平板、上斜板和下斜板3种，通过变换角度分别集中刺激胸大肌中部、上部和下部。

初学者和有训练者选择练习数量有所不同，初学者一般选择1～2个练习，集中发展基本力量，有训练者每个肌群应选择3个以上练习，以不同的方式和角度刺激目标肌群。

五、力量练习的适应性

1. 力量练习的基本作用

训练中对骨、关节和肌肉系统施加一定负荷阻力，使其完成适应变化的过程。

2. 肌肉系统的适应过程包括

（1）肌肉外观变化：指肌肉体积的增大，肌肉通过训练生理横断面得以增大，整个肌肉的体积和围度变大。

（2）生物化学变化：指肌肉内部酶系的变化，如有氧训练可使参与工作肌肉内氧化酶系工作能力提高，有氧代谢能力明显提高，肌肉耐力增强。

（3）神经系统变化：指运动神经元的动员与神经支配过程的改善，经过力量练习可动员更多神经元和运动单位参与工作，同时支配肌肉内更多肌纤维参与收缩，肌肉收缩力量增大。

（4）肌肉内部结构变化：通过健身训练可使肌肉内部乃至于肌纤维内部结构发生适应性变化，如增长力量的练习可使肌纤维变粗大，生理横断面增大。

六、力量训练的循序渐进原则

训练计划要体现出机体对训练负荷持续的适应过程，这个过程主要通过循序渐进的超负荷训练来实现，而变化的内容包括训练密度、强度和（或）持续时间3个方面。

达到持续适应的简单方法是在轻松完成一定重复次数后，增加一定负荷重量，即强度的变化，每次调整幅度控制在5%以内，一段时间的负荷强度呈现稳定上升的曲线。如卧推练习，每组10～15次，负荷80公斤，可以轻松完成15次时，调整杠铃重量，增加到85公斤。

练习密度是指每周重复练习的次数，包括整体练习次数及同一部位或肌群的练习次数两种含义。增加练习密度意味着累计刺激量的增加和恢复时间的缩短。对神经系统、能量系统和肌肉本身都有了更高的适应要求。练习密度增加也是训练水平提高的标志。

另一个可变因素是练习持续时间，在保证基本练习次数和合理间歇时间的基础上，增加练习持续时间可以提高耐力水平，主要是指专项耐力或肌肉耐力。对其他系统的要求也相应提高。增加练习时间的原因可以是练习数量的增加或练习组数的增加。

七、力量训练动作速度的控制原则

练习动作速度的快慢与练习目的关系密切。一般来说，动作速度快，肌肉收缩速度快，受刺激的主要是快缩肌纤维，主要发展爆发力和速度，对竞技体育的意义较大。如快速高抬腿跑主要发展股直肌、髂腰肌和耻骨肌的爆发力，对短跑运动员非常重要。跳跃项目运动员下肢伸肌也需要快速收缩的爆发力，练习的速度要快。如果以健身、减肥、塑造体型或增大肌肉体积为目的，动作速度就不是至关重要的了，可采用速度较慢的练习动作。减慢动作速度，可以消除或减弱惯性引起的动量，保持肌肉（群）受力的最大化，练习强度增大，能够有效地超负荷工作。速度减慢，关节受到的冲击力减小，也可避免损伤。

健身训练，不同动作阶段动作速度不尽相同，用力阶段较快，还原阶段缓慢，一般时间比为1：2。如杠铃推举练习，上推阶段用时2秒，稳定片刻，向下还原阶段需要4秒。上推阶段肌肉完成向心收缩，向下还原肌肉完成离心收缩。重复进行练习，不仅肌肉在两种不同性质的工作中不断交替刺激更加深透，而且还有利于肌肉在动力性两种不同性质工作中的有效转换。

复合练习过程中，各关节不要锁定和停顿，保持关节灵活性和持续动作，控制动作速度，能够有效减小关节的受力。

八、力量练习的呼吸调节

所有抗阻练习呼吸的基本方式为“用力阶段呼气，放松阶段吸气”，是练习时呼吸的基本方法，可以解释为举起负荷（肌肉向心工作）时呼气，放下负荷（肌肉离心工作）时吸气。如果负荷重量较大时，用力过程的前半段应该憋气，后半段用力呼气，然后是还原阶段的吸气过程。如卧推时，上推杠铃阶段先是短暂憋气，然后是用力呼气，杠铃到达最高点时，完成呼气过程；缓慢放下还原时，吸气，直至动作结束。需要指出的是，憋气过程虽然有利于肌肉发力，但必须短暂，并基本不影响呼吸功能和节律。青少年和中老年朋友建议练习时不要憋气，以免影响神经系统的生长发育和出现脑血管意外。

也有呼吸方式不同或相反的情况，主要表现在胸廓运动时。胸廓运动吸气时提肋，呼气时降肋，一些上肢练习会伴随肋骨上提的运动，即为用力时吸气，向下还原时肋骨下降，即为呼气。如杠铃上推、哑铃飞鸟、直立划船、坐姿划船和硬拉等练习，举起或向上用力阶段吸气更合理和舒服。

其实，练习过程中的呼吸方式不是一成不变的，重要的是完成任何动作都要持续呼吸并保持好节律，保证机体的能量供应和协调运动。

九、力量练习间歇的控制

每组练习结束，必须有一定的间歇时间，以保证消耗能量的补充和避免神经肌肉的过度疲劳。组间间歇时间长短与训练目的关系紧密。“提高耐力”为训练目的练习，应该保持最短的间歇时间，一般不超过1分钟。这种小强度、多次数和组数、间歇时间短的练习方式能够有效促进肌组织内毛细血管的增生和血液循环通畅，进而保证了营养物质的输送和代谢产物的排除，肌肉持续工作能力增强。“增强力量”练习时组间间歇约为2分钟，保证肌肉在高强度训练时有恢复和能量合成时间。如果两人搭档练习，同伴练习就有足够的间歇时间。以减肥或控制体重为训练目的，间歇时间一般控制在1～2分钟。

十、力量练习中高超负荷技术的运用

高超负荷技术在训练中运用得当，效果相当明显。但由于训练强度的突然改变和提高，很多人表现出不适应，轻者会出现恢复速度减慢或疲劳积累，重者还会出现损伤，初学者不宜采用。运用这种方法可以实现：增大训练强度、改变训练常规、突破“瓶颈”状态、提高练习效率的目标。

练习中既可以在一堂课或一个阶段重点运用一种技术，完全掌握或取得效果后再换成其他技术；也可以同时运用多种方法，如逼迫次数与被动练习的结合。建议在多个单项技术熟练掌握的情况下，进行多项技术的配合练习。

高超负荷技术训练包括：逼迫次数练习法、被动练习法、超级组练习法、提前耗竭练习法、巨人组练习法、三组结合练习法、金字塔练习法等。

运用高超负荷技术训练的目的是保持肌肉力量和肌肉围度。这种练习强度很大，极大提高了机体新陈代谢速度，有助于燃烧脂肪。

十一、制订力量训练计划的原则

很多人在健身房训练虽然基本坚持了，但收效甚微。究其原因，部分是不良的生活方式所致，如营养习惯、生活习惯、工作压力和抽烟喝酒等。一个被忽略的重要部分是没有养成良好的训练习惯。训练习惯不只是每天坚持练习的问题，训练计划和日志对于练习者也是至关重要的。

很少有人对训练计划归档保存，自己记不住以前的负荷重量与重复次数等，甚至连做过的练习及练习顺序都忘了。练习变得如此随意，自然就不可能建立正常的练习秩序和使机体持续地适应训练负荷，当然无训练效果可言了。

要想达到理想的训练效果，应该对自己提出更高的要求，其中认真严肃地对待训练和做好训练计划是非常必要的。训练计划应包括如下信息：

练习顺序、使用的负荷重量、练习组数/次数，采用的高超负荷技术、训练日期、练习持续时间和身体与肌肉的感受等。

练习计划举例。月计划要表现出超负荷渐进性，理想的做法是每次训练课负荷重量和练习次数有所增加。月训练结束，训练计划完全改变，下一个周期是完全不同的计划。

第二节　伸展性训练的基础知识

肌肉的伸展性是指肌肉在外力作用下，可以被拉长的特性。发展肌肉伸展性的练

习称为拉伸练习，其功能包括对肌组织、结缔组织和其他软组织的拉伸，进而可以增大关节运动幅度，有效防止肌肉损伤和促进肌肉恢复。

一、肌肉伸展性的分类

肌肉伸展性根据肌肉的工作和是否有外力作用以保持或增大关节运动幅度，可以分为4种类型。

1. **动力性主动伸展：**肌肉收缩是驱动身体部位运动的唯一力量来源。这种伸展性动作，环节围绕关节发生全幅度的动力性运动（如踢腿和摆臂动作）。动力性拉伸练习用以发展动力性主动伸展性，在整个动作过程中，对抗肌的放松和原动肌的收缩协调配合。

2. **动力性被动伸展：**指通过动力性外力动作使肌肉伸展，可分为疼痛阈之下和疼痛阈之上两种情况，前者是肌肉拉伸至最大无痛限度，而后者是肌肉拉伸至最大疼痛忍耐限度。

3. **静力性主动伸展：**仅用被拉伸部位肌群力量来保持拉伸动作。仅用对原动肌和协作肌的张力拉住或保持身体位置或动作姿势，对抗肌拉伸。典型的动作如保持向上踢腿数秒。静力性主动拉伸时，对抗肌的放松和原动肌完成静力性支持工作同时发生，协调配合。

4. **静力性被动伸展：**指通过静力性外力动作使肌肉伸展，可分为疼痛阈之下和疼痛阈之上两种情况，前者是肌肉拉伸至最大无痛限度，而后者是肌肉拉伸至最大疼痛忍耐限度。

上述4种伸展性，每种都可以提高和发展，但适应范围不同，采用的练习方法也不同，应根据自己的动作特点和练习需要进行选择。

二、肌肉拉伸的适应性变化

肌肉被拉伸，神经系统通过牵张反射引起肌肉收缩，这也是对肌肉进一步被拉伸的限制和保护性反应。通过训练，肌肉收缩的起始点水平重设并提高。此外，经过一定时间的练习，增加拉伸程度，肌节的数目增加，新的肌节存在于肌原纤维的两端，肌原纤维变长，肌纤维的长度也随之增加。但客观地讲，这个说法还需要实验的检验和证实。

经过一段时间拉伸，包裹肌肉的筋膜鞘–肌外膜、肌束膜和肌内膜长度会发生暂时性变化，其他组织，如肌腱、韧带、筋膜和疤痕组织，也发生适应性变化，伸展性有所增大。

另外有人指出，肌细胞可以控制和调节肌肉的僵硬和弹性限度，即存在亚型的差异。换言之，四肢肌肉与躯干肌肉比较，更容易发展伸展性。

最后，肌肉的拉伸和抗阻练习可能会影响基因表达。组织的变化，也可能会影响肌肉和结缔组织的延展性。

三、影响肌肉伸展性的因素

1. 肌肉伸展性与关节的组成、结构特点和类型有关。韧带和肌腱也会影响伸展性，即其伸展性越大，关节运动幅度也越大。

2. 肌肉伸展性与性别有关。女性的肌肉体积和力量普遍较小，因此减小了肌肉被动拉伸时对关节运动幅度的限制和影响。

3. 年龄对肌肉伸展性的影响更大。幼儿时期身体组织非常柔软，青春期到来之前伸展性都处于增长时期。青春期之后，伸展性随年龄增长而下降。如果保持活动和规律的力量训练，这种变化可以最小化。老年人与肌肉伸展性减小相关的内在因素包括：体内钙的储量相对增加，结缔组织内水分的丢失，结缔组织的粘连和交叉联系，组织内化学成分的改变，以及肌纤维被脂肪和胶原纤维取代。

4. 情绪对肌肉的伸展性会有影响，兴奋和愉悦的时候肌肉伸展性提高，这是因为小脑与端脑管理情绪的中枢联系通畅，对肌肉的力量和协调性的调节能力加强。情绪低落和疲劳的时候作用相反，也是神经调节的结果。

5. 肌肉的伸展性在一天中不同时间也不尽相同。清晨起床时伸展性最小，因为此时肌肉张力水平和体温都低。但是，这不意味着不是拉伸练习的时机，恰恰适合动力性拉伸，可以重设肌肉的神经调节模式。

6. 预先进行相关部位或肌群的拉伸练习，有助于主要部位的拉伸动作的完成。如体前屈动作，拉伸竖脊肌和下肢髋关节伸肌，如果预先进行抱膝屈体动作，拉伸臀部伸肌群，动作就变得轻松和容易了。

7. 肌肉伸展性练习安排在训练课中的时段对动作幅度会有影响。如训练课结束阶段身体相当疲劳时进行动力性拉伸练习，完成动作的幅度减小。静力性拉伸练习之前进行热身运动，训练效果较好。

8. 拉伸练习方法影响肌肉的伸展性。如在静力性被动拉伸时保持肌肉张力，比放松拉伸收效更快、更好。保持拉伸的时间长短也会影响练习效果。

9. 肌肉长时间在缩短和减小幅度的动作模式下训练，肌肉伸展性会减小。曲棍球队员、摔跤手和自行车选手，他们训练动作以屈体姿势为主，3个项目运动员都表现出髋关节和膝关节屈肌缩短的情况，在完成下肢伸展动作时，伸展幅度不够，甚至存在肌肉受伤的可能性。这种情况可以通过平时增加拉伸练习来改善。

10. 身体的整体体温水平和特殊肌群的温度都对肌肉伸展性水平有影响。一般来说，热身活动使身体温度升高，动作幅度也随之增大。体温的降低会导致机体的活动性下降，肌肉伸展性水平下降。局部加热或升温的方法无助于伸展性水平的提高。原因是身体活动会加强心脏的活动和血管的扩张，增加了肌肉的血液供应，肌纤维的弹性增强，分配到肌腱、关节和韧带的血液也增多。整个机体处于一种良好的运行状态，这是大强度运动所必须的。

四、训练课中肌肉伸展性练习安排

一堂训练课通常包括准备活动、主要练习部分和放松整理活动3个部分。拉伸练习怎样安排，不仅是内容的问题，也是一个严肃的科学问题。一般来说，动力性拉伸练习应该是准备活动的组成部分，等长拉伸则应放在课的最后部分，甚至安排在放松整理的最后部分。

1. 一般性准备活动

开始进行关节简单活动，如绕环动作、四肢、躯干轻微的屈伸、收展、侧屈和转体动作。接下来进行心血管系统的准备活动，血液流动速度加快，可用慢跑、折返跑、后退跑和侧向跑等跑步练习，各种跳跃动作（单脚跳、跳绳、双脚跳等），练习安排要遵循趣味性原则。

2. 专门性准备活动

如果训练目的是提高动力性伸展，这时可以安排这类练习，完成预定的次数和组数，准备活动就结束了。接下来就是主要部分的练习。主要练习部分，按计划进行练习。

3. 放松整理活动

想要发展静力性主动伸展，练习应该安排在这段时间。如果通过等长拉伸来发展的是静力性被动伸展，练习应该安排在最后进行，并以轻快步行、跨步等来结束课程。关于放松性拉伸，如果要在放松整理活动中做，应该选择这个时间，如果想要提高伸展性，可以替代等长拉伸或交替进行。

五、伸展性练习要点小结

1. 动力性主动拉伸和静力性被动拉伸练习是发展肌肉伸展性的有效方法。
2. 练习顺序是，动力性拉伸练习最先做，接着是静力性主动拉伸，最后进行静力性被动拉伸练习。
3. 等长收缩或放松拉伸练习不能安排在练习课最开始部分。
4. 肌肉伸展性不是由单一生物学因素所决定的。
5. 愉悦的心情增加肌肉的伸展性，伸展性提高又会使人愉悦。
6. 热身之后再进行拉伸练习。
7. 拉伸练习时保持正确的动作姿势非常重要。
8. 力量素质有利于伸展性的发展。
9. 从事其他运动项目，应该清楚可能对肌肉伸展性产生负面影响。

10. 肌肉伸展性一天中不是恒定的，找到最佳发展时间。

第三节　肌肉的功能性训练

一、功能性训练的概念

功能性训练源自于康复训练，包括身体训练与其他运动干预相结合的方法。该训练能够帮助运动失能的患者重建运动能力，恢复日常生活动作或职业行为能力。

二、功能性训练的目标

功能性训练方法的设计可因人而异，即根据患者的具体情况进行个性化的训练，总体目标是要达到功能的完整性和独立性。功能的完整性是指身体各相关组成部分在完整的动作形式中协调配合和平衡发展。而功能的独立性则是每项素质或单个部位功能的良好表现。如大腿后群肌拉伤，表面上看是肌肉的伸展性不够所致，其实是后群肌在跑步过程中屈膝和伸膝交替运动时，后群肌一直处于收缩-伸展动作的快速转换过程。如果能力不够，达不到动作幅度和运动强度的要求。此时，最薄弱的环节即会出现问题。功能性训练的练习设计，要考虑动作的完整性，即相关部位的协调用力，增强整体动作能力，并要形成良好的动作模式，同时也要考虑提高大腿后群肌的屈伸配合能力，使肌肉逐渐达到“收放自如”的程度，这就是其功能的独立性。

三、基本素质训练与功能性训练

患者在家庭生活或工作中动作的模仿练习应该结合到治疗中，以帮助他们在损伤或手术后能够回归家庭或工作。但需要强调的是，练习内容绝不仅局限于这些模仿练习，其他基本素质的训练，特别是在康复训练的早期，应该是主要练习内容，其功效和作用不容忽视。通过基本训练，提高或恢复了身体素质，这是进行功能性练习的保障。基本素质的康复训练与功能性训练的关系可以比喻为一般素质和专项素质。基本素质是基础，必须先行；功能性训练是专项素质训练，是进一步提高与发展的保障，是恢复生活能力和运动技能的必由之路。功能性训练必须模仿和结合日常生活和工作中的动作，如工作中要用力抬起重物，模仿性力量练习尽可能做得相似，包括关节的运动和肌肉的工作，以及身体各部分的协调用力。此外，重复练习过程中逐渐增加肌肉的耐力。人体的机能水平和身体素质随年龄的增大而下降，其中肌肉力量下降最为明显。很多人年轻时爱运动，有一定的体能储备，多年坚持锻炼，也非常自信，但并没意识到自己肌肉力量的消退和其他素质的下降。直到有一天，上下楼梯时突然觉得腿软，踢球时发不了力，跑起来无法加速，才有所感觉和体会。这种肌肉力量的消退尤以大肌群最为明显。有些人股四头肌的力量退化到无法用力伸膝的地步，臀大肌松垮扁平，蹬地无力。预见到这种变化，或者偶尔出现上述情况，就需要提前进行运动干预，特别是下肢的功能性训练，以动力性复合练习为主，各部分协调配合及合理用力，对于肌力严重弱化的大肌群，要专门设计练习，进行强化训练。

家务劳动中，拖地板是“规定动作”，身体前屈，脊柱伸肌持续完成静力性的支持工作，如果力量和耐力不够，轻者会出现腰酸背痛现象，重者出现腰肌劳损，甚至出现肌肉保护不力，导致椎间盘膨出等伤病。这种患者的功能性训练就要突出脊柱伸肌的力量和耐力的训练。运动干预与功能性训练，练习的设计要切合患者的实际情况，要明确目标，且与实际相结合，不能盲目制定和实施训练，更不能为了迎合患者，而夸大预期的效果。

功能性训练实施得当，关节的灵活性和稳固性均会得到增强，并具有更加有效的运动模式。这些变化也会降低完成动作时发生损伤的可能性，并能提高运动成绩。

四、不同部位的功能性训练

早期的功能性训练因设备简陋，训练方法十分有限，训练效果不够理想。随着科学技术的发展，特别是材料力学、生物力学、仿生学等学科的发展，各类练习器材、设备等应运而生，出现了很多专门的练习器，可以准确和孤立地发展不同的肌群，功能性训练变得更加便利和简单。如扭腰盘可以固定躯干，使下肢和骨盆一起围绕腰骶连结处的垂直轴发生旋转运动，这是旋转投掷技术的功能性训练，腹部和下背部肌肉参与固定躯干和脊柱。传统的练习方法不是俯卧就是仰卧姿势，但各种运动动作几乎没有在这种姿态下发力的，上述练习仅是基本力量练习，专项训练或功能性训练采用立姿进行训练，收腹器和背伸器就能满足功能性训练的基本条件。跳伸练习是肌肉快速拉长又迅速收缩的练习，如高处跳下，落地缓冲又快速起跳的练习，这是下肢增大力量（爆发力）的专项训练，原理是可以改善神经肌肉的收缩模式和速度。有了这些先进的练习器材和方法，训练变得简单易行。

功能性训练也并非全是负重练习，要以患者有困难完成的项目或项目组合为目标。例如，患者伤病后平衡能力下降，平衡练习应首先列入练习计划，只有平衡能力提高后，才是完成其他练习的基础。穿戴假肢的平衡练习和协调练习是实现正常步态的基础，也是回归社会生活的第一步，并不需要过多强化力量素质。

五、不同练习器训练效果的对比

不同练习器效果的对比研究显示，使用练习器进行训练，首先具有安全性。机器的保护性装置能够降低受伤的风险性，如史密斯机的保险挂钩能够在任何停止动作时挂在立柱上，蹬腿器也有安全手柄，任何时候可以终止练习。练习器能够将动作固定在一个基本面内进行，更加符合人体结构的力学规律，也不会由于稳定性不够造成关节和肌肉损伤。进行功能性训练，特别是采用自由重量的训练，除了练习形式比较简单易行之外，还对身体核心部分的固定肌起到很好的作用。2009年，斯蓬钮恩在《力量和体能研究杂志》上发表了功能性训练与不同固定练习动作的对比研究，这是首次两种力量训练的对比研究。结果表明，功能性训练比练习器固定动作训练效果有很大的提高和发展。功能性训练者比练习器固定动作训练者力量增加了58%，平衡能力对比提高196%，关节疼痛的比例则下降了30%。

功能性训练不论对于患者的恢复训练，还是对于运动员的损伤后的恢复，甚至于对普通的人群保持正常的身体机能和工作效能，都是十分必要和有效的，但训练内容要因人而异地进行，以期取得更好的效果。

第七章　头颈及躯干肌肉训练

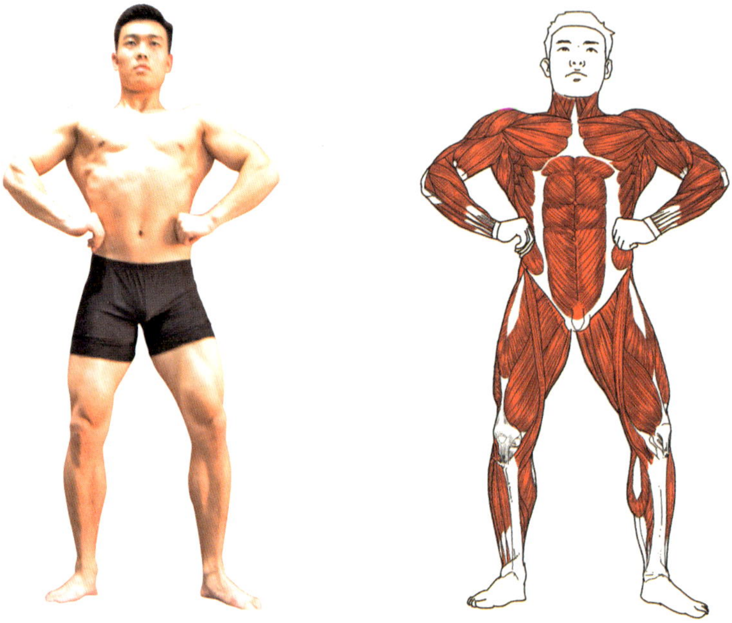

图3-1a　全身肌肉展示（前面观）

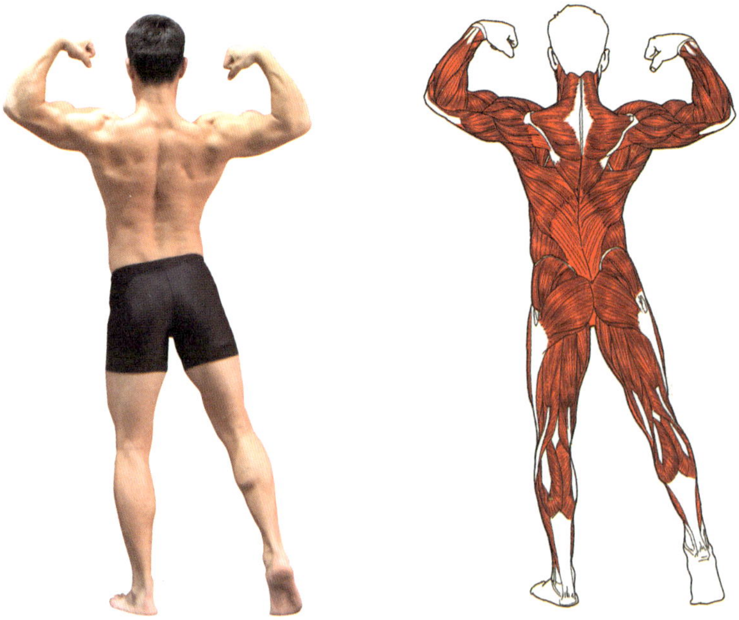

图3-1b　全身肌肉展示（后面观）

第一节　颈部肌肉训练

一、颈部肌群

使颈部运动的主要肌群为斜方肌上部、肩胛提肌和胸锁乳突肌。

图3-2　颈部肌群展示

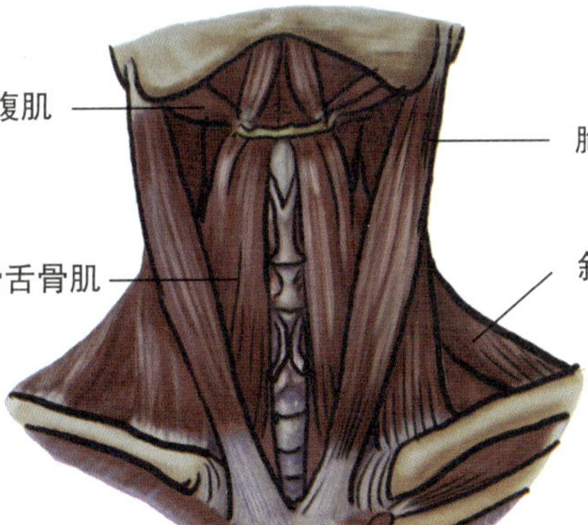

图3-3a　颈部肌群解剖图（前面观）

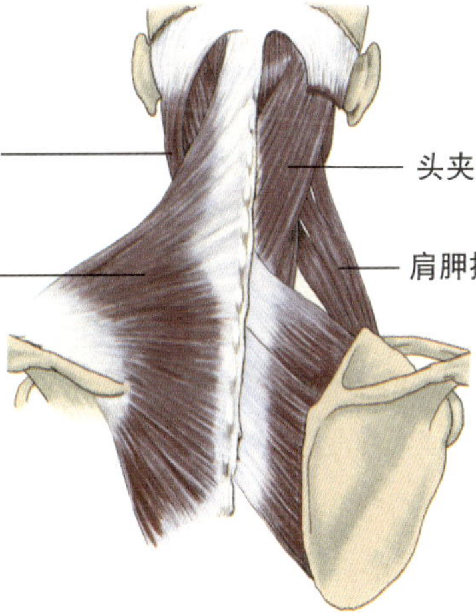

图3-3b　颈部肌群解剖图（后面观）

表3-1 颈部肌肉

肌肉名称	起点	止点	神经支配	主要功能
斜方肌	上项线枕外隆凸、项韧带、第7颈椎和全部胸椎棘突	锁骨外侧1/3，肩峰和肩胛冈	副神经	近固定：上部纤维收缩使肩胛骨上提、上回旋和后缩；下部纤维收缩使肩胛骨下降、上回旋和后缩；中部纤维收缩使肩胛骨后缩 远固定：一侧收缩时头向同侧屈并向对侧回旋；两侧同时收缩使脊柱伸
肩胛提肌	上面4位颈椎横突	肩胛骨内侧角（上角）	肩胛背神经（C4–5）	近固定：使肩胛骨上提和下回旋 远固定：一侧收缩使头和脊柱向同侧屈和回旋；两侧收缩使脊柱颈段伸
胸锁乳突肌	胸骨柄和锁骨胸骨端	颞骨乳突	副神经	下固定：一侧收缩，使头颈向同侧屈，头面部转向对侧；两侧收缩时，使头和脊柱颈段屈或伸（根据肌拉力线跨过寰枕关节额状轴的前后而定） 上固定：上体胸廓，辅助吸气

二、主要力量练习方法

练习一：颈部静力性侧推练习（Isometric Neck Exercise–Sides）

1. 动作要领

（1）开始与还原动作：直立，两脚开立同肩宽，头颈正直。

（2）练习动作：将右手置于头部右侧，轻缓向左侧推，同侧颈部肌群静力性支持工作，对抗侧推的力量，保持头颈位置。持续10秒。然后，交换到异侧进行练习。这是一个有效而安全的练习方法，不会造成肌肉的损伤。

（3）呼吸方式：练习时保持自然呼吸节律，切忌屏息和憋气。

（4）重复次数：按要求重复进行练习。

（5）练习类型：孤立练习。

（6）练习变化：可采用坐姿进行练习。

2. 解剖学分析

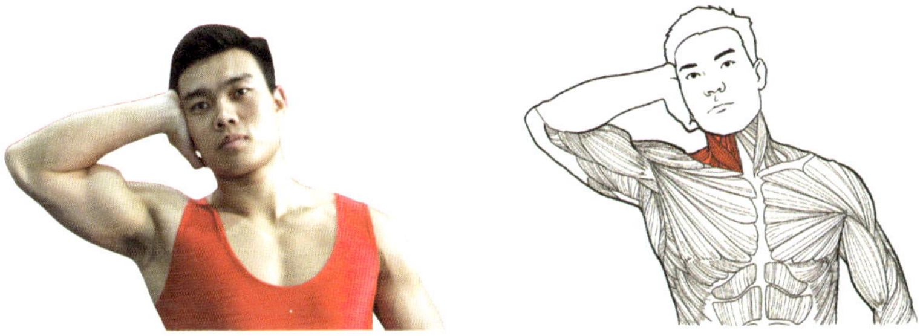

图3-4 颈部静力侧推练习

关节名称	关节运动	肌肉名称	工作条件	工作性质
寰枕关节	中立位	同侧胸锁乳突肌、斜方肌上部、肩胛提肌	近固定	支持工作
脊柱颈段	中立位	同侧胸锁乳突肌、斜方肌上部、肩胛提肌	近固定	支持工作

练习二：俯卧颈部抗阻练习（Lying Face Down Neck Resistance）

1. 动作要领

（1）开始与还原动作：俯卧于长凳上，头颈部保持与身体平直，上臂在肩关节处外展，与躯干平齐，双手抓握杠铃片固定于头后。

（2）练习动作：克服阻力，头颈部伸，向上抬头至极限角度。稳定片刻，缓慢还原至与地面平行位置，头部的运动轨迹呈半圆形。

（3）呼吸方式：向上抬头阶段呼气，向下还原阶段吸气。

（4）重复次数：按要求重复进行练习。

（5）练习类型：孤立练习。

（6）练习器材：练习长凳，杠铃片。

2. 解剖学分析

（1）抬头伸颈阶段

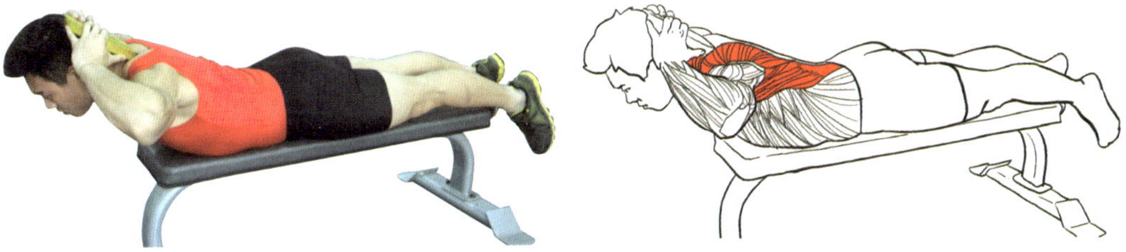

图3-5a 俯卧颈部抗阻练习—抬头伸颈阶段

关节名称	关节运动	肌肉名称	工作条件	工作性质
头颈部	伸	胸锁乳突肌、斜方肌上部、肩胛提肌	近固定	向心工作
脊柱	伸	竖脊肌、斜方肌上部、肩胛提肌、菱形肌	近固定	向心工作
肩胛骨	后缩	斜方肌、菱形肌	近固定	向心工作
肩关节	水平伸	背阔肌、三角肌后束、冈下肌、小圆肌、大圆肌、肩胛下肌、肱三头肌长头	近固定	向心工作
肘关节	屈	肱二头肌、肱肌、肱桡肌、旋前圆肌	近固定	支持工作
腕关节	伸	前臂屈肌群	近固定	支持工作

（2）还原阶段

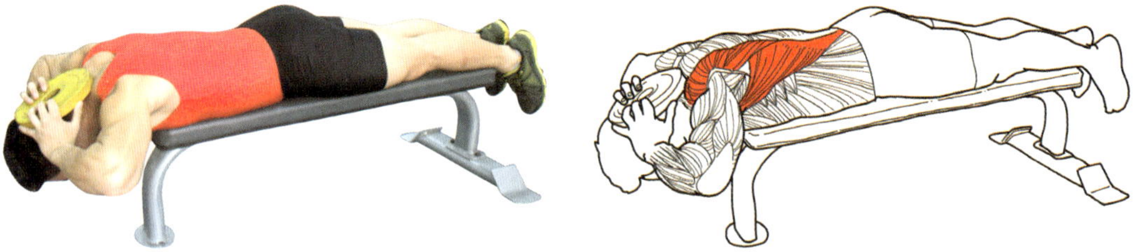

图3-5b　俯卧颈部抗阻练习—还原屈颈阶段

关节名称	关节运动	肌肉名称	工作条件	工作性质
头颈部	屈	胸锁乳突肌、斜方肌上部、肩胛提肌	近固定	离心工作
脊柱	屈	竖脊肌、斜方肌上部、肩胛提肌、菱形肌	近固定	离心工作
肩胛骨	前伸	斜方肌、菱形肌	近固定	离心工作
肩关节	水平屈	背阔肌、三角肌后束、冈下肌、小圆肌、大圆肌、肩胛下肌、肱三头肌长头	近固定	离心工作
肘关节	屈	肱二头肌、肱肌、肱桡肌、旋前圆肌	近固定	支持工作
腕关节	伸	前臂屈肌群	近固定	支持工作

练习三：坐姿头套颈部抗阻练习（Seated Head Harness Neck Resistance）

1. 动作要领

（1）开始与还原动作：将适宜重量的杠铃片挂于铁链一端，铁链另一端与头套连接。坐在练习凳上双脚开立，间距宽于肩。稳定身体重心，身体稍前倾，使杠铃片离开躯干一定距离，确保能够自由运动。

（2）练习动作：双手置于膝关节上，头颈部后伸，向上抬头到极限角度，稳定片刻，缓慢还原到与地面平行位置，头部的运动轨迹呈半圆形。

（3）呼吸方式：向上抬头时呼气，向下还原时吸气。

（4）重复次数：按要求重复进行练习。

（5）练习类型：孤立练习。

（6）练习器材：练习凳、头套抗阻器和杠铃片。

（7）练习变化：可采用站姿进行练习。

2. 解剖学分析

（1）抬头伸颈阶段

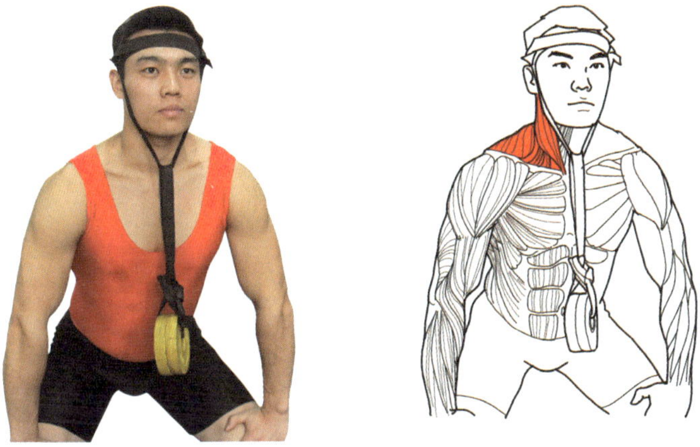

图3-6a 坐姿头套颈部抗阻练习—抬头伸颈阶段

关节名称	关节运动	肌肉名称	工作条件	工作性质
头颈部	伸	胸锁乳突肌、斜方肌上部、肩胛提肌	近固定	向心工作
脊柱	伸	竖脊肌、斜方肌上部、肩胛提肌、菱形肌	下固定及近固定	支持工作

（2）还原阶段

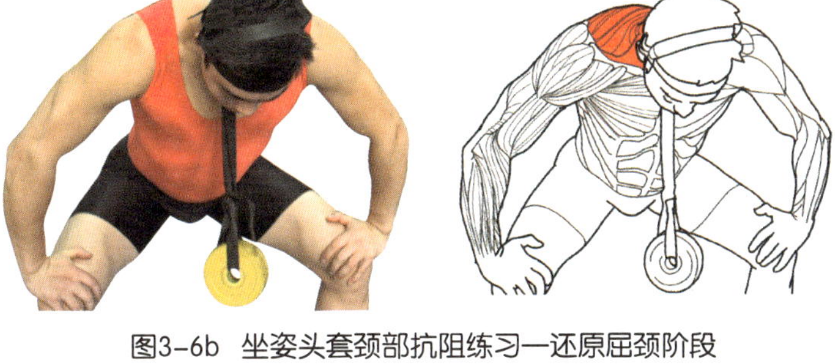

图3-6b 坐姿头套颈部抗阻练习—还原屈颈阶段

关节名称	关节运动	肌肉名称	工作条件	工作性质
头颈部	屈	胸锁乳突肌、斜方肌上部、肩胛提肌	近固定	离心工作
脊柱	屈	竖脊肌、斜方肌上部、肩胛提肌、菱形肌	下固定及近固定	支持工作

三、主要伸展性练习方法

练习一：低头屈颈拉伸练习（Chin To Chest Stretch）

1. 动作要领

（1）开始及还原动作：坐在地板上，双腿前伸，膝关节微屈，踝关节背屈。双手置于头后，手指交叉，拇指向下，肘关节向前。

（2）练习动作：缓慢用力下压，使头颈部被动屈曲，下颌靠近胸部。稳定10~20秒，放松还原。练习过程中，保持躯干直立，不要前后摇摆和晃动。

（3）呼吸方式：保持自然呼吸节律。

（4）重复次数：按要求重复进行练习。

（5）练习类型：静力性拉伸。

2. 解剖学分析

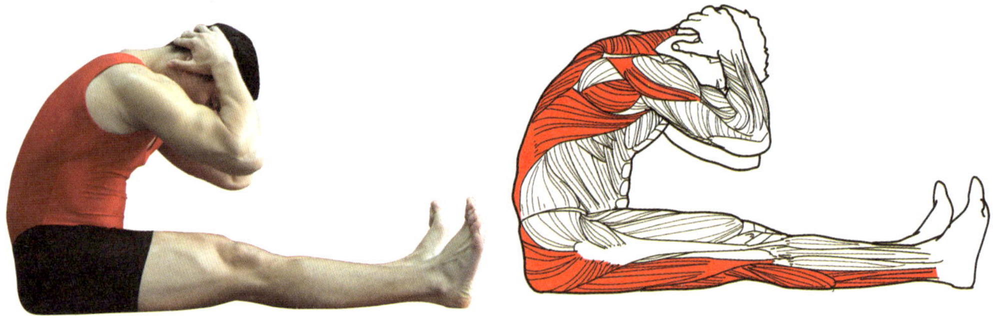

图3-7　低头屈颈拉伸练习

关节名称	关节运动	拉伸肌肉名称	拉伸条件	拉伸类型
头颈部	屈	斜方肌、肩胛提肌	近固定	静力性拉伸
脊柱	屈	竖脊肌、斜方肌、菱形肌、肩胛提肌	下固定及近固定	静力性拉伸
肩胛骨	前伸	斜方肌、菱形肌	近固定	静力性拉伸
肩关节	水平屈	背阔肌、三角肌后束、肱三头肌、冈下肌、小圆肌、大圆肌、肩胛下肌	近固定	静力性拉伸

练习二：颈部侧屈拉伸练习（Side Neck Stretch）

1. 动作要领

（1）开始及还原动作：身体直立，双脚间距宽于肩，肩颈部放松，头向一边侧屈。

（2）练习动作：用手在侧面轻微牵拉头部。感觉异侧头颈肌肉拉伸。稳定10~20秒。交换到对侧进行练习。动作过程中保持躯干稳定性。

（3）呼吸方式：保持自然呼吸节律。

（4）重复次数：按要求重复进行练习。

（5）拉伸类型：静力性拉伸。

2. 解剖学分析

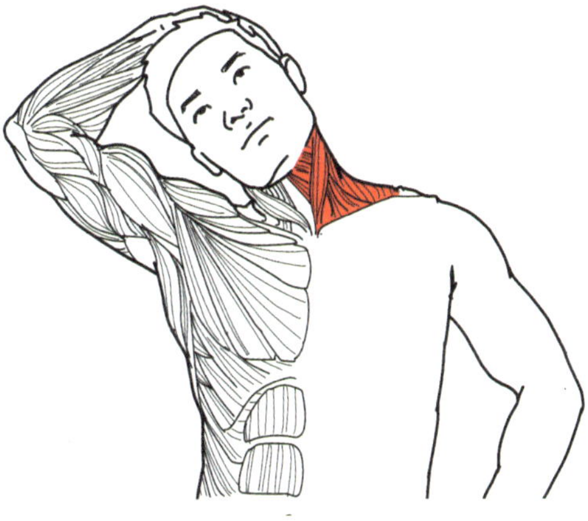

图3-8 颈部侧屈拉伸练习

关节名称	关节运动	拉伸肌肉名称	拉伸条件	拉伸类型
头颈部	侧屈	异侧胸锁乳突肌、斜方肌上部、肩胛提肌	近固定	静力性拉伸
脊柱	侧屈	异侧竖脊肌、斜方肌、菱形肌、肩胛提肌	下固定及近固定	静力性拉伸

第二节 背部肌肉训练

背部肌群主要包括斜方肌、背阔肌、肩胛提肌、菱形肌、竖脊肌及背短肌等。

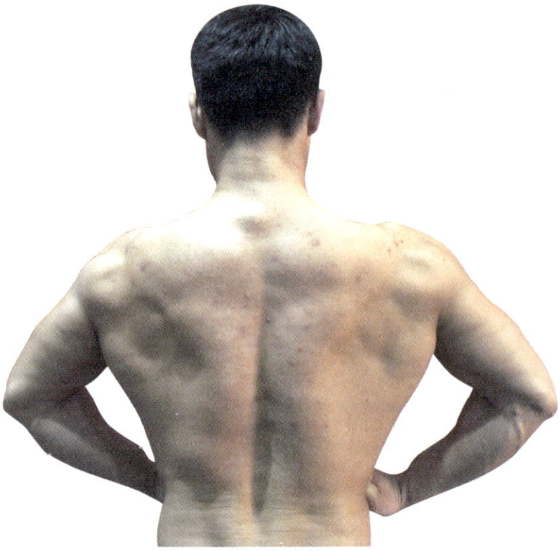

图3-9　背部肌群展示

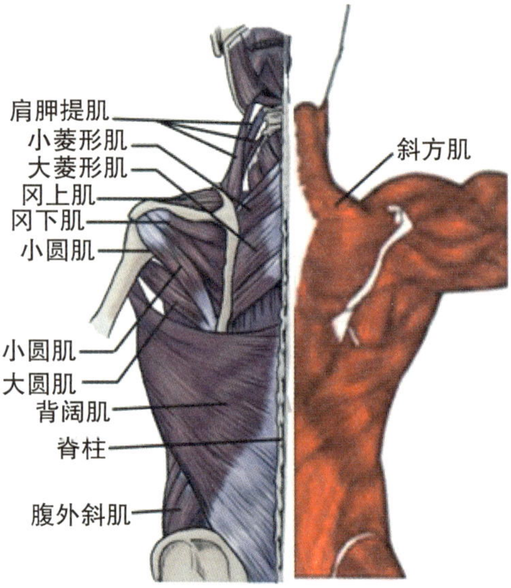

图3-10　背部肌群解剖图

表3-2　背部肌肉

肌肉名称	起点	止点	神经支配	主要功能
背阔肌	下6胸椎和全部腰椎棘突、骶正中嵴、髂嵴后部和下3位肋骨外侧面	肱骨小结节嵴	胸背神经（C6–8）	近固定：使上臂伸、内收和内旋 远固定：拉躯干向上，提肋辅助吸气
菱形肌	下2颈椎和上4胸椎棘突	肩胛骨内侧缘	肩胛背神经（C4–6）	近固定：使肩胛骨上提、后缩和下回旋 远固定：一侧收缩，脊柱向同侧屈；两侧收缩，使脊柱伸
竖脊肌	骶骨背面、髂嵴后部、腰椎棘突和胸腰筋膜	颈、胸椎棘突和横突、颞骨乳突和肋骨肋角	脊神经后支	下固定：一侧收缩，使脊柱向同侧屈；两侧收缩，使头和脊柱伸，下拉肋骨辅助呼气 上固定：两侧收缩，使脊柱伸，骨盆前倾，臀部上翘
背短肌	横突棘肌起于所有椎骨的横突	所有椎骨的棘突及枕骨上项线	脊神经后支	一侧收缩，是脊柱向同侧屈，对侧回旋；两侧收缩使脊柱伸

背部肌群在训练过程中按部位可分为上背部、中背部和下背部肌肉训练。

一、上背部肌肉训练

（一）上背部肌群

上背部的肌群主要作用于脊柱和肩带，主要包括斜方肌上部和肩胛提肌。

（二）主要力量练习方法

练习一：负重耸肩练习（Barbell Shrug）

1. 动作要领

（1）开始与还原动作：站姿，躯干挺直，两脚开立，与肩同宽。双手握铃杆或哑铃于体前，手臂伸直，握距略宽于肩。

（2）练习动作：练习开始时尽可能沉肩（肩胛骨下降），然后向上耸肩到最高处。耸肩时可伴随自前向后的旋肩动作，轨迹呈半圆形。肘关节微屈。然后，沉肩伸肘缓慢还原到开始动作。

（3）呼吸方式：向上耸肩时吸气，向下还原过程呼气。

（4）重复次数：按要求重复进行练习。

（5）练习类型：孤立练习。

（6）练习器材：杠铃或哑铃。

2. 解剖学分析

（1）上提耸肩阶段

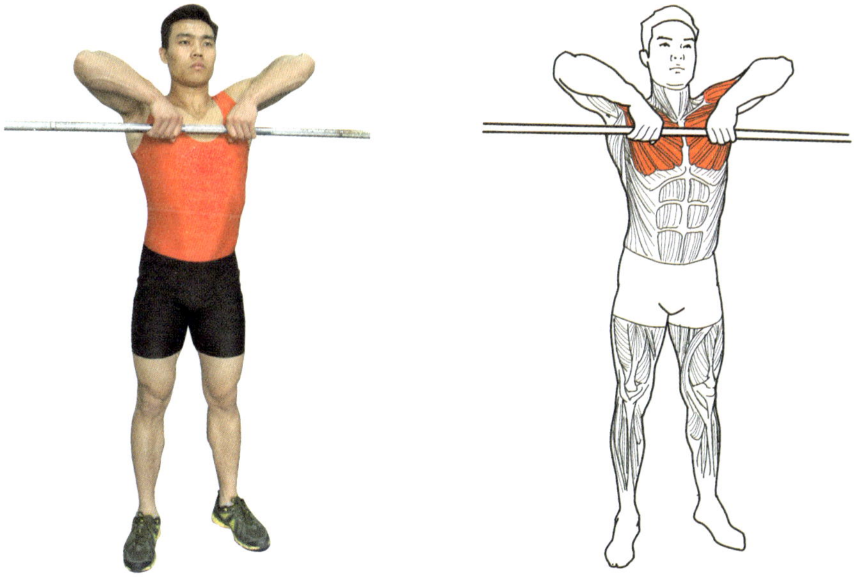

图3-11a 负重耸肩练习—上提耸肩阶段

关节名称	关节运动	原动肌名称	工作条件	工作性质
肩胛骨	上提	斜方肌上部、肩胛提肌	近固定	向心工作
肩关节	屈、外展	胸大肌、肱二头肌、三角肌、冈上肌	近固定	支持工作
肘关节	屈	肱二头肌、肱肌、肱桡肌、旋前圆肌	近固定	支持工作
腕关节	中立位	前臂屈肌群	近固定	支持工作
脊柱	伸	竖脊肌、斜方肌、菱形肌、肩胛提肌	下固定及近固定	支持工作

（2）还原沉肩阶段

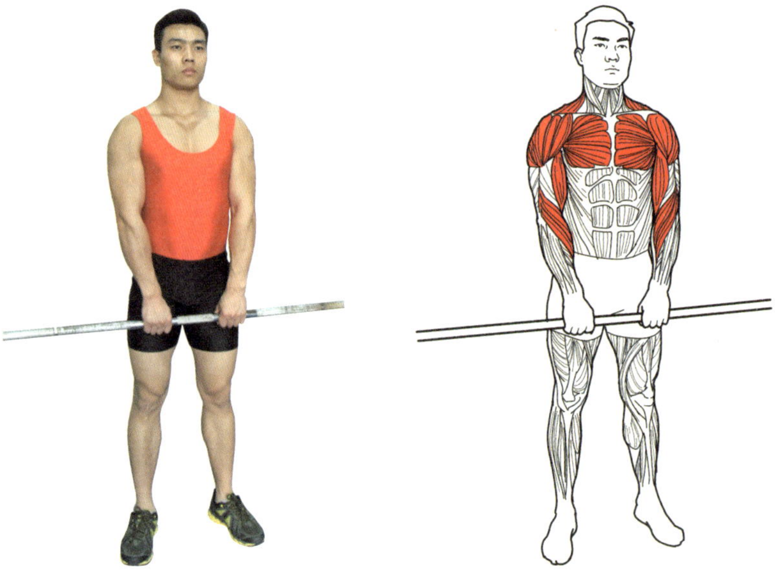

图3-11b　负重耸肩练习—还原沉肩阶段

关节名称	关节运动	原动肌名称	工作条件	工作性质
肩胛骨	下降	斜方肌上部、肩胛提肌	近固定	离心工作
肩关节	伸	胸大肌、肱二头肌、三角肌、冈上肌、	近固定	离心工作
肘关节	伸	肱二头肌、肱肌、肱桡肌、旋前圆肌	近固定	离心工作
腕关节	中立位	前臂屈肌群	近固定	支持工作
脊柱	伸	竖脊肌、斜方肌、菱形肌、肩胛提肌	下固定及近固定	支持工作

练习二：拉索立姿划船练习（Upright Cable Row）

1. 动作要领

（1）开始与还原动作：身体直立，两眼平视前方，双手在体前抓握拉杆，握距窄于肩宽距离。

（2）练习动作：提肩屈肘，上提拉杆至下颌处，运动轨迹尽可能靠近躯干。根据不同的练习目的，注意体会斜方肌的用力上提或三角肌的收缩感觉。稳定片刻，然后缓慢放下还原到开始动作。练习时保持躯干稳定，不要前后摇摆和晃动。

（3）呼吸方式：提肩向上时吸气，放下还原阶段呼气。

（4）重复次数：按要求重复进行练习。

（5）练习类型：复合练习。

（6）练习器材：下拉练习器。

2. 解剖学分析

（1）上提阶段

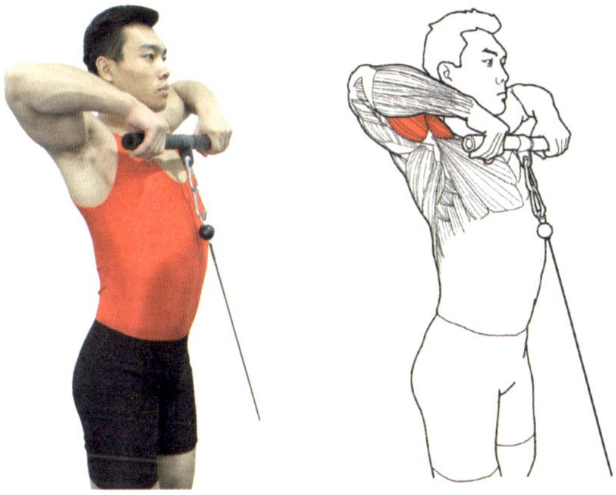

图3-12a　拉索立姿划船练习—提拉耸肩阶段

关节名称	关节运动	原动肌名称	工作条件	工作性质
肩胛骨	上提	斜方肌上部、肩胛提肌	近固定	向心工作
	上回旋	斜方肌上下部、前锯肌	近固定	向心工作
	后缩	斜方肌、菱形肌	近固定	向心工作
肩关节	外展	三角肌、冈上肌	近固定	向心工作
肘关节	屈	肱二头肌、肱肌、肱桡肌、旋前圆肌	近固定	向心工作
腕关节	屈	前臂屈肌群	近固定	向心工作
脊柱	伸	竖脊肌、斜方肌、菱形肌、肩胛提肌	下固定及近固定	支持工作

（2）还原阶段

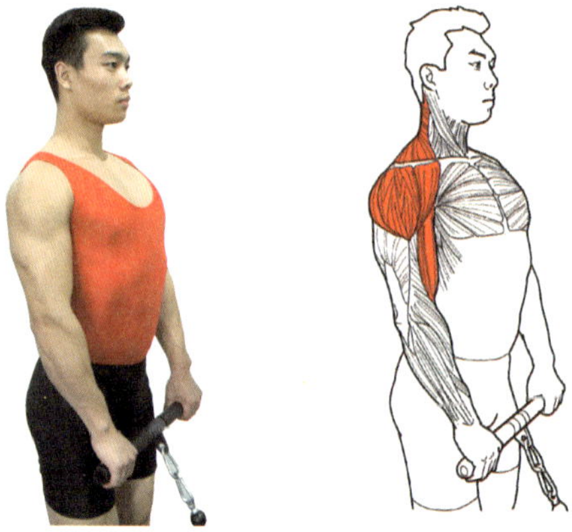

图3-12b　拉索立姿划船练习—还原沉肩阶段

关节名称	关节运动	原动肌名称	工作条件	工作性质
肩胛骨	下降	斜方肌上部、肩胛提肌	近固定	离心工作
	下回旋	斜方肌上下部、前锯肌	近固定	离心工作
	前伸	斜方肌、菱形肌	近固定	离心工作
肩关节	内收	三角肌、冈上肌	近固定	离心工作
肘关节	伸	肱二头肌、肱肌、肱桡肌、旋前圆肌	近固定	离心工作
腕关节	伸	前臂屈肌群	近固定	离心工作
脊柱	伸	竖脊肌、斜方肌、菱形肌、肩胛提肌	下固定及近固定	支持工作

练习三：提踵器耸肩练习（Calve Machine Shrug）

1. 动作要领

（1）开始与还原动作：站在提踵练习器下，调整好高度和位置，肩垫在肩部上方。开始姿势躯干直立，双臂自然悬垂于身体两侧。

（2）练习动作：耸肩向上抬起肩垫至接近双耳高度，持续收缩片刻。缓慢放下还原到开始动作。

（3）呼吸方式：向上耸肩阶段吸气，向下还原沉肩阶段时呼气。

（4）重复次数：按要求重复进行练习。

（5）练习类型：孤立练习。

（6）练习器材：提踵练习器。

2. 解剖学分析

（1）向上耸肩阶段

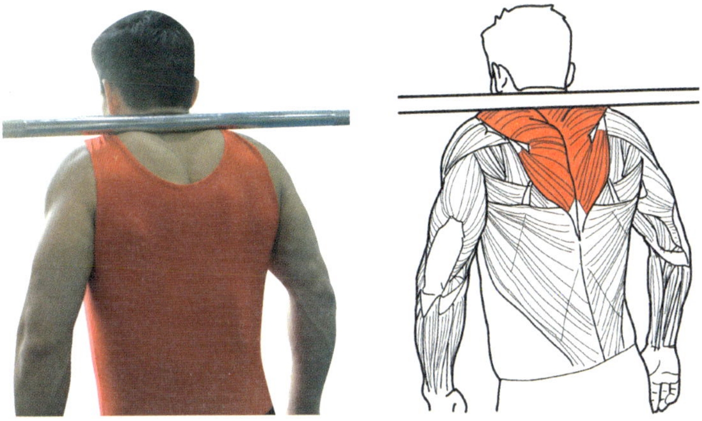

图3-13a　提踵器耸肩练习—向上耸肩阶段

关节名称	关节运动	原动肌名称	工作条件	工作性质
肩胛骨	上提	斜方肌上部、肩胛提肌	近固定	向心工作

（2）还原阶段

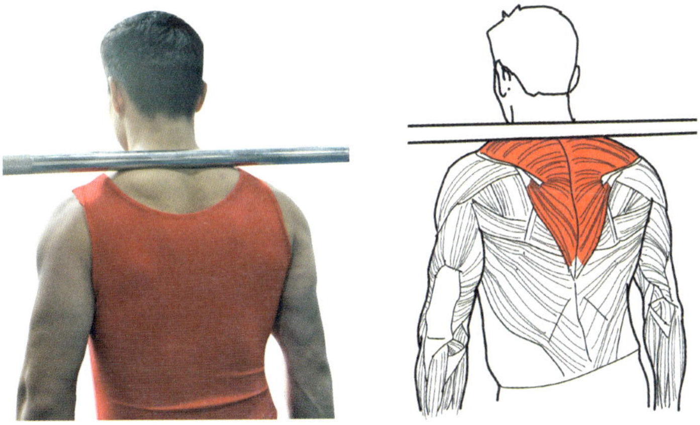

图3-13b　提踵器耸肩练习—还原沉肩阶段

关节名称	关节运动	原动肌名称	工作条件	工作性质
肩胛骨	下降	斜方肌上部、肩胛提肌	近固定	离心工作

二、中背部肌肉训练

（一）中背部肌群

中背部的肌群主要有背阔肌和菱形肌，主要功能是运动肩关节、肩带和脊柱。

（二）主要力量练习方法

练习一：宽握下拉练习（Wide-grip Lat Pulldown）

1. 动作要领

（1）开始与还原动作：坐在练习器坐凳上，调整座位高度，使膝垫适合膝关节的高度，防止练习者被负荷重量拉起。双手抓握拉杆，掌心向前。握距有3种选择，宽握时双手间距宽于肩，中等握距同肩宽，窄握距窄于肩宽。双臂在体前向上伸直。躯干后仰约30°，下背部呈反弓形，挺胸收腹。

（2）练习动作：用力下拉时躯干固定，肩胛骨后缩，上臂在肩关节处伸和内收，肘关节屈，拉杆至上胸部位置。下拉到位时，注意用力收缩并集中体会背部肌肉感觉。前臂和手肌的作用仅为抓握拉杆，没有其他动作。稳定片刻，缓慢向上还原到开始动作。

（3）呼吸方式：下拉时呼气，向上还原时吸气。

（4）重复次数：按要求重复进行练习。

（5）练习类型：复合练习。

（6）练习器材：高拉练习器。

2. 解剖学分析

（1）下拉阶段

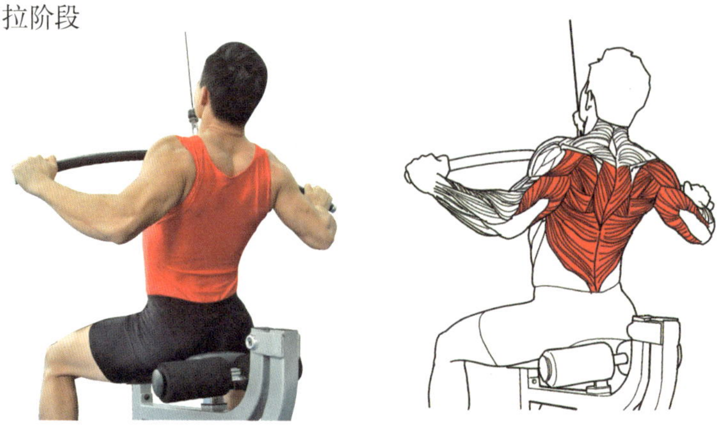

图3-14a　宽握下拉练习—下拉阶段

关节名称	关节运动	原动肌名称	工作条件	工作性质
肩胛骨	下降	斜方肌下部、前锯肌、胸小肌	近固定	向心工作
	下回旋	肩胛提肌、菱形肌、胸小肌	近固定	向心工作
	后缩	斜方肌、菱形肌	近固定	向心工作
肩关节	伸	背阔肌、三角肌后束、肱三头肌长头、冈下肌、小圆肌、大圆肌、肩胛下肌	近固定	向心工作
肘关节	屈	肱二头肌、肱肌、肱桡肌、旋前圆肌	近固定	向心工作
腕关节	中立位	前臂屈肌群	近固定	支持工作
脊柱	伸	竖脊肌、斜方肌、菱形肌、肩胛提肌	下固定及近固定	向心工作

（2）向上还原阶段

图3-14b 宽握下拉练习—向上还原阶段

关节名称	关节运动	原动肌名称	工作条件	工作性质
肩胛骨	上提	斜方肌下部、前锯肌、胸小肌	近固定	离心工作
	上回旋	肩胛提肌、菱形肌、胸小肌	近固定	离心工作
	前伸	斜方肌、菱形肌	近固定	离心工作
肩关节	屈	背阔肌、三角肌后束、肱三头肌、冈下肌、小圆肌、大圆肌、肩胛下肌	近固定	离心工作
肘关节	伸	肱二头肌、肱肌、肱桡肌、旋前圆肌	近固定	离心工作
腕关节	中立位	前臂屈肌群	近固定	支持工作
脊柱	伸	竖脊肌、斜方肌、菱形肌、肩胛提肌	下固定及近固定	离心工作

练习二：引体向上练习（Pullups）

1. 动作要领

（1）开始与还原动作：双手握杠，掌心向前。选择握距有宽、中、窄3种。悬垂时，手臂伸直，躯干后仰约30°，下背部呈反弓形，挺胸收腹。

（2）练习动作：拉躯干向上肢靠拢，躯干固定，肩胛骨后缩，肩关节伸和内收，肘关节屈和腕关节屈。引体到位时，用力收缩并集中体会背部肌肉感觉，稳定片刻。缓慢还原到开始动作，手臂伸直，背阔肌伸展。

（3）呼吸方式：引体向上阶段呼气，下降还原阶段吸气。

（4）重复次数：按要求重复进行练习。

（5）练习类型：复合练习。

（6）练习器材：单杠或引体向上练习器。

2. 解剖学分析

（1）引体向上阶段

图3-15a 引体向上练习—向上引体阶段

关节名称	关节运动	原动肌名称	工作条件	工作性质
肩胛骨	下降	斜方肌下部、前锯肌、胸小肌	近固定	向心工作
	下回旋	菱形肌、肩胛提肌、胸小肌	近固定	向心工作
	后缩	斜方肌、菱形肌	近固定	向心工作
肩关节	伸	背阔肌、三角肌后束、肱三头肌、冈下肌、小圆肌、大圆肌、肩胛下肌	远固定	向心工作
肘关节	屈	肱二头肌、肱肌、肱桡肌、旋前圆肌	远固定	向心工作
腕关节	屈	前臂屈肌群	远固定	向心工作

（2）向下还原阶段

图3-15b　引体向上练习—向下还原阶段

关节名称	关节运动	原动肌名称	工作条件	工作性质
肩胛骨	上提	斜方肌下部、前锯肌、胸小肌	近固定	离心工作
	上回旋	菱形肌、肩胛提肌、胸小肌	近固定	离心工作
	前伸	斜方肌、菱形肌	近固定	离心工作
肩关节	屈	背阔肌、三角肌后束、肱三头肌长头、冈下肌、小圆肌、大圆肌、肩胛下肌	远固定	离心工作
肘关节	伸	肱二头肌、肱肌、肱桡肌、旋前圆肌	远固定	离心工作
腕关节	伸	前臂屈肌群	远固定	离心工作

练习三：杠铃屈臂拉背练习（Bent-Arm Barbell Pullover）

1. 动作要领

（1）开始与还原动作：仰卧在练习长凳上，双手抓握杠铃，握距同肩宽。

（2）练习动作：保持屈肘姿势，肱二头肌和肱三头肌完成静力性支持工作，将杠铃沿弧线轨迹缓慢放下至头后，感觉胸肌和背阔肌被拉伸。稳定片刻，然后，沿原运动轨迹还原到开始动作。

（3）呼吸方式：放下动作时吸气，上拉动作时呼气。

（4）重复次数：按要求重复进行练习。

（5）练习类型：复合练习。

（6）练习器材：练习长凳及小杠铃。

（7）练习变化：练习器材可以选择曲柄杠铃或哑铃。

2. 解剖学分析

（1）屈臂上拉阶段

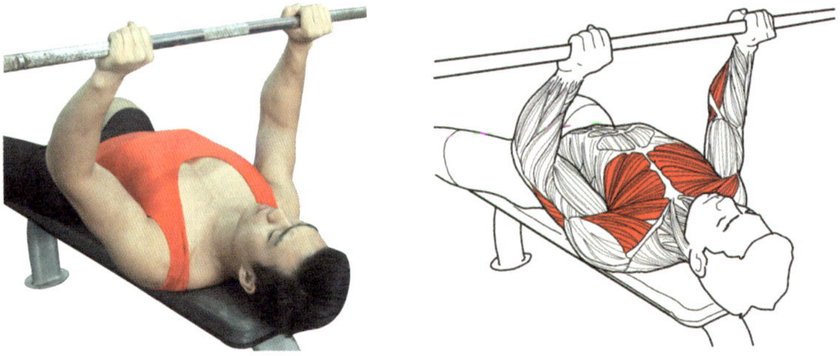

图3-16a 杠铃屈臂拉背练习—屈臂拉起阶段

关节名称	关节运动	原动肌名称	工作条件	工作性质
肩胛骨	下降	斜方肌下部、前锯肌、胸小肌	近固定	向心工作
	下回旋	肩胛提肌、菱形肌、胸小肌	近固定	向心工作
	前伸	前锯肌、胸小肌	近固定	向心工作
肩关节	伸	背阔肌、三角肌后束、肱三头肌、冈下肌、小圆肌、大圆肌、肩胛下肌	近固定	向心工作
肘关节	屈	肱三头肌、肘肌	近固定	支持工作
腕关节	中立位	前臂屈肌群	近固定	支持工作

（2）放下还原阶段

图3-16b 杠铃屈臂拉背练习—放下还原阶段

关节名称	关节运动	原动肌名称	工作条件	工作性质
肩胛骨	上提	斜方肌下部、前锯肌、胸小肌	近固定	离心工作
	上回旋	肩胛提肌、菱形肌、胸小肌	近固定	离心工作
	后缩	前锯肌、胸小肌	近固定	离心工作
肩关节	屈	背阔肌、三角肌后束、肱三头肌、冈下肌、小圆肌、大圆肌、肩胛下肌	近固定	离心工作
肘关节	屈	肱三头肌、肘肌	近固定	支持工作
腕关节	中立位	前臂屈肌群	近固定	支持工作

练习四：拉力器水平划船练习（Elevated Cable Rows）

1. 动作要领

（1）开始与还原动作：坐在拉力器坐垫上，脚蹬踏板，膝关节微屈但不锁定。身体略微前倾，背部挺直，手臂伸直，抓握拉杆，感觉到背阔肌等的伸展。

（2）练习动作：伸肩屈肘，沿水平方向向后拉负荷，躯干与大腿的角度不变，下背部呈反弓形，肩胛骨后缩，挺胸收腹，拉杆拉至腹部。用力收缩背部肌肉，稳定片刻。然后，缓慢还原到开始动作。练习过程中躯干不要前后摇摆和晃动，保持固定姿势。

（3）呼吸方式：用力后拉时呼气，向前还原时吸气。

（4）重复次数：按要求进行重复练习。

（5）练习类型：复合练习。

（6）练习器材：低拉练习器。

2. 解剖学分析

（1）挺胸后拉阶段

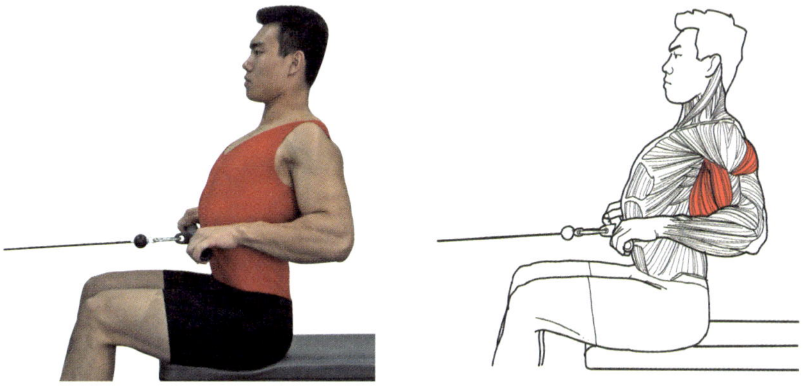

图3-17a　拉力器水平划船练习—挺胸后拉阶段

关节名称	关节运动	原动肌名称	工作条件	工作性质
肩胛骨	后缩	斜方肌、菱形肌	近固定	向心工作
肩关节	伸	背阔肌、三角肌后束、肱三头肌长头、冈下肌、小圆肌、大圆肌、肩胛下肌	近固定	向心工作
肘关节	屈	肱二头肌、肱肌、肱桡肌、旋前圆肌	近固定	向心工作
腕关节	中立位	前臂屈肌群	近固定	支持工作
脊柱	伸	竖脊肌、斜方肌、菱形肌、肩胛提肌	近固定	向心工作

（2）还原阶段

图3-17b 水平划船练习—向前还原阶段

关节名称	关节运动	原动肌名称	工作条件	工作性质
肩胛骨	前伸	斜方肌、菱形肌	近固定	离心工作
肩关节	屈	背阔肌、三角肌后束、肱三头肌、冈下肌、小圆肌、大圆肌、肩胛下肌	近固定	离心工作
肘关节	伸	肱二头肌、肱肌、肱桡肌、旋前圆肌	近固定	离心工作
腕关节	中立位	前臂屈肌群	近固定	支持工作
脊柱	伸	竖脊肌、斜方肌、菱形肌、肩胛提肌	近固定	支持工作

练习五：直臂下拉练习（Cable Straight-Arm Pulldown）

1. 动作要领

（1）开始与还原动作：使用高拉练习器，双手抓握拉杆，掌心向下，握距宽于肩，后退两步。躯干前屈约30°，背部挺直，上臂前屈，肘关节微屈，感觉到背阔肌伸展。

（2）练习动作：两侧背阔肌同时发力，上臂在肩关节处伸，直臂下拉拉杆至大腿前面，肩胛骨下降和后缩。保持躯干固定和手臂伸直，缓慢还原到开始动作。

（3）呼吸方式：下拉时呼气，向上还原时吸气。

（4）重复次数：按要求进行重复练习。

（5）练习类型：复合练习。

（6）练习器材：高拉练习器。

2. 解剖学分析

（1）下拉用力阶段

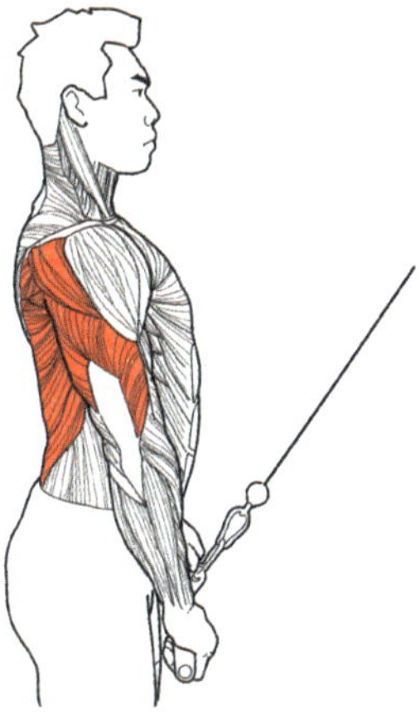

图3-18a 直臂下拉练习—下拉用力阶段

关节名称	关节运动	原动肌名称	工作条件	工作性质
肩胛骨	下降	斜方肌下部、胸小肌、前锯肌	近固定	向心工作
	后缩	斜方肌、菱形肌	近固定	向心工作
	下回旋	肩胛提肌、菱形肌、胸小肌	近固定	向心工作
肩关节	伸	背阔肌、三角肌后束、肱三头肌、冈下肌、小圆肌、大圆肌、肩胛下肌	近固定	向心工作
肘关节	伸	肱三头肌、肘肌	近固定	支持工作
腕关节	中立位	前臂屈肌群	近固定	支持工作
脊柱	中立位	竖脊肌、斜方肌、菱形肌、肩胛提肌	近固定	支持工作

（2）向上还原阶段

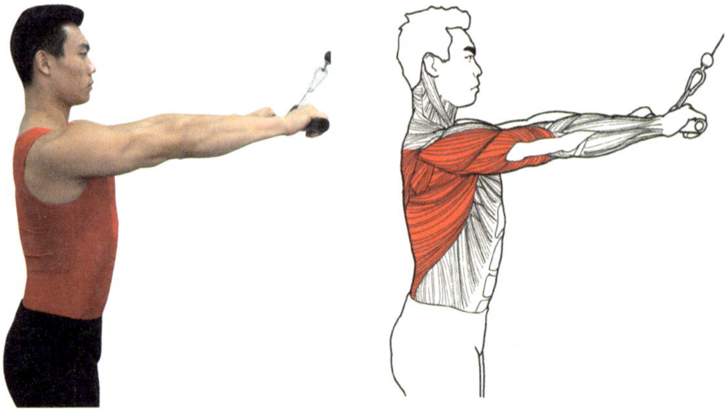

图3-18b 直臂下拉练习—向上还原阶段

关节名称	关节运动	原动肌名称	工作条件	工作性质
肩胛骨	上提	斜方肌下部、胸小肌、前锯肌	近固定	离心工作
	前伸	斜方肌、菱形肌	近固定	离心工作
	上回旋	肩胛提肌、菱形肌、胸小肌	近固定	离心工作
肩关节	屈	背阔肌、三角肌后束、肱三头肌、冈下肌、小圆肌、大圆肌、肩胛下肌	近固定	离心工作
肘关节	伸	肱三头肌、肘肌	近固定	支持工作
腕关节	中立位	前臂屈肌群	近固定	支持工作
脊柱	中立位	竖脊肌、斜方肌、菱形肌、肩胛提肌	近固定	支持工作

（三）主要伸展性练习方法

练习一：背肌动力性拉伸练习（Dynamic Back Stretch）

1. 动作要领

（1）开始与还原动作：站姿，双脚间距与肩同宽。双臂自然悬垂于体侧。

（2）练习动作：直臂于体前向上摆臂，拉伸肩关节的伸肌群和肩胛骨下降、下回旋和后缩的肌群。然后，随惯性自然后摆，伸展肩关节的屈肌和肩胛骨上提、上回旋和前伸的肌群。动作幅度逐渐加大，直至前摆到头部上方。

（3）呼吸方式：双臂上摆时吸气，下摆时呼气。

（4）重复次数：按要求重复进行练习。

（5）练习类型：动力性拉伸。

2. 解剖学分析

（1）前摆阶段

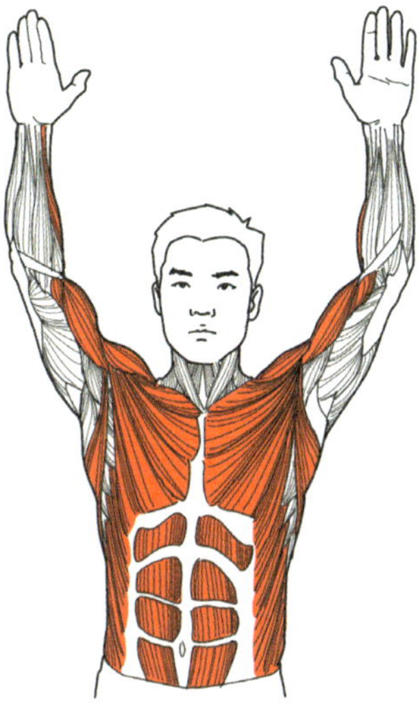

图3–19a 背肌动力性拉伸练习—前摆阶段

关节名称	关节运动	拉伸肌肉名称	拉伸条件	拉伸类型
肩胛骨	上提	斜方肌下部、前锯肌、胸小肌	近固定	动力性拉伸
	上回旋	肩胛提肌、菱形肌、胸小肌	近固定	动力性拉伸
	前伸	斜方肌、菱形肌	近固定	动力性拉伸
肩关节	屈	背阔肌、三角肌后束、肱三头肌、冈下肌、小圆肌、大圆肌、肩胛下肌	近固定	动力性拉伸
肘关节	伸	肱二头肌、肱肌、肱桡肌	近固定	静力性拉伸
脊柱	伸	腹直肌、腹外斜肌、腹内斜肌	下固定	静力性拉伸

（2）后摆阶段

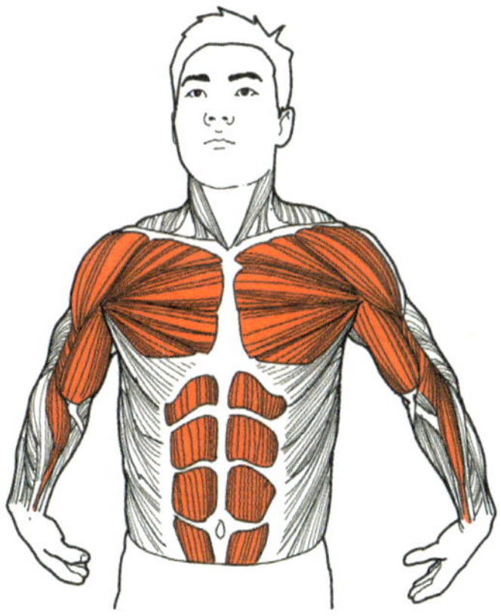

图3–19b 背肌动力性拉伸练习—后摆阶段

关节名称	关节运动	拉伸肌肉名称	拉伸条件	拉伸类型
肩胛骨	下降	斜方肌上部、肩胛提肌、菱形肌	近固定	动力性拉伸
	下回旋	斜方肌上下部、前锯肌	近固定	动力性拉伸
	后缩	胸小肌、前锯肌	近固定	动力性拉伸
肩关节	伸	胸大肌、三角肌前束、肱二头肌、喙肱肌	近固定	动力性拉伸
肘关节	伸	肱二头肌、肱肌、肱桡肌	近固定	静力性拉伸
脊柱	伸	腹直肌、腹外斜肌、腹内斜肌	下固定	静力性拉伸

练习二：海绵棒背阔肌拉伸练习（Latissimus Dorsi-SMR）

1. 动作要领

（1）开始与还原动作：侧卧地面，背部一侧近腋窝处垫一海绵棒。躯干屈曲位，膝关节屈曲，双脚支撑在地面上。

（2）练习动作：保持上臂屈和内收，躯干离开地面，向支撑侧转体，重心移至一侧背阔肌处，弓背尽可能拉伸背阔肌。稳定10～20秒。放松还原到开始动作。交换至对侧进行练习。

（3）呼吸方式：保持正常呼吸节律。

（4）重复次数：按要求重复进行练习。

（5）练习类型：静力性拉伸。

（6）练习器材：海绵柱。

2. 解剖学分析

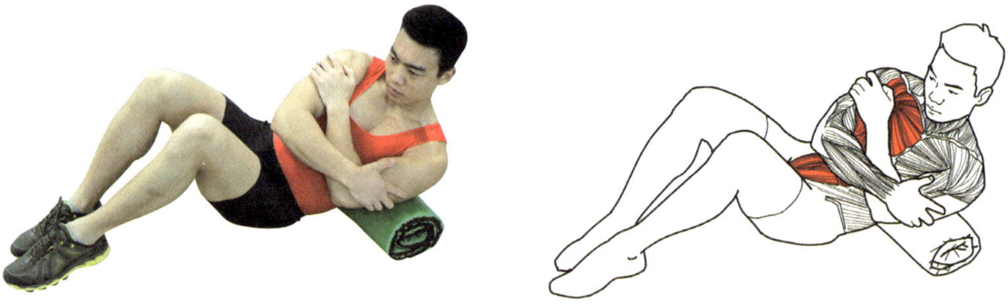

图3-20　海绵棒背阔肌拉伸练习

关节名称	关节运动	拉伸肌肉名称	拉伸条件	拉伸类型
脊柱	屈、回旋	异侧竖脊肌、腰方肌	下固定	静力性拉伸
肩胛骨	前伸	异侧斜方肌、菱形肌	近固定	静力性拉伸
肩关节	屈	异侧背阔肌、三角肌后束、肱三头肌、冈下肌、小圆肌、大圆肌、肩胛下肌	近固定	静力性拉伸
肘关节	屈	肱三头肌、肘肌	近固定	静力性拉伸

练习三：单臂侧拉伸展练习（One Arm Against Wall）

1. 动作要领

（1）开始动作：站姿，一侧手臂上举，屈肘使前臂支撑侧拉。

（2）练习动作：缓慢侧身用力压臂，被动拉伸背阔肌等肩关节伸肌群。同时拉伸肩胛骨下降和下回旋的肌群。持续10～20秒。然后，交换到异侧进行。

（3）呼吸方式：保持正常呼吸节律。

（4）重复次数：按要求进行重复练习。

（5）练习类型：静力性拉伸。

2. 解剖学分析

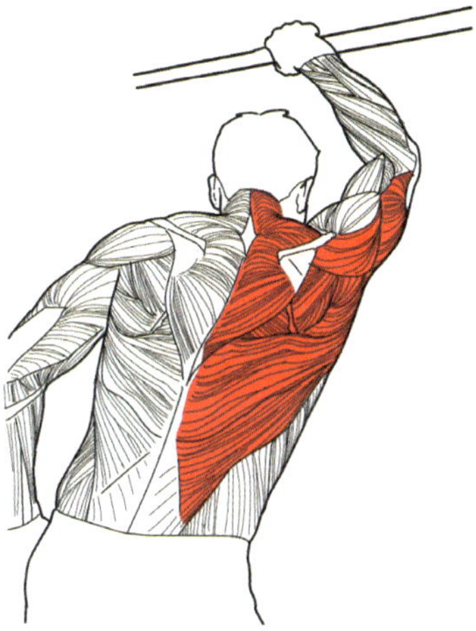

图3-21 单臂侧拉伸展练习

关节名称	关节运动	拉伸肌肉名称	拉伸条件	拉伸类型
脊柱	侧屈	同侧竖脊肌、腹直肌、腹外斜肌、腹内斜肌	上固定	静力性拉伸
肩胛骨	上提	同侧斜方肌下部、胸小肌、前锯肌	近固定	静力性拉伸
	上回旋	同侧肩胛提肌、菱形肌、胸小肌	近固定	静力性拉伸
肩关节	屈	背阔肌、三角肌后束、肱三头肌、冈下肌、小圆肌、大圆肌、肩胛下肌	远固定	静力性拉伸
	外展	背阔肌、三角肌、肱三头肌、冈下肌、小圆肌、大圆肌、肩胛下肌、胸大肌、肱二头肌、喙肱肌	远固定	静力性拉伸
肘关节	屈	肱三头肌、肘肌	远固定	静力性拉伸
腕关节	屈	前臂伸肌群	远固定	静力性拉伸

练习四：头后拉伸练习（Overhead Lat）

1. 动作要领

（1）开始动作：坐在地板上，躯干挺直，同伴位于身后。一侧手臂垂直上举，然后屈肘，手触及背部。

（2）练习动作：同伴握住上臂和手腕，用力保持上臂垂直位。拉伸肩关节伸肌和内收肌，同时拉伸肩胛骨下降和下回旋的肌群。保持10～20秒，手臂放下放松。交换到异侧进行。

（3）呼吸方式：保持正常呼吸节律。

（4）重复次数：按要求进行重复练习。

（5）练习类型：静力性拉伸。

（6）练习器材：练习垫。

2. 解剖学分析

图3-22 头后拉伸练习

关节名称	关节运动	拉伸肌肉名称	拉伸条件	拉伸类型
脊柱	侧屈	同侧竖脊肌、腹直肌、腹外斜肌、腹内斜肌	下固定	静力性拉伸
肩胛骨	上提	斜方肌下部、胸小肌、前锯肌	近固定	静力性拉伸
	上回旋	肩胛提肌、菱形肌、胸小肌	近固定	静力性拉伸
肩关节	外展	背阔肌、肱三头肌、冈下肌、小圆肌、大圆肌、肩胛下肌、胸大肌、肱二头肌、喙肱肌	近固定	静力性拉伸
肘关节	屈	肱三头肌、肘肌	近固定	静力性拉伸

练习五：单臂悬垂拉伸练习（One Handed Hang）

1. 动作要领

（1）开始动作：单手抓握单杠，掌心向前。保持脚在地面或踏板上。

（2）练习动作：身体的重量尽可能集中在悬垂臂上，主要拉伸同侧肩关节伸肌和内收肌群，同时拉伸肩胛骨下降和下回旋的肌群，以及肘关节屈肌群。保持10~20秒，放下手臂。交换到异侧进行。

（3）呼吸方式：保持正常呼吸节律。

（4）重复次数：按要求进行重复练习。

（5）练习类型：被动拉伸。

（6）练习器材：单杠。

2. 解剖学分析

图3-23 单臂悬垂拉伸练习

关节名称	关节运动	拉伸肌肉名称	拉伸条件	拉伸类型
脊柱	侧屈	同侧竖脊肌、腹直肌、腹外斜肌、腹内斜肌	上固定	静力性拉伸
肩胛骨	上提	斜方肌下部、胸小肌、前锯肌	近固定	静力性拉伸
	上回旋	肩胛提肌、菱形肌、胸小肌	近固定	静力性拉伸
肩关节	屈	背阔肌、三角肌后束、肱三头肌、冈下肌、小圆肌、大圆肌、肩胛下肌	远固定	静力性拉伸
	外展	背阔肌、三角肌、肱三头肌、冈下肌、小圆肌、大圆肌、肩胛下肌、胸大肌、肱二头肌、喙肱肌	远固定	静力性拉伸
肘关节	伸	肱二头肌、肱肌、肱桡肌、旋前圆肌	远固定	静力性拉伸
腕关节	屈	前臂屈肌群	远固定	支持工作

三、下背部肌肉训练

（一）下背部肌群

下背部的肌群主要有竖脊肌和背短肌，功能主要是使脊柱伸。

（二）主要力量练习方法

练习一：杠铃硬拉练习（Barbell Deadlift）

1. 动作要领

（1）开始与还原动作：站在杠铃后面，双手中等握距抓握杠铃，背部挺直，屈膝向前。抓握困难时可借助腕力带固定。

（2）练习动作：提拉杠铃时，双脚蹬地立起，髋关节伸，膝关节伸，踝关节屈。抬起躯干，挺胸收腹，肩胛骨后缩，肩关节伸。保持肘关节伸直。完成动作时肌肉用力收缩并停顿片刻。然后，向下缓慢还原到开始动作。

（3）呼吸方式：上提杠铃阶段呼气，向下还原阶段吸气。

（4）重复次数：按要求重复练习。

（5）练习类型：复合练习。

（6）练习器材：杠铃。

2. 解剖学分析

（1）向上提拉阶段

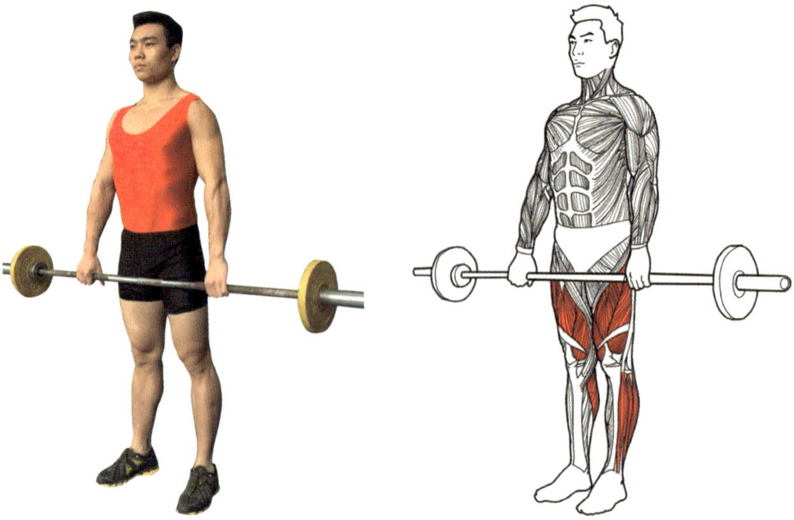

图3-24a 杠铃硬拉练习—向上提拉阶段

关节名称	关节运动	原动肌名称	工作条件	工作性质
脊柱	伸	竖脊肌、背短肌	下固定	向心工作
髋关节	伸	臀大肌、股后肌群	远固定	向心工作
膝关节	伸	股四头肌	远固定	向心工作
踝关节	屈	小腿三头肌、胫骨后肌、趾长屈肌、 踇长屈肌、腓骨长肌、腓骨短肌	远固定	向心工作
肩胛骨	后缩	斜方肌、菱形肌	近固定	向心工作
肩关节	伸	背阔肌、三角肌后束、肱三头肌、 冈下肌、小圆肌、大圆肌、肩胛下肌	近固定	向心工作
肘关节	伸	肱二头肌、肱肌、肱桡肌、旋前圆肌	近固定	支持工作
腕关节	屈	前臂屈肌群	近固定	支持工作

（2）还原阶段

图3-24b 杠铃硬拉练习—向下还原阶段

关节名称	关节运动	原动肌名称	工作条件	工作性质
脊柱	屈	竖脊肌、背短肌	下固定	离心工作
髋关节	屈	臀大肌、股后肌群	远固定	离心工作
膝关节	屈	股四头肌	远固定	离心工作
踝关节	伸	小腿三头肌、胫骨后肌、趾长屈肌、 踇长屈肌、腓骨长肌、腓骨短肌	远固定	离心工作
肩胛骨	前伸	斜方肌、菱形肌	近固定	离心工作
肩关节	屈	背阔肌、三角肌后束、肱三头肌、 冈下肌、小圆肌、大圆肌、肩胛下肌	近固定	离心工作
肘关节	伸	肱二头肌、肱肌、肱桡肌、旋前圆肌	近固定	支持工作
腕关节	屈	前臂屈肌群	近固定	支持工作

练习二：背伸练习（Hyperextensions Back Extensions）

1. 动作要领

（1）开始与还原动作：俯身在罗马凳上，脚踝部固定在压垫下方。调整支撑垫的位置，使腰骶连结、髋关节和骨盆处的活动自如。

（2）练习动作：以腰骶关节为轴，脊柱和躯干挺直，两臂在胸前交叉或置于头后。缓慢屈体向前，保持背部挺直，直到感觉股后肌群完全拉伸，身体达到平衡点。然后，伸脊柱抬起躯干，骨盆后倾，还原到开始动作。

（3）呼吸方式：向下屈体动作时呼气，向上还原动作时吸气。

（4）重复次数：按要求重复练习。

（5）练习类型：复合练习。

（6）练习器材：罗马凳。

2. 解剖学分析

（1）向下屈体阶段

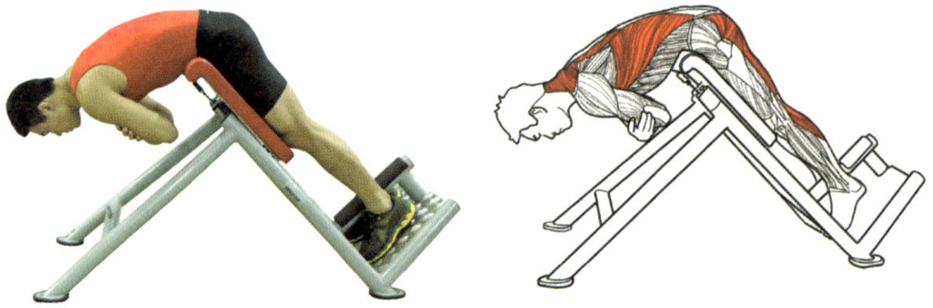

图3-25a　背伸练习—向下屈体阶段

关节名称	关节运动	原动肌名称	工作条件	工作性质
脊柱腰段	屈	竖脊肌	下固定	离心工作
髋关节	屈	臀大肌、股后肌群	远固定	离心工作

（2）向上还原阶段

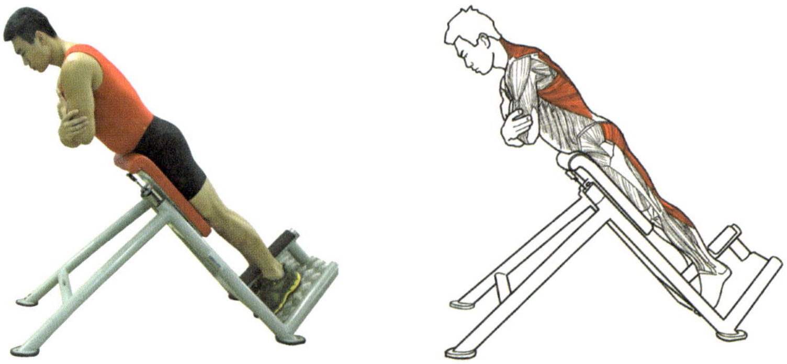

图3-25b　背伸练习—向上挺身还原阶段

关节名称	关节运动	原动肌名称	工作条件	工作性质
脊柱腰段	伸	竖脊肌	下固定	向心工作
髋关节	伸	臀大肌、股后肌群	远固定	向心工作

练习三：杠铃挺身起练习（Stiff Leg Barbell Good Morning）

1. 动作要领

（1）开始与还原动作：出于安全考虑，进行本练习最好使用深蹲架。首先，根据身高和力量水平调整杠铃支撑高度和适宜的重量，用后肩部和上背部（颈部之下）扛起杠铃，双手在两侧抓握铃杆，保持平衡，抬头并挺直躯干，向前跨出。

（2）练习动作：下肢固定，以髋关节为轴，躯干前屈缓慢向下，至与地面平行。然后，完成躯干后伸的挺身动作，还原到开始动作。

（3）呼吸方式：向下屈体阶段吸气，向上直立挺身时呼气。

（4）重复次数：按要求重复练习。

（5）练习类型：复合练习。

（6）练习器材：杠铃与深蹲架。

2. 解剖学分析

（1）向下屈体阶段

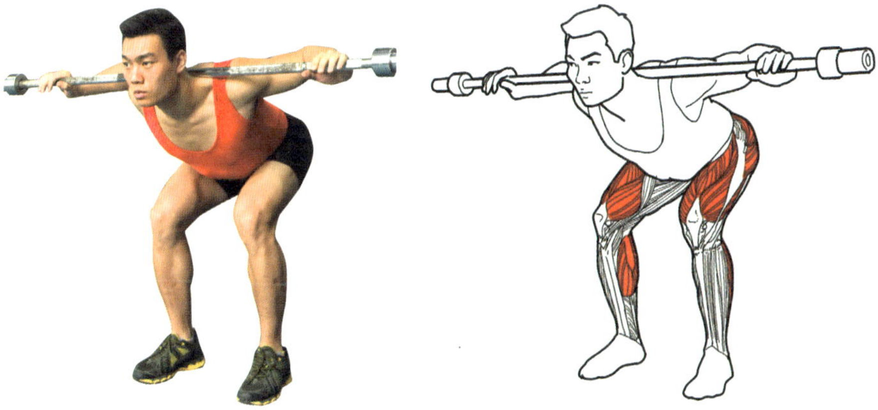

图3-26a 杠铃挺身练习—向下屈体阶段

关节名称	关节运动	原动肌名称	工作条件	工作性质
脊柱腰段	屈	竖脊肌	下固定	离心工作
髋关节	屈	臀大肌、股后肌群	远固定	离心工作
膝关节	屈	股四头肌	远固定	离心工作
踝关节	伸	小腿三头肌、胫骨后肌、趾长屈肌、踇长屈肌、腓骨长肌、腓骨短肌	远固定	离心工作

（2）向上还原阶段

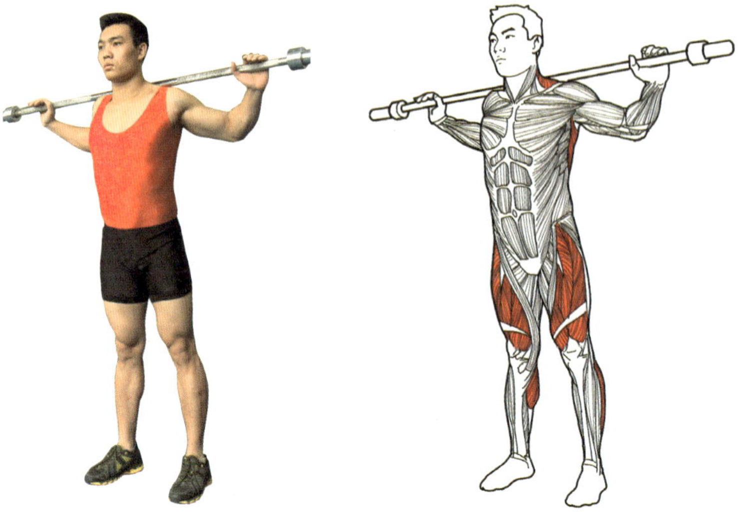

图3-26b　杠铃挺身练习—向上还原阶段

关节名称	关节运动	原动肌名称	工作条件	工作性质
脊柱腰段	伸	竖脊肌	下固定	向心工作
髋关节	伸	臀大肌、股后肌群	远固定	向心工作
膝关节	伸	股四头肌	远固定	向心工作
踝关节	屈	小腿三头肌、胫骨后肌、趾长屈肌、踇长屈肌、腓骨长肌、腓骨短肌	远固定	向心工作

（三）主要伸展性练习方法

练习一：跪姿屈体拉伸练习（Child Pose）

1. 动作要领

（1）开始与还原动作：跪姿，双手和双膝触地。

（2）练习动作：臀部后移坐在脚跟上，双手沿地面前伸，躯干向下，脊柱屈。然后，双手回收到膝关节侧面，头部点地，身体向上呈拱形，完成整个动作。

（3）呼吸方式：向下屈体阶段吸气，向上还原阶段呼气。

（4）重复次数：按要求重复进行练习。

（5）练习类型：静力性拉伸。

（6）练习器材：练习垫。

2. 解剖学分析

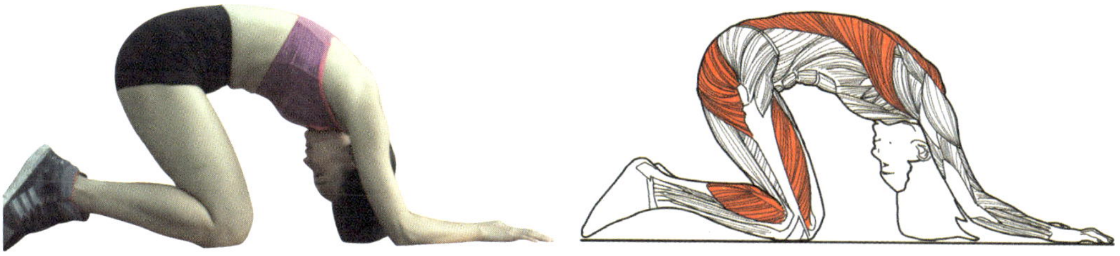

图3-27 跪姿屈体拉伸练习—屈体团身阶段

关节名称	关节运动	拉伸肌肉名称	拉伸条件	拉伸类型
脊柱	屈	竖脊肌、斜方肌、菱形肌、肩胛提肌	下固定	静力性拉伸
髋关节	屈	臀大肌、股后肌群	远固定	静力性拉伸
膝关节	屈	股四头肌	远固定	静力性拉伸
踝关节	屈	胫骨前肌、趾长伸肌、踇长伸肌	远固定	静力性拉伸

练习二：反向交叉步拉伸练习（Crossover Reverse Lunge）

1. 动作要领

（1）开始动作：站姿，双脚间距同肩宽。

（2）练习动作：右脚后撤一大步，左腿在前，屈髋、屈膝；头颈躯干同时向左转体，右臂伸直至左膝外侧。停顿片刻，还原到开始动作，交替进行异侧练习。

（3）呼吸方式：转体时呼气，还原阶段吸气。

（4）重复次数：按要求重复进行练习。

（5）练习类型：动力性拉伸。

2. 解剖学分析

图3-28 反向交叉步拉伸练习—转体阶段

关节名称	关节运动	拉伸肌肉名称	拉伸条件	拉伸类型
脊柱	回旋	异侧竖脊肌、腰方肌、同侧腹外斜肌	下固定	动力性拉伸
肩胛骨	前伸	异侧斜方肌、菱形肌	近固定	动力性拉伸
肩关节	屈	异侧背阔肌、三角肌后束、肱三头肌、冈下肌、小圆肌、大圆肌、肩胛下肌	近固定	动力性拉伸
髋关节（前腿）	屈	臀大肌、股后肌群	远固定	动力性拉伸
膝关节	屈	股四头肌	远固定	动力性拉伸
踝关节	伸	小腿三头肌、胫骨后肌、趾长屈肌、踇长屈肌、腓骨长肌、腓骨后肌	远固定	动力性拉伸
髋关节（后腿）	伸	髂腰肌、缝匠肌、股直肌、阔筋膜张肌、耻骨肌	远固定	动力性拉伸
膝关节	屈	股四头肌	远固定	动力性拉伸
踝关节	伸	小腿三头肌、胫骨后肌、趾长屈肌、踇长屈肌、腓骨长肌、腓骨后肌	远固定	动力性拉伸

练习三：坐姿转体拉伸练习（Dancer’s Stretch）

1. 动作要领

（1）开始动作：坐姿，右腿伸直，保持在地面上，左腿屈膝，在上方交叉到右腿的外侧，躯干与地面垂直，面向脚的方向。

（2）练习动作：左臂置于右膝关节的外侧，右手于右后方支撑在地面上；头颈躯干向右侧转体，同时左臂左拉右膝，身体以腰为轴扭转。保持10～20秒，交换到对侧练习。

（3）呼吸方式：保持正常节律。

（4）重复次数：按要求重复进行练习。

（5）练习类型：静力性拉伸。

（6）练习器材：练习垫。

2. 解剖学分析

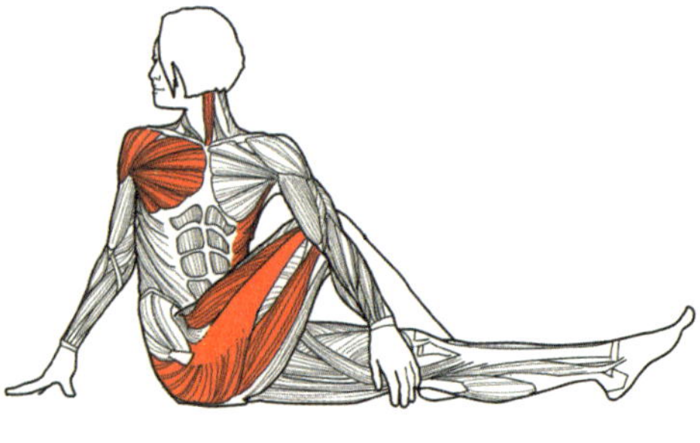

图3-29 坐姿转体拉伸练习

关节名称	关节运动	拉伸肌肉名称	拉伸条件	拉伸类型
脊柱	回旋	异侧竖脊肌、腰方肌、同侧腹外斜肌	下固定	静力性拉伸
肩胛骨	前伸	同侧斜方肌、菱形肌	近固定	静力性拉伸
肩关节（左）	屈	同侧背阔肌、三角肌后束、肱三头肌、冈下肌、小圆肌、大圆肌、肩胛下肌	近固定	静力性拉伸
（右）	伸	胸大肌、三角肌前束、肱二头肌		
髋关节（上腿）	屈	臀大肌、股后肌群	近固定	静力性拉伸
膝关节	屈	股四头肌	近固定	静力性拉伸
踝关节	屈	胫骨前肌、趾长伸肌、踇长伸肌	远固定	静力性拉伸
髋关节（下腿）	屈	臀大肌、股后肌群	近固定	静力性拉伸
膝关节	伸	股二头肌、半腱肌、半膜肌	近固定	静力性拉伸
踝关节	屈	胫骨前肌、趾长伸肌、踇长伸肌、	近固定	静力性拉伸

练习四：团身抱膝拉伸练习（Hug Knees to Chest）

1. 动作要领

（1）开始动作：仰卧姿势，头颈前屈，离开地面，膝关节屈曲位，全脚掌着地。

（2）练习动作：团身抱膝，手的位置在膝关节以下，缓慢将膝关节向胸前拉近。伸展下背部和臀部肌群。稳定10～20秒，还原到开始动作。

（3）呼吸方式：保持正常呼吸节律。

（4）重复次数：按要求重复练习。

（5）练习类型：静力性拉伸。

（6）练习器材：练习垫。

2. 解剖学分析

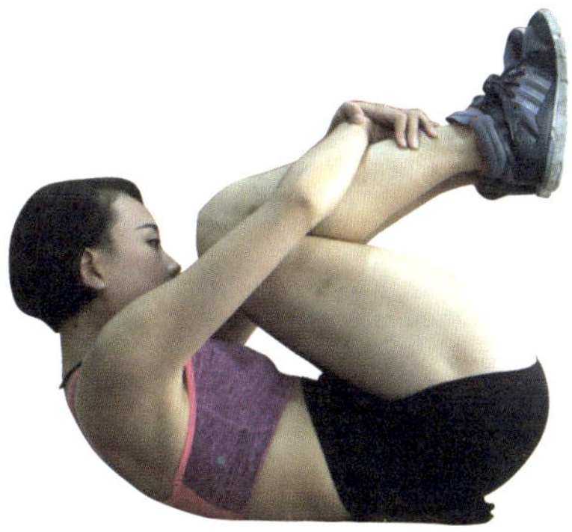

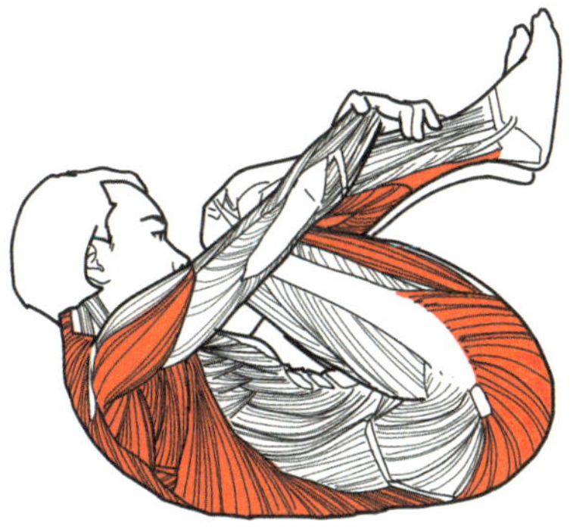

图3-30 团身抱膝拉伸练习

关节名称	关节运动	拉伸肌肉名称	拉伸条件	拉伸类型
脊柱	屈	竖脊肌、斜方肌、菱形肌、肩胛提肌	无固定	静力性拉伸
肩胛骨	前伸	斜方肌、菱形肌	近固定	静力性拉伸
肩关节	屈	背阔肌、三角肌后束、肱三头肌、冈下肌、小圆肌、大圆肌、肩胛下肌	近固定	静力性拉伸
髋关节	屈	臀大肌、股后肌群	近固定	静力性拉伸
膝关节	屈	股四头肌	近固定	静力性拉伸
踝关节	伸	小腿三头肌、胫骨后肌、趾长屈肌、踇长屈肌、腓骨长肌、腓骨短肌	近固定	静力性拉伸

练习五：瑞士球俯卧拉伸练习（Pyramid）

1. 动作要领

（1）开始动作：俯卧姿势，躯干支撑在瑞士球上。

（2）练习动作：臀部处于身体的最高位置。双手和脚都不离开地面，躬身拉伸下背部和臀部伸肌群。根据球的大小、关节的灵活性及四肢的长度，上下肢可以微屈或伸直。这个练习同时可以发展躯干核心肌肉的控制力量。保持10秒左右，然后放松还原。

（3）呼吸方式：保持平常呼吸节律。

（4）重复次数：按要求重复进行练习。

（5）练习类型：静力性拉伸。

（6）练习器材：瑞士球、练习垫。

2. 解剖学分析

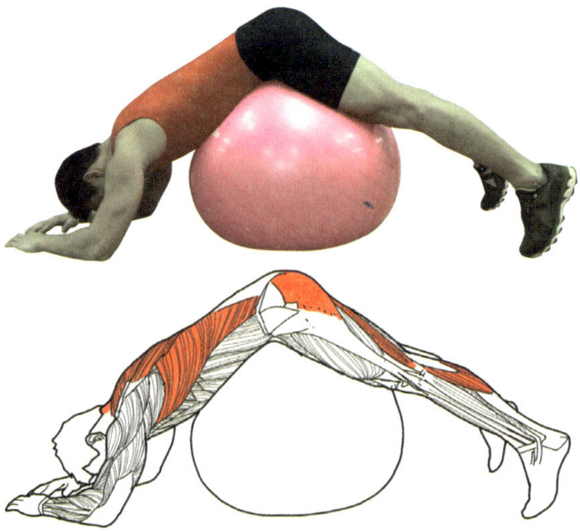

图3-31 瑞士球俯卧拉伸练习

关节名称	关节运动	拉伸肌肉名称	拉伸条件	拉伸类型
脊柱	屈	竖脊肌、斜方肌、菱形肌、肩胛提肌	下固定	静力性拉伸
肩胛骨	上提	斜方肌下部、前锯肌、胸小肌	近固定	静力性拉伸
	上回旋	肩胛提肌、菱形肌、胸小肌	近固定	静力性拉伸
肩关节	屈	背阔肌、三角肌后束、肱三头肌、冈下肌、小圆肌、大圆肌、肩胛下肌	远固定	静力性拉伸
髋关节	屈	臀大肌、股后肌群	远固定	静力性拉伸
膝关节	伸	股二头肌、半腱肌、半膜肌	远固定	静力性拉伸
踝关节	伸	小腿三头肌、胫骨后肌、趾长屈肌、踇长屈肌、腓骨长肌、腓骨后肌	远固定	静力性拉伸

第三节 胸部肌肉训练

一、胸部肌群

胸部的肌群包括胸大肌、胸小肌和前锯肌等，主要功能是运动肩带和肩关节。

图3-32 胸部肌肉展示

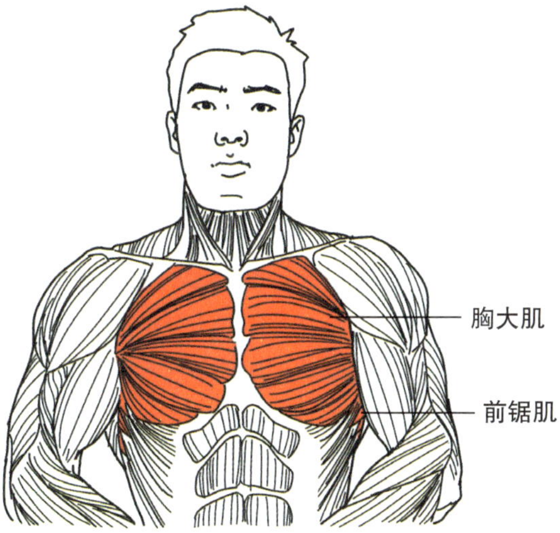

图3-33 胸部肌肉解剖图

表3-3 胸部肌肉

肌肉名称	起点	止点	神经支配	主要功能
胸大肌	锁骨内侧半、胸骨侧缘和上6肋软骨、腹直肌鞘前壁	肱骨大结节嵴	胸内、外侧神经（C8～T1）	近固定：使上臂屈、内收和旋内 远固定：拉躯干向上臂靠拢；提肋助吸气
胸小肌	3～5肋前面	肩胛骨喙突		近固定：使肩胛骨下降、前伸和下回旋 远固定：提肋助吸气
前锯肌	起于上位8～9肋外侧面	肩胛骨内侧缘和下角前面	胸长神经（C5～C7）	近固定：使肩胛骨前伸；下部纤维收缩，使肩胛骨下降和上回旋 远固定：提肋助吸气
肋间外肌	上位肋骨下缘	下位肋骨上缘	肋间神经（T1～T12）	提肋，吸气
肋间内肌	下位肋骨上缘	上位肋骨下缘		降肋，呼气

二、主要力量练习方法

练习一：杠铃卧推练习（Barbell Bench Press）

1. 动作要领

（1）开始与还原动作：仰卧在平凳上，两脚分开略宽于肩，全脚掌着地。背部与平凳实贴。双手在身体上方握杠，距离略宽于肩。

（2）练习动作：将杠铃推出托架，肩胛骨前伸并屈肩伸臂。然后，缓慢放下杠铃至中胸部（不能在胸部反弹）。最后动作是沿垂直方向推起杠铃，手臂伸直时，锁定肘关节。

（3）呼吸方式：杠铃放下阶段吸气，推起阶段呼气。

（4）重复次数：按要求重复练习。

（5）练习类型：复合练习。

（6）练习器材：杠铃及卧推架。

2. 解剖学分析

（1）放下阶段

图3-34a　杠铃卧推练习—放下阶段

关节名称	关节运动	原动肌名称	工作条件	工作性质
肩胛骨	后缩	前锯肌、胸小肌	近固定	离心工作
肩关节	伸	胸大肌、三角肌前束、肱二头肌、喙肱肌	近固定	离心工作
肘关节	屈	肱三头肌、肘肌	近固定	离心工作
腕关节	伸	前臂屈肌群	近固定	离心工作

（2）上推阶段

图3-34b　杠铃卧推练习—上推阶段

关节名称	关节运动	原动肌名称	工作条件	工作性质
肩胛骨	前伸	前锯肌、胸小肌	近固定	向心工作
肩关节	屈	胸大肌、三角肌前束、肱二头肌、喙肱肌	近固定	向心工作
肘关节	伸	肱三头肌、肘肌	近固定	向心工作
腕关节	屈	前臂屈肌群	近固定	向心工作

练习二：哑铃飞鸟练习（Dumbbell Flyes）

1. 动作要领

（1）开始与还原动作：仰卧于长凳上。上举哑铃于胸部上方，手臂伸直，保持臀部和肩部与长凳实贴，全脚掌不离开地面。

（2）练习动作：沿弧线缓慢放下哑铃至胸部侧面，肩关节水平伸，肘关节屈至最低点时，低于练习凳，稳定片刻，感受胸部肌肉的拉伸。然后沿同样的轨迹反向运动，上举哑铃还原到开始动作。

（3）呼吸方式：手臂向下阶段吸气，推起阶段呼气。

（4）重复次数：按要求重复进行练习。

（5）练习类型：复合练习。

（6）练习器材：哑铃和练习凳。

2. 解剖学分析

（1）向下阶段

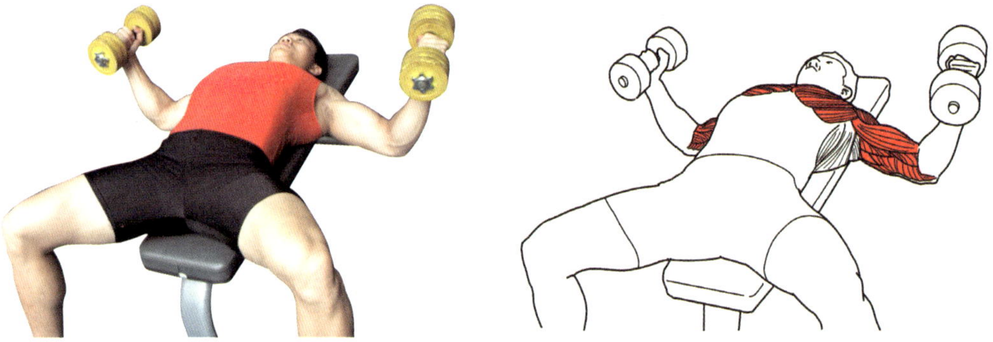

图3-35a 哑铃飞鸟练习—向下阶段

关节名称	关节运动	原动肌名称	工作条件	工作性质
肩胛骨	后缩	前锯肌、胸小肌	近固定	离心工作
肩关节	水平伸	胸大肌、三角肌前束、肱二头肌、喙肱肌	近固定	离心工作
肘关节	屈	肱三头肌、肘肌	近固定	离心工作
腕关节	中立位	前臂屈肌群	近固定	支持工作

（2）推起阶段

图3-35b 哑铃飞鸟练习—推起阶段

关节名称	关节运动	原动肌名称	工作条件	工作性质
肩胛骨	前伸	前锯肌、胸小肌	近固定	向心工作
肩关节	水平屈	胸大肌、三角肌前束、肱二头肌、喙肱肌	近固定	向心工作
肘关节	伸	肱三头肌、肘肌	近固定	向心工作
腕关节	中立位	前臂屈肌群	近固定	支持工作

练习三：瑞士球俯卧撑练习（Push-Ups With Feet On Exercise Ball）

1. 动作要领

（1）开始与还原动作：俯撑在地面上，两手间距同肩宽。脚背支撑在健身球上，抬高并保持身体平直。

（2）练习动作：控制速度缓慢屈臂，躯干下降，胸部几乎接触地面。然后，肩关节屈肌群和伸肘肌群发力，推起躯干，还原到开始动作。完成阶段用力收缩胸大肌，停顿片刻。

（3）呼吸方式：身体向下阶段吸气，撑起阶段呼气。

（4）重复次数：按要求重复进行训练。

（5）练习类型：复合练习。

（6）练习器材：瑞士健身球。

2. 解剖学分析

（1）向下阶段

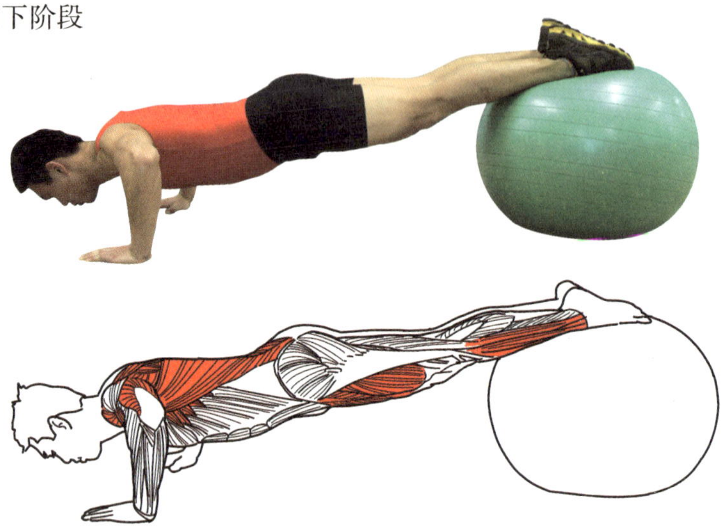

图3-36a　瑞士球俯卧撑练习—向下阶段

关节名称	关节运动	原动肌名称	工作条件	工作性质
肩胛骨	后缩	前锯肌、胸小肌	近固定	离心工作
肩关节	伸	胸大肌、三角肌前束、肱二头肌、喙肱肌	远固定	离心工作
肘关节	屈	肱三头肌、肘肌	远固定	离心工作
腕关节	过伸	前臂屈肌群	远固定	离心工作

（2）撑起阶段

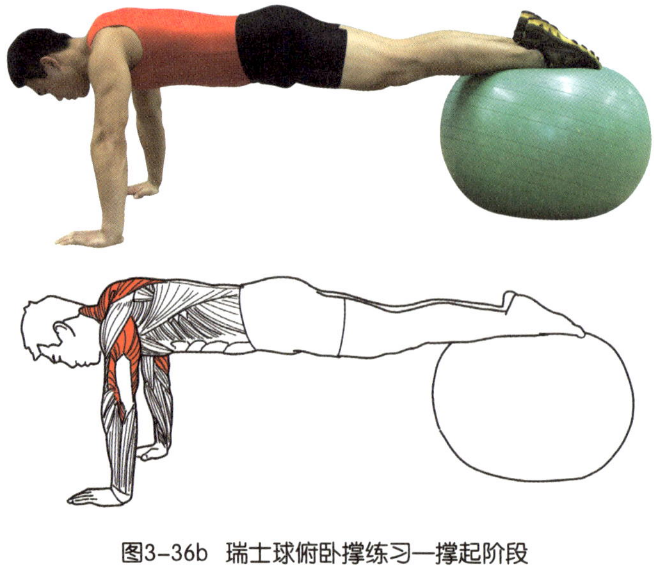

图3-36b　瑞士球俯卧撑练习—撑起阶段

关节名称	关节运动	原动肌名称	工作条件	工作性质
肩胛骨	前伸	前锯肌、胸小肌	近固定	向心工作
肩关节	屈	胸大肌、三角肌前束、肱二头肌、喙肱肌	远固定	向心工作
肘关节	伸	肱三头肌、肘肌	远固定	向心工作
腕关节	伸	前臂屈肌群	远固定	向心工作

练习四：双臂屈伸练习（Dips–Chest Version）

1. 动作要领

（1）开始与还原动作：练习开始时，撑起身体，手臂伸直，锁定肘关节。

（2）练习动作：伸肩屈肘，躯干前倾约30°，直到感觉胸部有牵张感觉。然后，胸大肌发力，屈肩伸肘，撑起躯干，还原到开始动作。完成阶段用力收缩胸大肌，停顿片刻。

（3）呼吸方式：屈臂向下阶段吸气，撑起阶段呼气。

（4）重复次数：按要求重复进行训练。

（5）练习类型：复合练习。

（6）练习器材：双杠或臂屈伸练习器。

2. 解剖学分析

（1）放下阶段

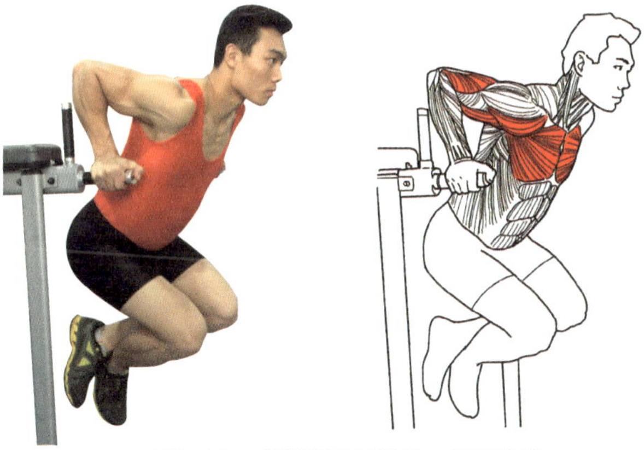

图3–37a 双臂屈伸练习—向下阶段

关节名称	关节运动	原动肌名称	工作条件	工作性质
肩胛骨	上提	斜方肌下部、前锯肌、胸小肌	近固定	离心工作
	上回旋	肩胛提肌、菱形肌、胸小肌	近固定	离心工作
肩关节	伸	胸大肌、三角肌前束、肱二头肌、喙肱肌	远固定	离心工作
肘关节	屈	肱三头肌、肘肌	远固定	离心工作
腕关节	过伸	前臂屈肌群	远固定	离心工作

（2）撑起阶段

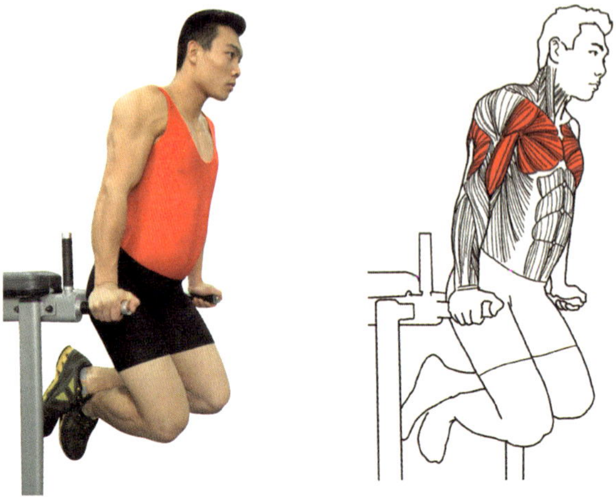

图3-37b 双臂屈伸练习—撑起阶段

关节名称	关节运动	原动肌名称	工作条件	工作性质
肩胛骨	下降	斜方肌下部、前锯肌、胸小肌	近固定	向心工作
	下回旋	肩胛提肌、菱形肌、胸小肌	近固定	向心工作
肩关节	屈	胸大肌、三角肌前束、肱二头肌、喙肱肌	远固定	向心工作
肘关节	伸	肱三头肌、肘肌	远固定	向心工作
腕关节	屈	前臂屈肌群	远固定	向心工作

练习五：蝴蝶机夹胸练习（Butterfly）

1. 动作要领

（1）开始与还原动作：坐在蝴蝶机座凳上，背部挺直。双手抓握把手，调整座位高度，使上臂与地面平行。

（2）练习动作：胸肌发力，肩关节水平屈，推把手向正中线靠拢，完成阶段用力收夹胸大肌，保持片刻。还原动作缓慢，同样路线反向运动，直到胸肌完全伸展。

（3）呼吸方式：向前夹胸阶段呼气，向后还原阶段吸气。

（4）重复次数：按要求重复进行练习。

（5）练习类型：复合练习。

（6）练习器材：蝴蝶机（夹胸器）。

2. 解剖学分析

（1）向前阶段

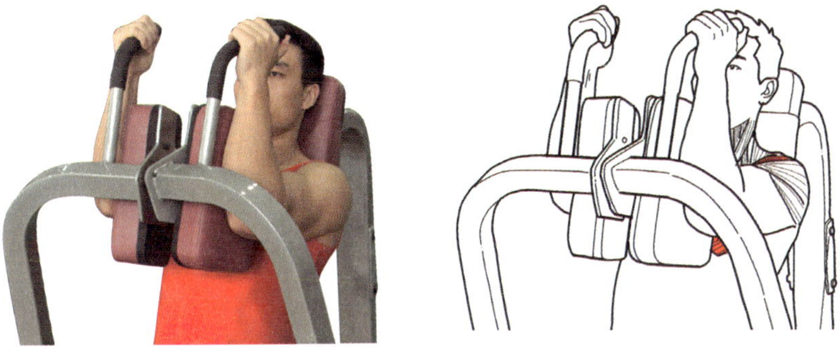

图3-38a　蝴蝶机夹胸练习—向前阶段

关节名称	关节运动	原动肌名称	工作条件	工作性质
肩胛骨	前伸	前锯肌、胸小肌	近固定	向心工作
肩关节	水平屈	胸大肌、三角肌前束、肱二头肌、喙肱肌	近固定	向心工作
肘关节	屈	肱二头肌、肱肌、肱桡肌、旋前圆肌	近固定	支持工作
腕关节	中立位	前臂屈肌群	近固定	支持工作

（2）向后阶段

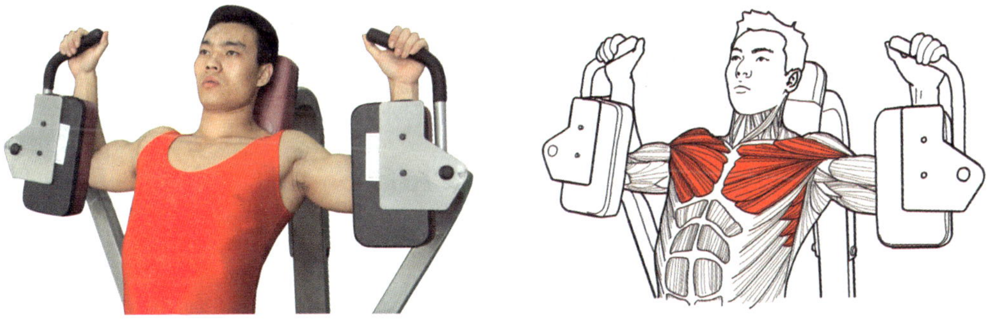

图3-38b　蝴蝶机夹胸练习—向后阶段

关节名称	关节运动	原动肌名称	工作条件	工作性质
肩胛骨	后缩	前锯肌、胸小肌	近固定	离心工作
肩关节	水平伸	胸大肌、三角肌前束、肱二头肌、喙肱肌	近固定	离心工作
肘关节	屈	肱二头肌、肱肌、肱桡肌、旋前圆肌	近固定	支持工作
腕关节	屈	前臂屈肌群	近固定	支持工作

练习六：站姿大飞鸟夹胸练习（Cable Crossover）

1. 动作要领

（1）开始与还原动作：选择适宜的负荷重量，双手抓握把手，把手的位置平齐头部高度。身体位置在拉力器前方一步左右。躯干挺直并以腰骶关节为轴略微前屈。

（2）练习动作：肩关节屈，将两侧握柄同时向前下方中线位置推出，挤压胸肌，稳定片刻。然后，肩关节伸，沿同样路线，缓慢向后上方展开双臂，还原到开始动作，并使胸部和前肩部肌肉有拉伸感觉。完成动作时，肘关节微屈，避免肱二头肌肌腱的拉伤。整个动作过程中躯干尽可能保持静止，上肢相对于躯干发生运动。

（3）呼吸方式：向前下夹胸阶段呼气，向后上还原阶段吸气。

（4）重复次数：按要求重复进行练习。

（5）练习类型：复合练习。

（6）练习器材：大飞鸟练习器。

2. 解剖学分析

（1）向下阶段

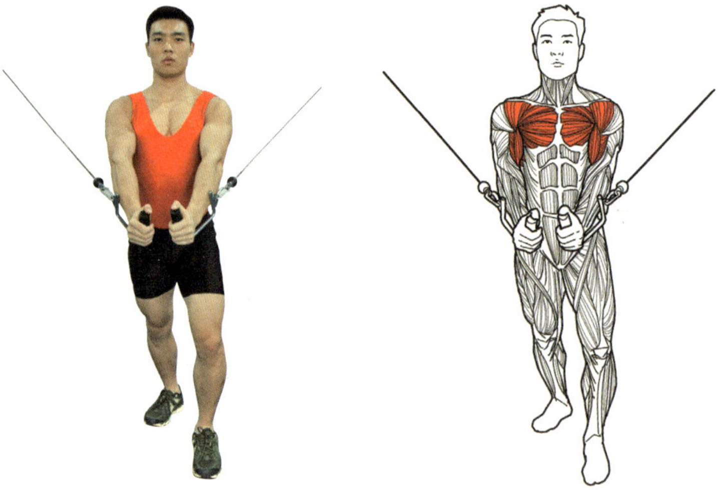

图3-39a 站姿大飞鸟夹胸练习—向下阶段

关节名称	关节运动	原动肌名称	工作条件	工作性质
肩胛骨	前伸	前锯肌、胸小肌	近固定	向心工作
	下降	斜方肌下部、胸小肌、前锯肌	近固定	向心工作
肩关节	屈	胸大肌、三角肌前束、肱二头肌、喙肱肌	近固定	向心工作
肘关节	伸	肱三头肌、肘肌	近固定	向心工作
腕关节	中立位	前臂屈肌群	近固定	支持工作

（2）向上阶段

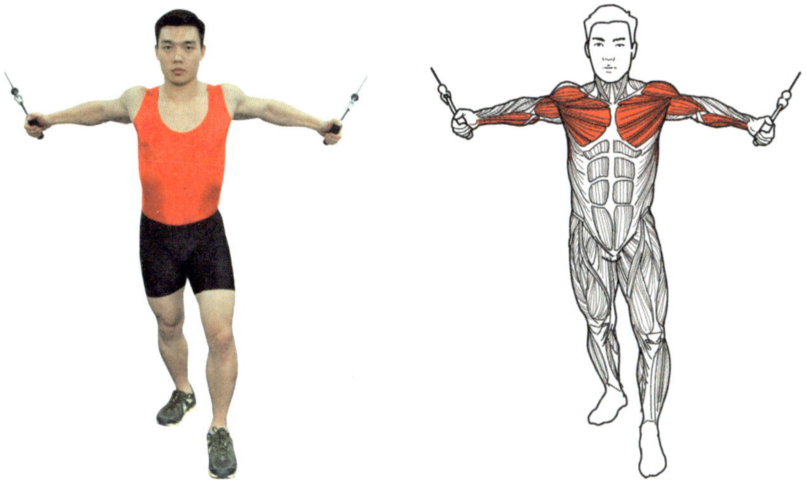

图3-39b　站姿大飞鸟夹胸练习—向上阶段

关节名称	关节运动	原动肌名称	工作条件	工作性质
肩胛骨	后缩	前锯肌、胸小肌	近固定	离心工作
	上提	斜方肌下部、胸小肌、前锯肌	近固定	离心工作
肩关节	伸	胸大肌、三角肌前束、肱二头肌、喙肱肌	近固定	离心工作
肘关节	屈	肱三头肌、肘肌	近固定	离心工作
腕关节	中立位	前臂屈肌群	近固定	支持工作

三、主要伸展性练习方法

练习一：胸肩部动力性拉伸练习（Dynamic Chest Stretch）

1. 动作要领

（1）开始与还原动作：开始动作为站姿，手臂向前平伸，保持手臂伸直。

（2）练习动作：快速用力水平向后摆臂到极限角度，然后，以同样速度还原到开始动作，以拍手结束。逐渐提高动作速度。

（3）呼吸方式：保持手臂前摆吸气，后摆呼气的节律。

（4）重复次数：按要求重复进行练习。

（5）练习类型：动力性拉伸。

2. 解剖学分析

（1）开始与还原阶段

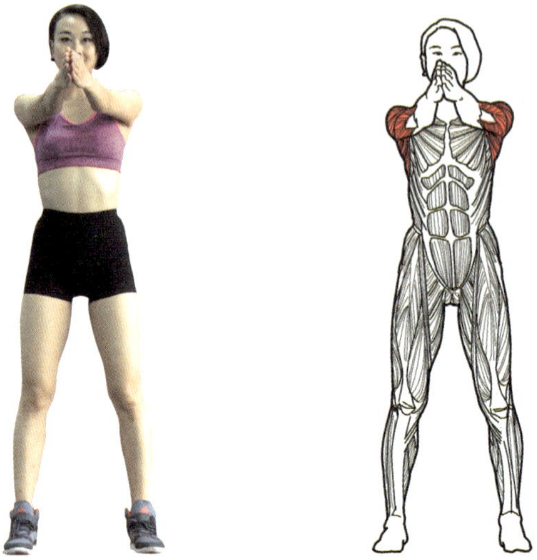

图3-40a 胸肩部动力性拉伸练习—开始与还原阶段

关节名称	关节运动	拉伸肌肉名称	拉伸条件	拉伸类型
肩胛骨	前伸	斜方肌、菱形肌	近固定	动力性拉伸
肩关节	水平屈	背阔肌、三角肌后束、肱三头肌、冈下肌、小圆肌、大圆肌、肩胛下肌	近固定	动力性拉伸
肘关节	伸	肱二头肌、肱肌、肱桡肌、旋前圆肌	近固定	静力性拉伸

（2）向后拉伸阶段

图3-40b 胸肩部动力性拉伸练习—向后拉伸阶段

关节名称	关节运动	拉伸肌肉名称	拉伸条件	拉伸类型
肩胛骨	后缩	前锯肌、胸小肌	近固定	动力性拉伸
肩关节	水平伸	胸大肌、三角肌、肱二头肌、喙肱肌	近固定	动力性拉伸
肘关节	伸	肱二头肌、肱肌、肱桡肌、旋前圆肌	近固定	静力性拉伸

练习二：胸肩部拉伸练习（Chest And Front Of Shoulder Stretch）

1. 动作要领

（1）开始与还原动作：站姿，双脚开立同肩宽，双手宽握练习棒于体前。

（2）练习动作：举棒由前绕至头后，尽可能拉伸胸部和前肩部。然后，还原到开始动作。动作过程中保持身体直立，收紧腹部，躯干不要前后摇摆或晃动。

（3）呼吸方式：手臂向上阶段吸气，向下还原时呼气。

（4）重复次数：按要求重复进行练习。

（5）练习类型：动力性拉伸。

（6）练习器材：练习棒。

2. 解剖学分析

（1）开始与还原阶段

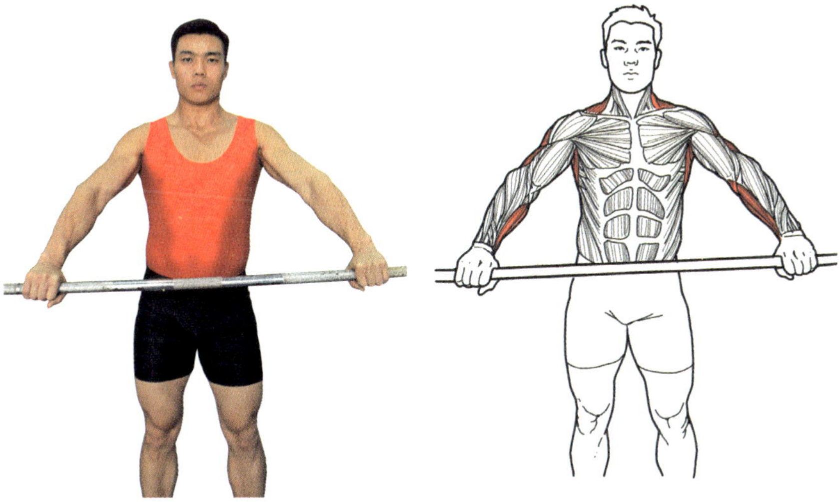

图3-41a 胸肩部拉伸练习—开始与还原阶段

关节名称	关节运动	拉伸肌肉名称	拉伸条件	拉伸类型
肩胛骨	前伸	斜方肌、菱形肌	近固定	动力性拉伸
	下降	肩胛提肌、斜方肌上部	近固定	动力性拉伸
肩关节	屈	背阔肌、三角肌后束、肱三头肌、冈下肌、小圆肌、大圆肌、肩胛下肌	近固定	动力性拉伸
肘关节	伸	肱二头肌、肱肌、肱桡肌、旋前圆肌	近固定	静力性拉伸
腕关节	屈	前臂伸肌群	近固定	静力性拉伸

（2）后摆拉伸阶段

图3-41b 胸肩部拉伸练习—后摆拉伸阶段

关节名称	关节运动	拉伸肌肉名称	拉伸条件	拉伸类型
肩胛骨	后缩	前锯肌、胸小肌	近固定	动力性拉伸
	上提	前锯肌、胸小肌、斜方肌下部	近固定	动力性拉伸
肩关节	伸	胸大肌、三角肌、肱二头肌、喙肱肌	近固定	动力性拉伸
肘关节	伸	肱二头肌、肱肌、肱桡肌、旋前圆肌	近固定	静力性拉伸
腕关节	伸	前臂屈肌群	近固定	静力性拉伸

练习三：体后胸肩部拉伸练习（Behind Head Chest Stretch）

1. 动作要领

（1）开始与还原动作：竖直坐立，同伴于身后。双手置于头后，肩关节外展，肘关节尽可能后移。

（2）练习动作：同伴扶住肘关节，控制力量后拉肘部，使肩关节水平屈肌群伸展。稳定10～20秒。然后放松肌肉，还原到开始动作。同伴注意拉伸的时机，避免过度拉伸引起肌肉损伤。

（3）呼吸方式：保持正常呼吸节律。

（4）重复次数：按要求重复进行练习。

（5）练习类型：静力性拉伸。

2. 解剖学分析

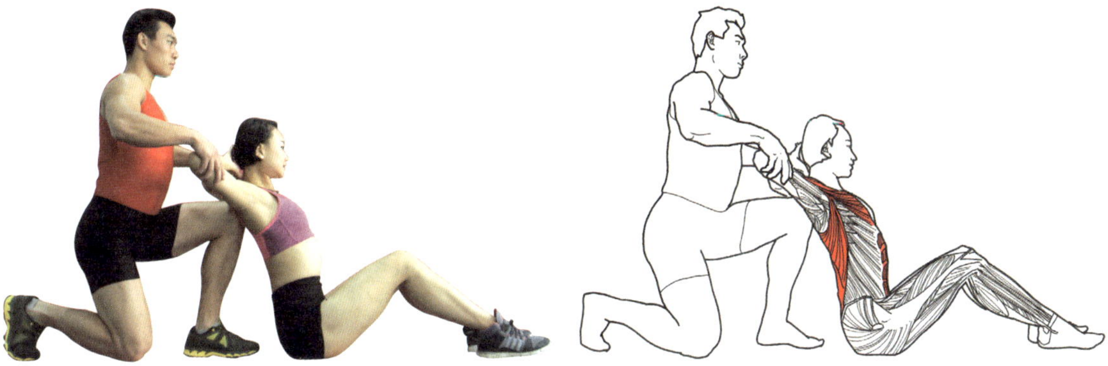

图3-42 体后胸肩部拉伸练习

关节名称	关节运动	拉伸肌肉名称	拉伸条件	拉伸类型
肩胛骨	后缩	前锯肌、胸小肌	近固定	静力性拉伸
肩关节	伸、外展	胸大肌、三角肌前束、肱二头肌、喙肱肌、背阔肌	近固定	静力性拉伸
肘关节	屈	肱三头肌、肘肌	近固定	静力性拉伸
腕关节	伸	前臂屈肌群	远固定	静力性拉伸

练习四：瑞士球胸肩部拉伸练习（Chest Stretch On Exercise Ball）

1. 动作要领

（1）开始与还原动作：躯干置于瑞士球的侧面。单侧肘部支撑在球的顶部，上臂外展位。

（2）练习动作：异侧手臂缓慢屈肘，躯干下降，球同侧肩关节屈肌拉伸。稳定片刻，还原到开始动作。

（3）呼吸方式：屈臂下降时吸气，撑起还原时呼气。

（4）重复次数：两侧交替练习，并按要求重复若干次。

（5）练习类型：动力性拉伸。

（6）练习器材：瑞士健身球。

2. 解剖学分析

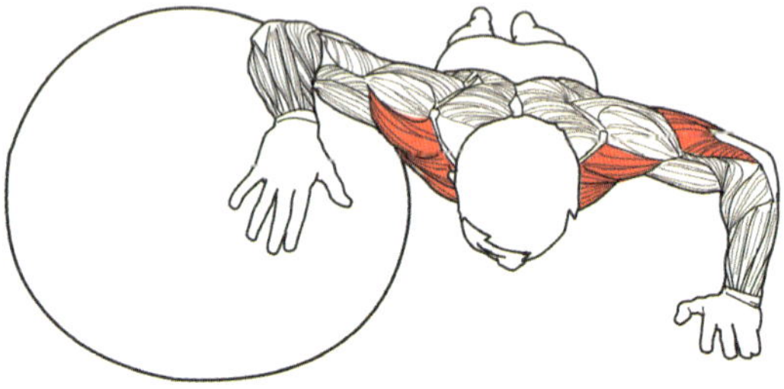

图3-43　瑞士球胸肩部拉伸练习

关节名称	关节运动	拉伸肌肉名称	拉伸条件	拉伸类型
肩胛骨	后缩	前锯肌、胸小肌	远固定	动力性拉伸
肩关节	水平伸	胸大肌、三角肌前束、肱二头肌、喙肱肌	远固定	动力性拉伸
肘关节	屈	肱三头肌、肘肌	远固定	动力性拉伸
腕关节	过伸	前臂屈肌群	远固定	动力性拉伸

练习五：瑞士球俯卧伸展练习（Abdominal Lying On Exercise Stretch）

1. 动作要领

（1）开始与还原动作：躬身屈体，俯卧于瑞士球上，腹部支撑。

（2）练习动作：双手沿地面逐渐前伸，躯干伸直，抬起下肢，肘关节和膝关节保持伸直位。稳定片刻，还原到开始动作。

（3）呼吸方式：躯干伸直时呼气，还原阶段吸气。

（4）重复次数：按要求重复进行练习。

（5）练习类型：静力性拉伸。

（6）练习器材：瑞士健身球。

2. 解剖学分析

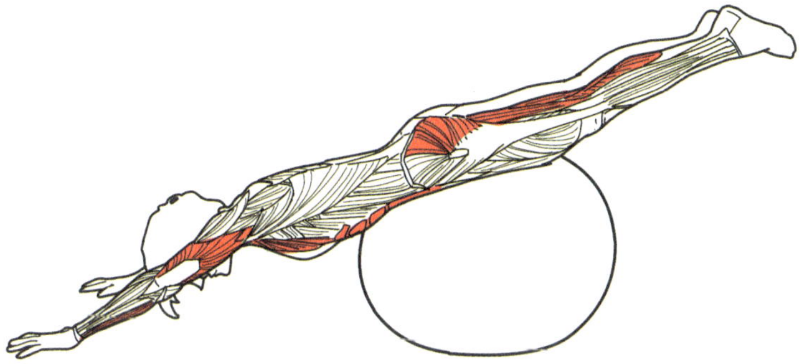

图3-44 俯卧伸展练习

关节名称	关节运动	拉伸肌肉名称	拉伸条件	拉伸类型
肩胛骨	上提	前锯肌、胸小肌、斜方肌下部	近固定	静力性拉伸
	上回旋	肩胛提肌、菱形肌、胸小肌		
肩关节	伸	胸大肌、三角肌前束、肱二头肌、喙肱肌	远固定	静力性拉伸
肘关节	伸	肱二头肌、肱肌、肱桡肌、旋前圆肌	远固定	静力性拉伸
脊柱	伸	腹直肌、腹内斜肌、腹外斜肌	上固定	静力性拉伸
髋关节	伸	髂腰肌、股直肌、缝匠肌、耻骨肌、阔筋膜张肌	近固定	静力性拉伸
膝关节	伸	股二头肌、半腱肌、半膜肌、腓肠肌	近固定	静力性拉伸
踝关节	屈	胫骨前肌、趾长伸肌、踇长伸肌	近固定	静力性拉伸

第四节　腹部肌肉训练

一、腹部肌群

腹部的肌群包括腹直肌、腹外斜肌、腹内斜肌、腹横肌和腰方肌等，主要功能是运动脊柱和躯干。

图3-45　腹部肌肉展示

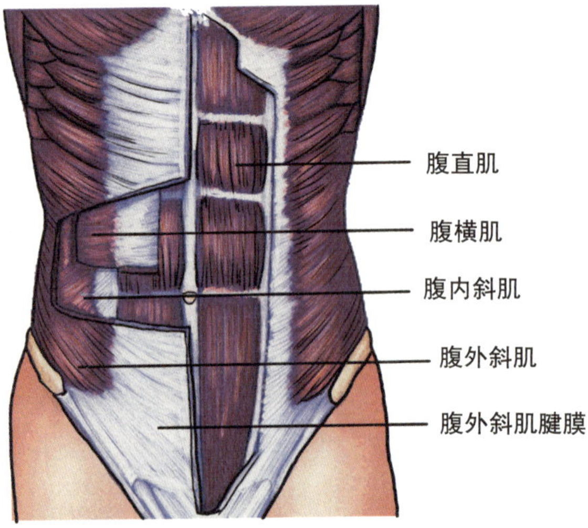

图3-46　腹部肌群解剖图

表3–4 腹部肌肉

肌肉名称	起点	止点	神经支配	主要功能
腹直肌	耻骨联合上缘和耻骨嵴	胸骨剑突和第5～7肋软骨的前面	第5～12对肋间神经、髂腹下神经和髂腹股沟神经	上固定：两侧收缩，使骨盆后倾 下固定：脊柱前屈、下拉胸廓助呼气；一侧收缩，脊柱同侧屈
腹外斜肌	下8肋骨的外面	后部肌束向下止于髂嵴前部；上中部肌束向内移行于腱膜，经腹直肌的前面，并参与构成腹直肌鞘的前层，至腹正中线终于白线		上固定：两侧收缩，使骨盆后倾。一侧收缩使骨盆和脊柱向同侧屈并向同侧回旋 下固定：脊柱前屈、下拉胸廓助呼气；一侧收缩，脊柱同侧屈和异侧回旋
腹内斜肌	胸腰筋膜、髂嵴和腹股沟韧带的外侧2/3	后部肌束几乎垂直上升止于下位3个肋骨；大部分肌束向前上方斜行，在腹直肌外侧缘形成腱膜分为前后两层包裹腹直肌，参与构成腹直肌鞘的前、后两层，在腹正中线终于白线		上固定：两侧收缩，使骨盆后倾。一侧收缩使骨盆和脊柱向同侧屈并向对侧回旋 下固定：脊柱前屈、下拉胸廓助呼气；一侧收缩，脊柱同侧屈和同侧回旋
腹横肌	下位6个肋软骨的内面、胸腰筋膜、髂嵴和腹股沟韧带的外侧1/3	在腹直肌外缘移行为腱膜，腱膜的上部与腹内斜肌腱膜后层愈合并经腹直肌后方至腹白线		维持腹内压，保持腹腔脏器位置的固定
腰方肌	髂嵴后部和第2～5腰椎横突	第12肋，第12胸椎体、第1～4腰椎横突	腰神经前支	上固定使脊柱侧屈。下固定一侧收缩使脊柱向同侧侧屈；两侧收缩降肋助呼气

二、主要力量练习方法

练习一：屈膝仰卧起坐练习（Bend-Knee Sit-Ups）

1. 动作要领

（1）开始与还原动作：身体仰卧在地面上，两腿分开，与肩同宽，双手在体前交叉或置于头后。

（2）练习动作：以腰为轴，腹肌用力收缩，屈体向上，直到躯干与地面成垂直位。缓慢还原到开始动作。注意抬起躯干时不要借助手臂的力量。动作过程中脚不要离开地面。

（3）呼吸方式：屈体向上阶段呼气，向下还原是吸气。

（4）重复次数：按要求重复进行练习。

（5）练习类型：复合练习。

2. 解剖学分析

（1）收腹起坐阶段

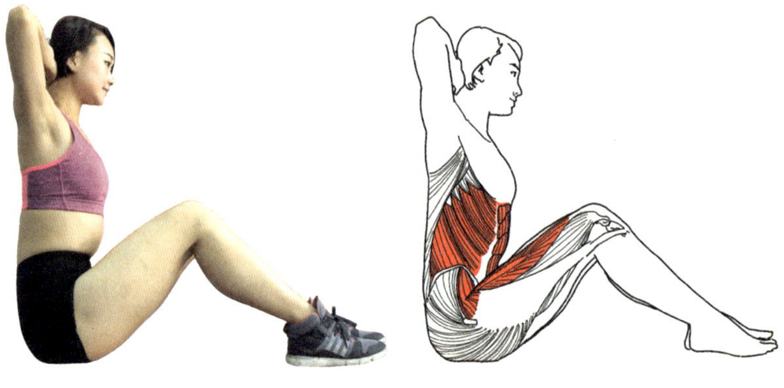

图3-47a　屈膝仰卧起坐练习—收腹起坐阶段

关节名称	关节运动	原动肌名称	工作条件	工作性质
脊柱	屈	腹直肌、腹内斜肌、腹外斜肌	下固定	向心工作
髋关节	屈	髂腰肌、股直肌、缝匠肌、阔筋膜张肌、耻骨肌	远固定	向心工作

（2）向下还原阶段

图3-47b 屈膝仰卧起坐练习—向下还原阶段

关节名称	关节运动	原动肌名称	工作条件	工作性质
脊柱	伸	腹直肌、腹内斜肌、腹外斜肌	下固定	离心工作
髋关节	伸	髂腰肌、股直肌、缝匠肌、阔筋膜张肌、耻骨肌	远固定	离心工作

练习二：仰卧屈体收腹练习（Crunches）

1. 动作要领

（1）开始与还原动作：平躺于地面，双脚掌平踏在地面上或直角屈膝，两膝距离约15厘米。双手轻扶头的后外侧部或手指交叉于头后。下背部与地面接触，有利于更好地发展腹肌。

（2）练习动作：肩胛骨前伸，肩关节水平屈，腹肌收缩，将头和躯干上部向上抬起，离开地面10～15厘米。到达最高点时，持续用力收紧腹肌，保持片刻。然后缓慢向下，并还原到开始动作。

（3）呼吸方式：屈体向上阶段呼气，向下还原阶段吸气。

（4）重复次数：按要求重复进行练习。

（5）练习类型：复合练习。

（6）练习器材：练习垫。

2. 解剖学分析

（1）向上屈体阶段

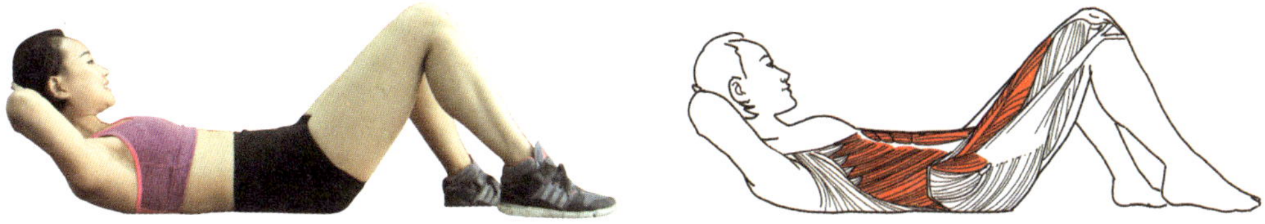

图3-48a 仰卧屈体收腹练习—向上屈体阶段

关节名称	关节运动	原动肌名称	工作条件	工作性质
脊柱	屈	胸锁乳突肌、腹直肌、腹内斜肌、腹外斜肌	下固定	向心工作
肩胛骨	前伸	前锯肌、胸小肌	近固定	向心工作
肩关节	水平屈	胸大肌、三角肌前束、肱二头肌、喙肱肌	近固定	向心工作

（2）向下还原阶段

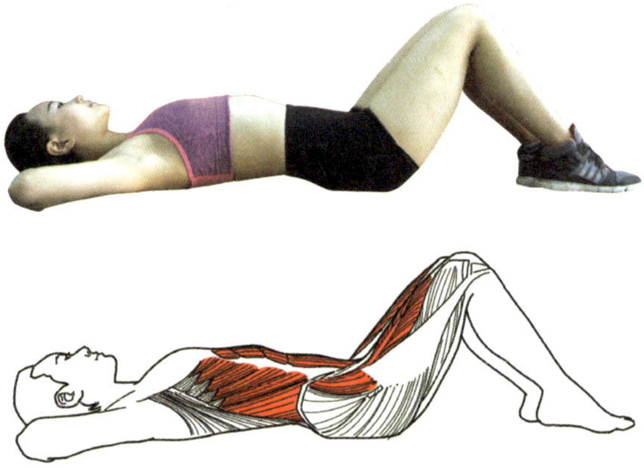

图3-48b 仰卧屈体收腹练习—向下还原阶段

关节名称	关节运动	原动肌名称	工作条件	工作性质
脊柱	伸	胸锁乳突肌、腹直肌、腹内斜肌、腹外斜肌	下固定	离心工作
肩胛骨	后缩	前锯肌、胸小肌	近固定	离心工作
肩关节	水平伸	胸大肌、三角肌前束、肱二头肌、喙肱肌	近固定	离心工作

练习三：仰卧屈膝收腹举腿练习（Bench Leg Pull-In）

1. 动作要领

（1）开始与还原动作：仰卧于练习凳上，双腿悬空于凳端，尽可能伸直，双手置于臀部下方，掌心向下。

（2）练习动作：腹肌和屈髋肌收缩，完成屈髋收腿动作，膝关节收近胸部，稳定片刻。缓慢还原到开始动作。

（3）呼吸方式：完成屈膝收腿时呼气，向下还原时吸气。

（4）重复次数：按要求重复进行练习。

（5）练习类型：复合练习。

（6）练习器材：平板练习凳。

2. 解剖学分析

（1）收腹举腿阶段

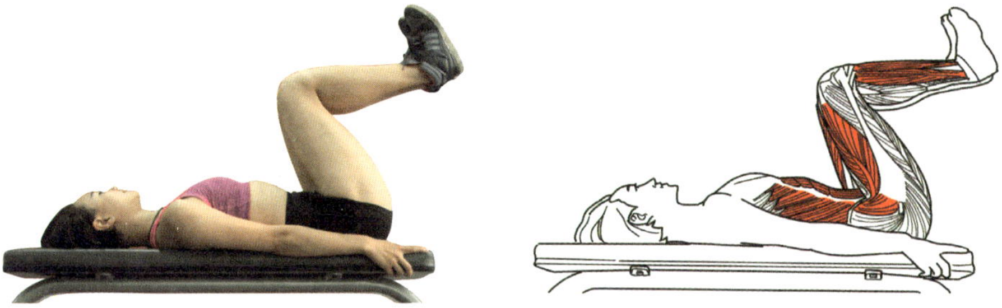

图3-49a 仰卧屈膝收腹举腿练习—收腹举腿阶段

关节名称	关节运动	原动肌名称	工作条件	工作性质
脊柱	屈	腹直肌、腹内斜肌、腹外斜肌	上固定	向心工作
髋关节	屈	髂腰肌、股直肌、缝匠肌、阔筋膜张肌、耻骨肌	近固定	向心工作
膝关节	屈	股后肌群	近固定	向心工作
踝关节	伸	胫骨前肌、趾长伸肌、踇长伸肌	近固定	向心工作

（2）向下还原阶段

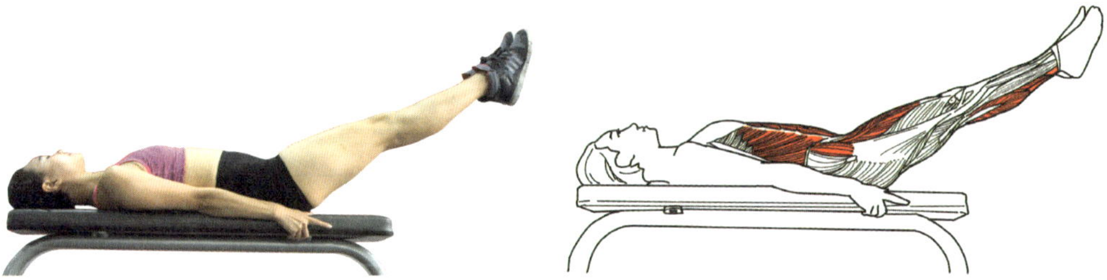

图3-49b 仰卧屈膝收腹举腿练习—向下还原阶段

关节名称	关节运动	原动肌名称	工作条件	工作性质
脊柱	伸	腹直肌、腹内斜肌、腹外斜肌	上固定	离心工作
髋关节	伸	髂腰肌、股直肌、缝匠肌、阔筋膜张肌、耻骨肌	近固定	离心工作
膝关节	伸	股四头肌	近固定	向心工作
踝关节	屈	小腿三头肌、胫骨后肌、趾长屈肌、踇长屈肌	近固定	向心工作

练习四：收腹两头起练习（Jackknife Sit-Up）

1. 动作要领

（1）开始与还原动作：仰卧于地面（或练习垫）上，双手和双脚分别向上下两端伸直。

（2）练习动作：以腰为轴，屈体和抬腿同时进行，双手触及脚部。双腿尽可能伸直，与地面为35 ~ 45°，躯干离开地面。然后，缓慢放下还原到开始动作。

（3）呼吸方式：开始动作时吸气，完成屈体时呼气。

（4）重复次数：按要求重复进行练习。

（5）练习类型：复合练习。

（6）练习器材：练习垫。

2. 解剖学分析

（1）收腹举腿阶段

图3-50a 收腹两头起练习—收腹举腿阶段

关节名称	关节运动	原动肌名称	工作条件	工作性质
脊柱	屈	腹直肌、腹内斜肌、腹外斜肌	无固定	向心工作
髋关节	屈	髂腰肌、股直肌、缝匠肌、阔筋膜张肌、耻骨肌	近固定	向心工作
膝关节	伸	股四头肌	近固定	向心工作
踝关节	伸	胫骨前肌、趾长伸肌、踇长伸肌	近固定	支持工作
肩胛骨	前伸	前锯肌、胸小肌	近固定	向心工作
肩关节	屈	胸大肌、三角肌前束、肱二头肌、喙肱肌	近固定	向心工作

（2）向下还原阶段

图3-50b　收腹两头起练习—向下还原阶段

关节名称	关节运动	原动肌名称	工作条件	工作性质
脊柱	伸	腹直肌、腹内斜肌、腹外斜肌	无固定	离心工作
髋关节	伸	髂腰肌、股直肌、缝匠肌、阔筋膜张肌、耻骨肌	无固定	离心工作
膝关节	伸	股四头肌	近固定	支持工作
踝关节	伸	胫骨前肌、趾长伸肌、踇长伸肌	近固定	支持工作
肩胛骨	后缩	前锯肌、胸小肌	近固定	离心工作
肩关节	伸	胸大肌、三角肌前束、肱二头肌、喙肱肌	近固定	离心工作

练习五：负重转体练习（Plate Twist）

1. 动作要领

（1）开始与还原动作：仰卧在地面（或练习垫）上，坐起，躯干与地面垂直，双手在腹前抓握杠铃片的两侧，肘关节微屈。双脚在踝关节处交叉或并拢，膝关节微屈，抬起双腿，脚跟离开地面。

（2）练习动作：躯干稍后伸，保持平衡和有助于完成转体动作。先向左侧转体，铃片触及左侧地面。还原到开始动作。然后向右侧转体，再还原到开始动作。

（3）呼吸方式：转体时呼气，还原过程中吸气。

（4）重复次数：按要求重复进行练习。

（5）练习类型：复合练习。

（6）练习器材：杠铃片。

2. 解剖学分析

（1）转体阶段

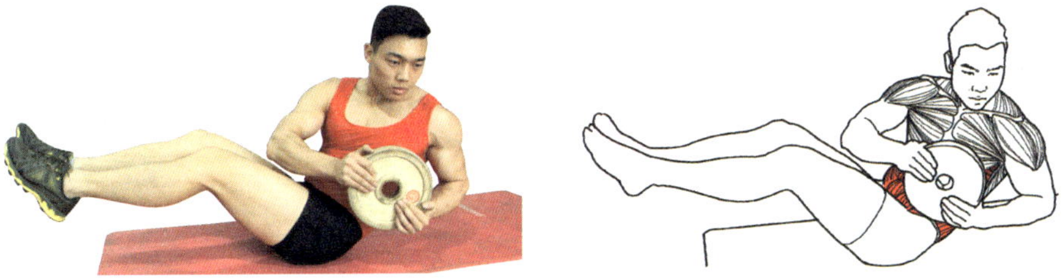

图3-51a　负重转体练习—转体阶段（向左）

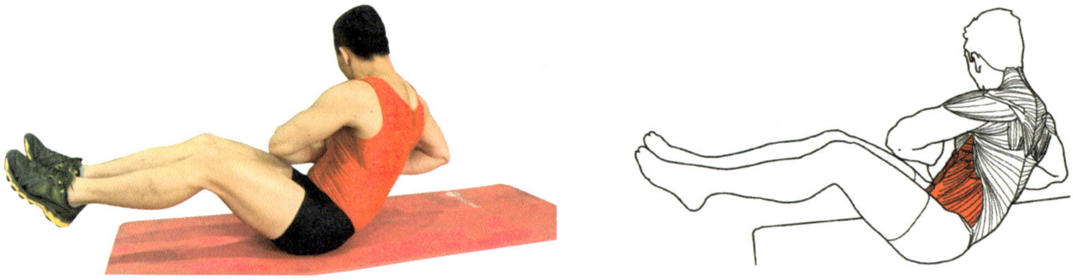

图3-51b 负重转体练习—转体阶段（向右）

关节名称	关节运动	原动肌名称	工作条件	工作性质
脊柱	屈	腹直肌、腹外斜肌、腹内斜肌	下固定	支持工作
	回旋	同侧（图中左侧）腹内斜肌、异侧腹外斜肌	下固定	向心工作
髋关节	屈	髂腰肌、股直肌、缝匠肌、阔筋膜张肌、耻骨肌	近固定	支持工作
膝关节	屈	股四头肌	近固定	支持工作
踝关节	伸	胫骨前肌、趾长伸肌、踇长伸肌	近固定	支持工作

（2）还原阶段

图3-51c 负重转体练习—还原阶段

关节名称	关节运动	原动肌名称	工作条件	工作性质
脊柱	屈	腹直肌、腹内斜肌、腹外斜肌	下固定	支持工作
髋关节	屈	髂腰肌、股直肌、缝匠肌、阔筋膜张肌、耻骨肌	近固定	支持工作
膝关节	屈	股四头肌	近固定	支持工作
踝关节	伸	胫骨前肌、趾长伸肌、踇长伸肌	近固定	支持工作

练习六：拉索屈体练习（Knelling Cable Crunch）

1. 动作要领

（1）开始与还原动作：跪姿于高拉练习器下方，双手下拉套索，避免颈部被挤压。髋关节微屈，下背部挺直，保持紧张度。

（2）练习动作：固定大腿和骨盆，腹肌收缩，以腰骶连接处为轴，屈体下拉拉索，至肘关节接近大腿中部，稳定并保持片刻。缓慢还原到开始动作。整个动作过程中持续保持腹肌紧张，并选择适宜的负荷重量。

（3）呼吸方式：屈体下拉拉索时呼气，还原过程中吸气。

（4）重复次数：按要求重复进行练习。

（5）练习类型：复合练习。

（6）练习器材：下拉练习器。

2. 解剖学分析

（1）收腹屈体阶段

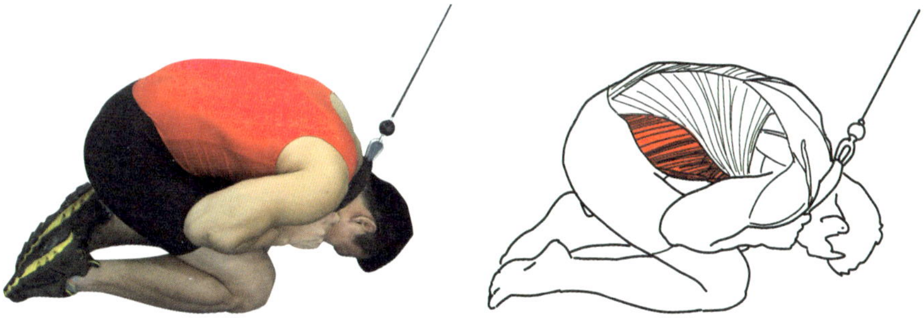

图3-52a 拉索屈体练习—收腹屈体阶段

关节名称	关节运动	原动肌名称	工作条件	工作性质
脊柱	屈	腹直肌、腹外斜肌、腹内斜肌	下固定	向心工作
髋关节	屈	髂腰肌、股直肌、缝匠肌、阔筋膜张肌、耻骨肌	远固定	向心工作
膝关节	屈	股四头肌	远固定	离心工作
踝关节	屈	胫骨前肌、趾长伸肌、蹋长伸肌	远固定	支持工作

（2）向上还原阶段

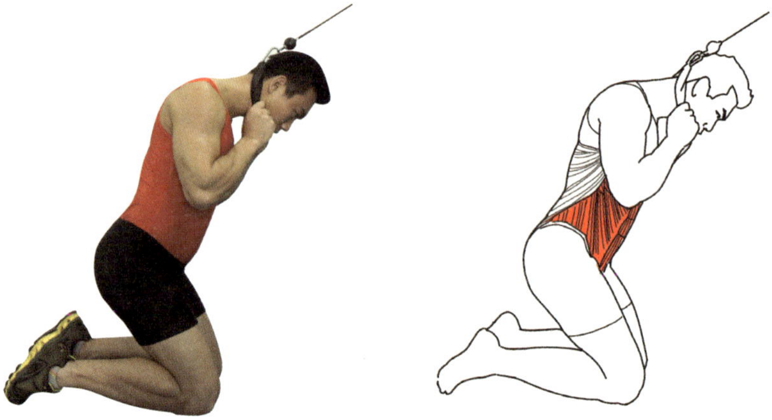

图3-52b 拉索屈体练习—向上还原阶段

关节名称	关节运动	原动肌名称	工作条件	工作性质
脊柱	伸	腹直肌、腹内外斜肌	下固定	离心工作
髋关节	伸	髂腰肌、股直肌、缝匠肌、阔筋膜张肌、耻骨肌	远固定	离心工作
膝关节	伸	股四头肌	远固定	向心工作
踝关节	屈	胫骨前肌、趾长伸肌、跗长伸肌	远固定	支持工作

练习七：瑞士球收腹屈腿练习（Exercise Ball Pull-In）

1. 动作要领

（1）开始与还原动作：瑞士球置于脚下方，双手支撑于地面，身体平直如俯卧撑开始动作，双手间距同肩宽。

（2）练习动作：动作开始，小腿下部移至球的上方，双手支撑，手臂伸直，上肢固定。屈膝收腿至靠近胸部，球滚动至踝关节下方。收紧腹肌，稳定片刻。缓慢伸直双腿还原到开始动作。

（3）呼吸方式：屈膝收腿时呼气，还原到开始动作过程中吸气。

（4）重复次数：按要求重复进行练习。

（5）练习类型：复合练习。

（6）练习器材：瑞士健身球。

2. 解剖学分析

（1）收腹屈腿阶段

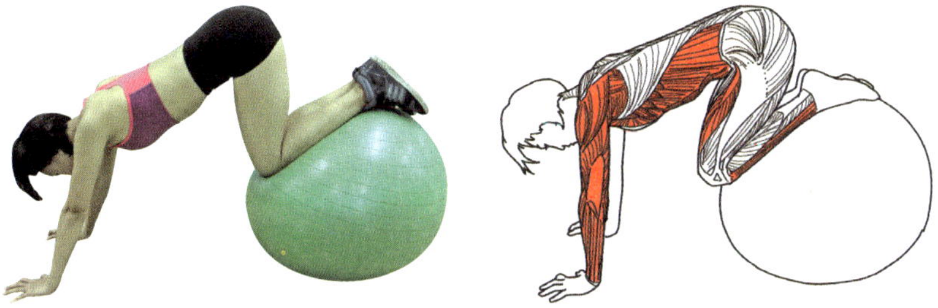

图3-53a 瑞士球收腹屈腿练习—收腹屈腿阶段

关节名称	关节运动	原动肌名称	工作条件	工作性质
脊柱	屈	腹直肌、腹外斜肌、腹内斜肌	上固定	向心工作
髋关节	屈	髂腰肌、股直肌、缝匠肌、阔筋膜张肌、耻骨肌	近固定	向心工作
膝关节	屈	股后肌群	远固定	向心工作
踝关节	伸	胫骨前肌、趾长伸肌、踇长伸肌	远固定	向心工作
肩胛骨	前伸	胸小肌、前锯肌	近固定	支持工作
肩关节	屈	胸大肌、三角肌前束、肱二头肌、喙肱肌	远固定	支持工作
肘关节	伸	肱三头肌、肘肌	远固定	支持工作
腕关节	过伸	前臂屈肌群	远固定	支持工作

（2）蹬伸还原阶段

图3-53b 瑞士球收腹屈腿练习—蹬伸还原阶段

关节名称	关节运动	原动肌名称	工作条件	工作性质
脊柱	伸	腹直肌、腹外斜肌、腹内斜肌	上固定	离心工作
髋关节	伸	髂腰肌、股直肌、缝匠肌、阔筋膜张肌、耻骨肌	近固定	离心工作
膝关节	伸	股四头肌	远固定	向心工作
踝关节	屈	胫骨前肌、趾长屈肌、踇长屈肌	远固定	向心工作
肩胛骨	前伸	胸小肌、前锯肌	近固定	支持工作
肩关节	屈	胸大肌、三角肌前束、肱二头肌、喙肱肌	远固定	支持工作
肘关节	伸	肱三头肌、肘肌	远固定	支持工作
腕关节	伸	前臂屈肌群	远固定	支持工作

练习八：瑞士球侧身屈体练习（Exercise Ball Side Bend）

1. 动作要领

（1）开始与还原动作：右侧躯干侧卧在练习球上。双腿交叉。左手握杠铃片于头部左侧。右手在体前交叉至异侧腹斜肌处，右侧肘关节屈曲成直角。

（2）练习动作：以腰为轴，躯干向左侧屈（抬起身体），稳定片刻，缓慢向下还原到开始动作。

（3）呼吸方式：向上屈体时呼气，向下还原过程中吸气。

（4）重复次数：按要求重复进行练习，然后交换到异侧进行练习。

（5）练习类型：孤立练习。

（6）练习器材：瑞士健身球和轻杠铃片。

2. 解剖学分析

（1）侧身屈体阶段

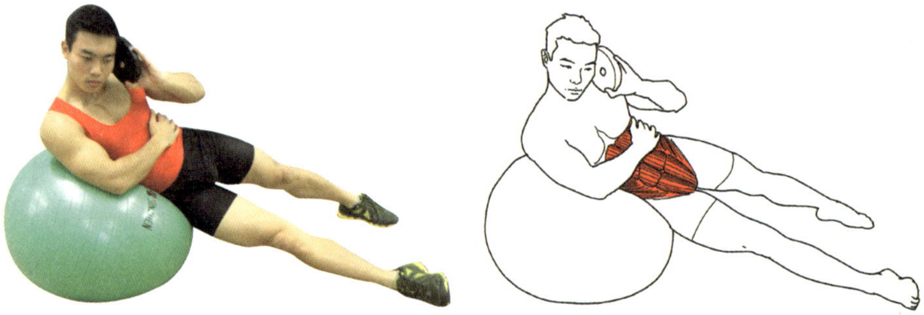

图3-54a 瑞士球侧身屈体练习—侧身躯体阶段

关节名称	关节运动	原动肌名称	工作条件	工作性质
脊柱	侧屈	同侧腹直肌、腹内斜肌、腹外斜肌、竖脊肌	下固定	向心工作

（2）开始及向下还原阶段

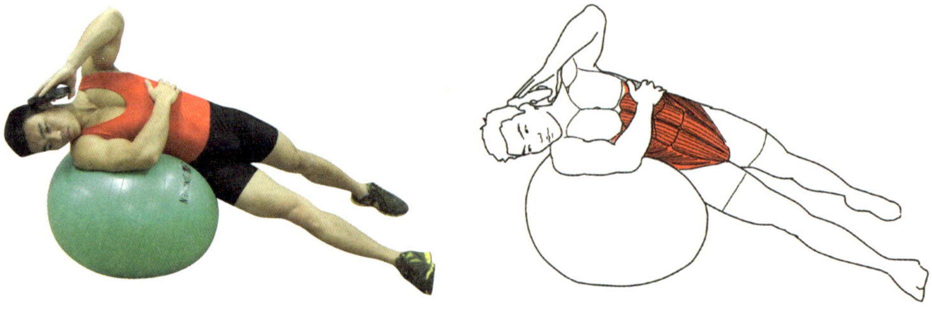

图3-54b 瑞士球侧身屈体练习—向下还原阶段

关节名称	关节运动	原动肌名称	工作条件	工作性质
脊柱	侧屈	同侧腹直肌、腹外斜肌、腹内斜肌、竖脊肌	下固定	离心工作

三、主要伸展性练习方法

练习一：仰卧腹肌伸展练习（Supine Two-Arm Overhead Stretch）

1. 动作要领

（1）开始动作：仰卧在地面上。

（2）练习动作：手臂向上伸直，胸和下背部向上顶起，同时收腹，髋关节伸及下肢伸直。稳定10秒。放松还原到开始动作。

（3）呼吸方式：自然呼吸。

（4）重复次数：按要求重复进行练习。

（5）练习类型：静力性拉伸。

（6）练习器材：练习垫。

2. 解剖学分析

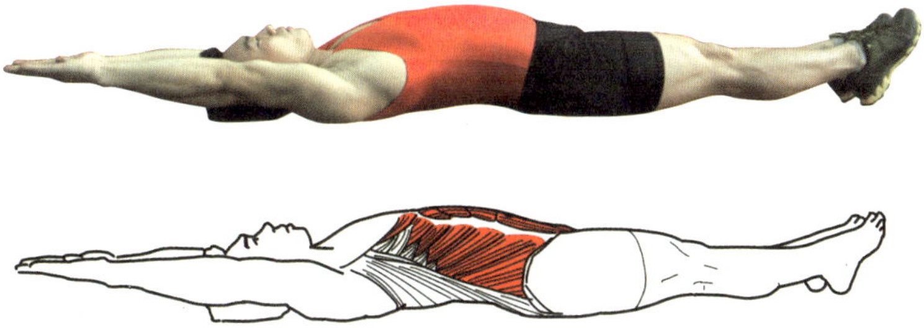

图3-55 仰卧腹肌伸展练习

关节名称	关节运动	拉伸肌肉名称	拉伸条件	拉伸类型
脊柱	伸	腹直肌、腹内斜肌、腹外斜肌	无固定	静力性拉伸
肩胛骨	上提	前锯肌、胸小肌、斜方肌下部	近固定	静力性拉伸
	上回旋	菱形肌、肩胛提肌、胸小肌	近固定	静力性拉伸
肩关节	伸	胸大肌、三角肌前束、肱二头肌、喙肱肌	近固定	静力性拉伸

练习二：腹部和大腿拉伸练习（Looking At Ceiling）

1. 动作要领

（1）开始动作：跪姿于地面，双手抓握脚踝。

（2）练习动作：臀部向前上顶出，同时头向后仰，背部呈反弓形。稳定10秒，还原成跪姿。

（3）呼吸方式：自然呼吸。

（4）重复次数：按要求重复进行练习。

（5）练习类型：静力性拉伸。

2. 解剖学分析

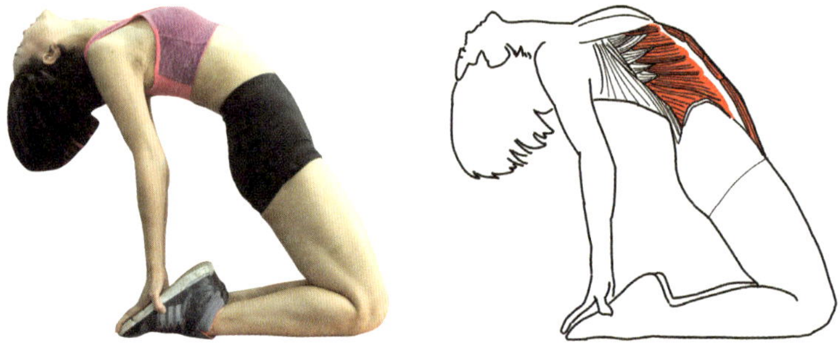

图3-56 腹部和大腿拉伸练习

关节名称	关节运动	拉伸肌肉名称	拉伸条件	拉伸类型
脊柱	伸	胸锁乳突肌、腹直肌、腹外斜肌、腹内斜肌	下固定	静力性拉伸
髋关节	伸	髂腰肌、股直肌、缝匠肌、耻骨肌、阔筋膜张肌	远固定	静力性拉伸
膝关节	屈	股四头肌	远固定	静力性拉伸
踝关节	屈	胫骨前肌、趾长屈肌、踇长屈肌	远固定	静力性拉伸
肩胛骨	后缩	前锯肌、胸小肌	近固定	静力性拉伸
肩关节	伸	胸大肌、三角肌前束、肱二头肌、喙肱肌	近固定	静力性拉伸
肘关节	伸	肱二头肌、肱肌、肱桡肌、旋前圆肌	近固定	静力性拉伸

练习三：侧屈拉伸练习（Barbell Side Bend Stretch）

1. 动作要领

（1）开始动作：站姿，双手上举杠铃杆。

（2）练习动作：向左侧屈体，左臂屈肘支撑于体侧，稳定躯干，右臂向上伸直，杠铃杆呈垂直位或斜位。稳定片刻，还原到开始动作。

（3）呼吸方式：侧屈体时呼气，还原过程吸气。

（4）重复次数：交替向对侧完成动作，按要求重复进行练习。

（5）练习类型：静力性拉伸。

（6）练习器材：杠铃杆或练习棒。

2. 解剖学分析

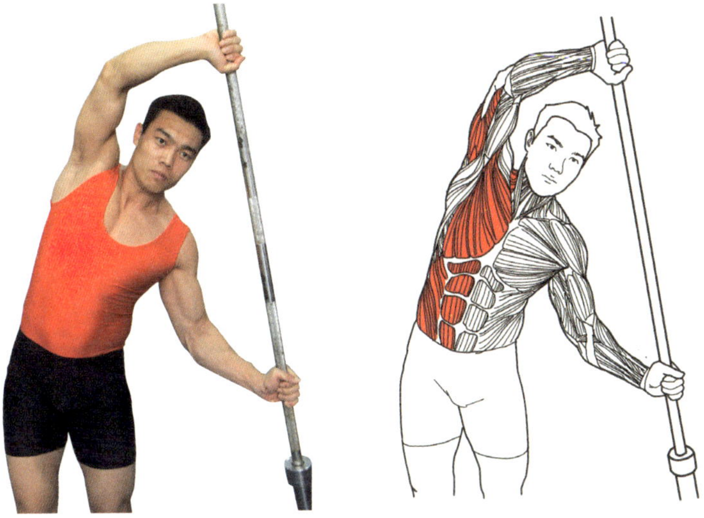

图3–57　躯干侧屈拉伸练习

关节名称	关节运动	拉伸肌肉名称	拉伸条件	拉伸类型
脊柱	侧屈	异侧腹直肌、腹内斜肌、腹外斜肌、斜方肌、菱形肌、竖脊肌、腰方肌	下固定	静力性拉伸
肩胛骨	上提	异侧前锯肌、胸小肌、斜方肌	近固定	静力性拉伸
	上回旋	异侧菱形肌、肩胛提肌、胸小肌	近固定	静力性拉伸
肩关节	外展	异侧胸大肌、三角肌前束、肱二头肌、喙肱肌、背阔肌、三角肌后束、肱三头肌、冈下肌、小圆肌、大圆肌、肩胛下肌	近固定	静力性拉伸

第八章　上肢肌肉训练

第一节　肩部肌肉训练

一、肩部肌群

肩部的主要肌群包括三角肌、冈上肌、冈下肌、大圆肌、小圆肌和肩胛下肌。主要功能是运动肩关节，并组成肩袖，对肩关节有保护和加强的作用。

图3-58　肩部肌群展示

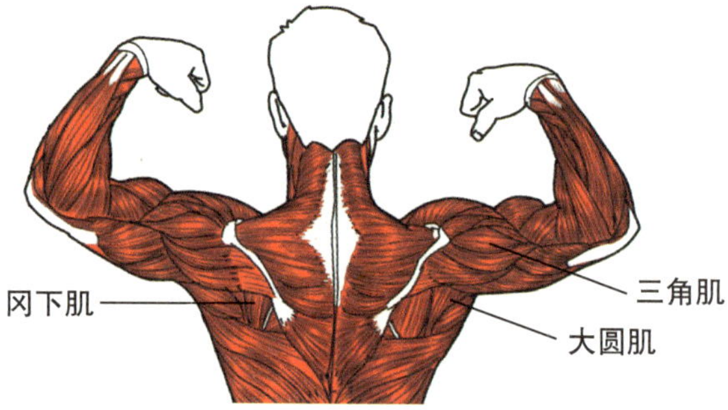

图3-59　肩部肌群解剖图

表3-5　肩部肌肉

肌肉名称	起点	止点	神经支配	主要功能
三角肌	锁骨外侧半、肩峰、肩胛冈	肱骨的三角肌粗隆	腋神经	前部肌束：使肩关节屈和旋内 后部肌束：使肩关节伸和旋外 中部肌束和整体：使肩关节外展
冈上肌	冈上窝	肱骨大结节	肩胛上神经	使肩关节外展
冈下肌	冈下窝	肱骨大结节嵴	肩胛上神经	使肩关节伸和旋外
小圆肌	肩胛骨外侧缘	肱骨大结节嵴	腋神经	使肩关节伸和旋外
大圆肌	肩胛骨下角后面	肱骨小结节嵴	肩胛下神经	使肩关节伸和内收
肩胛下肌	肩胛下窝	肱骨小结节	肩胛下神经	使肩关节伸和内收

二、主要力量练习方法

练习一：杠铃推肩练习（Barbell Shoulder Press）

1. 动作要领

（1）开始与还原动作：坐姿，背部紧贴靠背，置杠铃于头上方，抓握时两手的距离宽于肩，掌心向前。

（2）练习动作：用力上推杠铃离开杠铃架，锁定上肢各关节，稳定片刻。缓慢将杠铃放下至肩部高度，紧接着将杠铃推起还原到开始动作。

（3）呼吸方式：缓慢放下杠铃过程中呼气，用力上推时吸气。

（4）重复次数：按要求重复进行练习。

（5）练习类型：复合练习。

（6）练习器材：杠铃、杠铃架和练习凳。

（7）练习变化：该练习可取站姿进行，腰背部有伤者不宜进行此练习。

2. 解剖学分析

（1）向上推举阶段

图3-60a 杠铃推肩练习—向上推举阶段

关节名称	关节运动	原动肌名称	工作条件	工作性质
肩胛骨	上提	斜方肌上部、肩胛提肌	近固定	向心工作
	上回旋	斜方肌上下部、前锯肌	近固定	向心工作
肩关节	屈	胸大肌、三角肌前束、肱二头肌、喙肱肌	近固定	向心工作
	外展	三角肌、冈上肌	近固定	向心工作
肘关节	伸	肱三头肌、肘肌	近固定	向心工作
腕关节	屈	前臂屈肌群	近固定	向心工作

（2）向下还原阶段

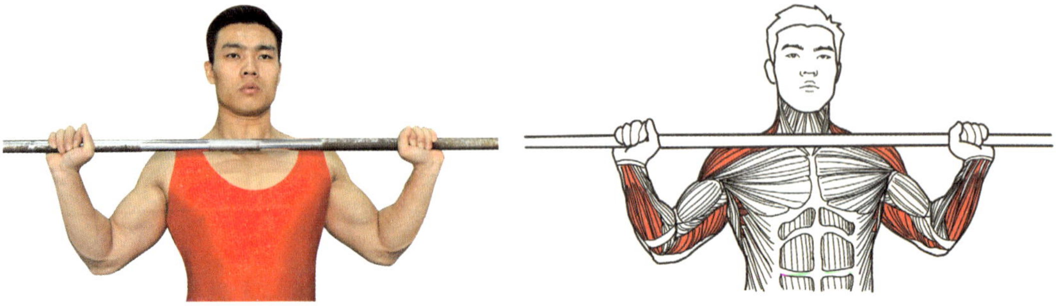

图3-60b 杠铃推肩练习—向下还原阶段

关节名称	关节运动	原动肌名称	工作条件	工作性质
肩胛骨	下降	斜方肌上部、肩胛提肌	近固定	离心工作
	下回旋	斜方肌上部、斜方肌下部、前锯肌	近固定	离心工作
肩关节	伸	胸大肌、三角肌前束、肱二头肌、喙肱肌	近固定	离心工作
	内收	三角肌、冈上肌	近固定	离心工作
肘关节	屈	肱三头肌、肘肌	近固定	离心工作
腕关节	过伸	前臂屈肌群	近固定	离心工作

练习二：阿洛德哑铃推举练习（Arnold Shoulder Press）

1. 动作要领

（1）开始与还原动作：坐姿，双臂位于体侧，屈肘置哑铃于胸部前上方，掌心对向躯干。

（2）练习动作：向上推举哑铃过程中前臂同时完成旋前，完全结束时手臂完全伸直，掌心向前。停顿片刻，缓慢放下哑铃过程中，前臂同时完成旋后，还原到开始动作。

（3）呼吸方式：上推哑铃过程中吸气，放下还原过程中完成呼气。

（4）重复次数：按要求重复进行练习。

（5）练习类型：复合练习。

（6）练习器材：哑铃和练习凳。

（7）练习变化：该练习可以采用站姿进行，腰背部有伤者不宜选用此练习。

2. 解剖学分析

（1）向上推举阶段

图3-61a 阿洛德哑铃推举练习—向上推举阶段

关节名称	关节运动	原动肌名称	工作条件	工作性质
肩胛骨	上提	斜方肌上部、肩胛提肌	近固定	向心工作
	上回旋	斜方肌上部、斜方肌下部、前锯肌	近固定	向心工作
肩关节	屈	胸大肌、三角肌前束、肱二头肌、喙肱肌	近固定	向心工作
	外展	三角肌、冈上肌	近固定	向心工作
肘关节	伸	肱三头肌、肘肌	近固定	向心工作
前臂	旋前	旋前圆肌、旋前方肌	近固定	向心工作
腕关节	中立位	前臂屈肌群	近固定	支持工作

（2）向下还原阶段

图3-61b 阿洛德哑铃推举练习—向下还原阶段

关节名称	关节运动	原动肌名称	工作条件	工作性质
肩胛骨	下降	斜方肌上部、肩胛提肌	近固定	离心工作
	下回旋	斜方肌上部、斜方肌下部、前锯肌	近固定	离心工作
肩关节	伸	胸大肌、三角肌前束、肱二头肌、喙肱肌	近固定	离心工作
	内收	三角肌、冈上肌	近固定	离心工作
肘关节	屈	肱三头肌、肘肌	近固定	离心工作
前臂	旋后	旋前圆肌、旋前方肌	近固定	离心工作
腕关节	中立位	前臂屈肌群	近固定	支持工作

练习三：橡筋后飞练习（Back Flyes With Bands）

1. 动作要领

（1）开始与还原动作：橡皮筋绕过或一端固定于静止物上。抓住橡筋的拉手，调整好身体位置和距离。双臂向前伸直平行于地面并垂直于躯干，保持橡筋有一定的紧张度。双脚分开与肩同宽，稳定站立。

（2）练习动作：保持双臂伸直，向后完成肩关节伸的动作。最后阶段，肌肉持续用力收缩，停顿片刻，缓慢还原到开始动作。

（3）呼吸方式：手臂向两侧时呼气，缓慢还原时吸气。

（4）练习次数：按要求重复进行练习。

（5）练习类型：复合练习。

（6）练习器材：橡皮筋。

（7）练习变化：可用三角肌后束练习器或水平拉力器进行练习。

2. 解剖学分析

（1）手臂向两侧阶段

图3-62a 橡筋后飞练习—手臂向两侧阶段

关节名称	关节运动	原动肌名称	工作条件	工作性质
肩胛骨	后缩	斜方肌、菱形肌	近固定	向心工作
肩关节	水平伸	背阔肌、三角肌后束、冈下肌、小圆肌、大圆肌、肩胛下肌	近固定	向心工作
肘关节	伸	肱三头肌、肘肌	近固定	支持工作
腕关节	中立位	前臂伸肌群	近固定	支持工作

（2）向前还原阶段

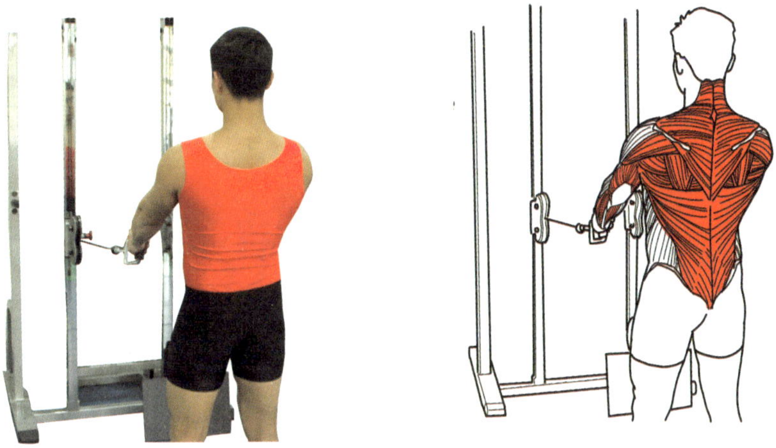

图3-62b　橡筋后飞练习—向前还原阶段

关节名称	关节运动	原动肌名称	工作条件	工作性质
肩胛骨	前伸	斜方肌、菱形肌	近固定	离心工作
肩关节	水平屈	背阔肌、三角肌后束、冈下肌、小圆肌、大圆肌、肩胛下肌	近固定	离心工作
肘关节	伸	肱三头肌、肘肌	近固定	支持工作
腕关节	中立位	前臂伸肌群	近固定	支持工作

练习四：拉索肩臂旋内练习（Cable Internal Rotation）

1. 动作要领

（1）开始与还原动作：坐姿侧对低拉器，单手抓握把手，手臂靠近拉索。肘关节位于体侧，屈曲90°，上臂靠近躯干。

（2）练习动作：肩关节旋内，拉握柄横过腹部，动作轨迹为一条半圆的弧线。始终保持前臂与躯干呈直角。缓慢还原到开始动作。练习负荷不宜过重，否则容易造成“肩袖”损伤。

（3）呼吸方式：肩旋内阶段呼气，放松还原时吸气。

（4）重复次数：按要求重复练习，然后交叉到异侧进行练习。

（5）练习类型：复合练习。

（6）练习器材：拉索练习器。

（7）练习变化：可用哑铃或橡筋替代进行练习。

2. 解剖学分析

（1）上臂旋内阶段

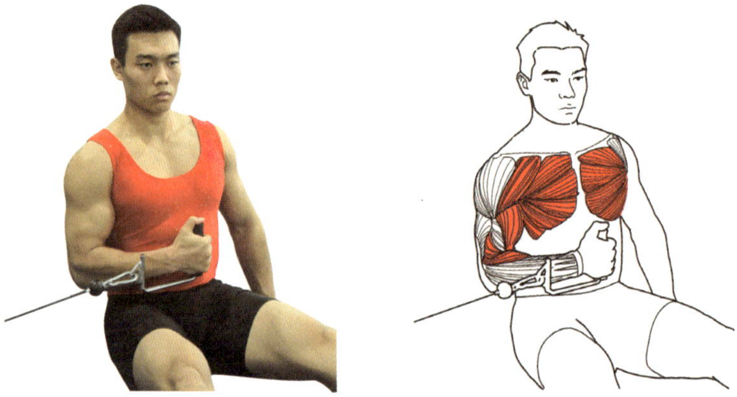

图3-63a 拉索肩臂旋内练习—旋内阶段

关节名称	关节运动	原动肌名称	工作条件	工作性质
肩胛骨	前伸	前锯肌、胸小肌	近固定	向心工作
肩关节	旋内	胸大肌、背阔肌、三角肌前束、肩胛下肌、大圆肌	近固定	向心工作
肘关节	屈	肱二头肌、肱肌、肱桡肌、旋前圆肌	近固定	支持工作
腕关节	中立位	前臂屈肌群	近固定	支持工作

（2）旋外还原阶段

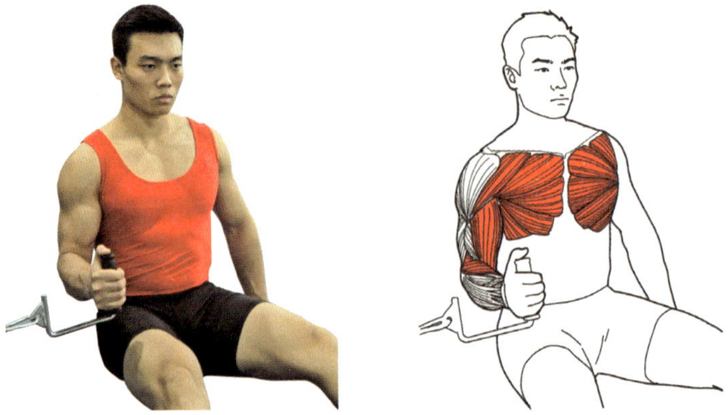

图3-63b 拉索肩旋内练习—旋外还原阶段

关节名称	关节运动	原动肌名称	工作条件	工作性质
肩胛骨	后缩	前锯肌、胸小肌	近固定	离心工作
肩关节	旋外	胸大肌、背阔肌、三角肌前束、肩胛下肌、大圆肌	近固定	离心工作
肘关节	屈	肱二头肌、肱肌、肱桡肌、旋前圆肌	近固定	支持工作
腕关节	中立位	前臂屈肌群	近固定	支持工作

练习五：哑铃前举练习（Front Dumbbell Raise）

1. 动作要领

（1）开始与还原动作：身体直立，双手握哑铃置于大腿前面，手臂伸直，掌心对向大腿。

（2）练习动作：保持躯干直立（没有摇摆），向前抬臂，肘关节微屈，掌心向下，到达最高点时，手臂略高于水平位置。停顿片刻，缓慢放下哑铃，还原到开始动作。

（3）呼吸方式：向上抬臂过程吸气，到达最高处停顿时呼气。

（4）重复次数：两侧交替完成动作，按要求重复进行练习。

（5）练习类型：复合练习。

（6）练习器材：哑铃。

（7）练习变化：可两侧同时完成动作，器材也可选用杠铃。

2. 解剖学分析

（1）前举阶段

图3-64a 哑铃前举练习—前举阶段

关节名称	关节运动	原动肌名称	工作条件	工作性质
肩胛骨	前伸	前锯肌、胸小肌	近固定	向心工作
	上回旋	斜方肌上部、斜方肌下部、前锯肌	近固定	向心工作
肩关节	屈	胸大肌、三角肌前束、肱二头肌、喙肱肌	近固定	向心工作
肘关节	伸	肱三头肌、肘肌	近固定	支持工作
腕关节	中立位	前臂伸肌群	近固定	支持工作

（2）向下还原阶段

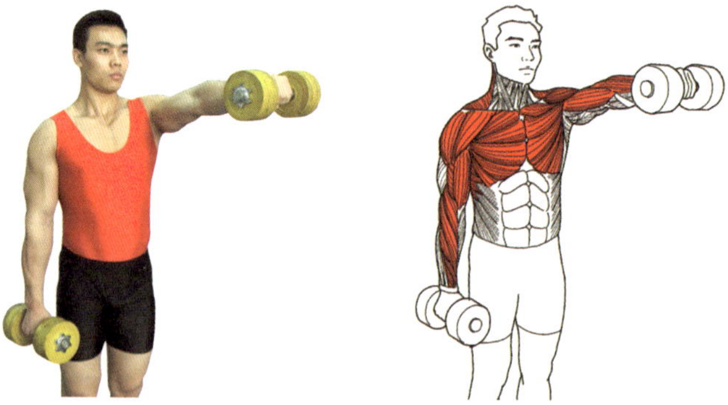

图3-64b 哑铃前举练习—向下还原阶段

关节名称	关节运动	原动肌名称	工作条件	工作性质
肩胛骨	后缩	前锯肌、胸小肌	近固定	离心工作
	下回旋	斜方肌上部、斜方肌下部、前锯肌	近固定	离心工作
肩关节	伸	胸大肌、三角肌前束、肱二头肌、喙肱肌	近固定	离心工作
肘关节	伸	肱三头肌、肘肌	近固定	支持工作
腕关节	中立位	前臂伸肌群	近固定	支持工作

练习七：站姿杠铃垂直提拉练习（Upright Barbell Row）

1. 动作要领

（1）开始与还原动作：双手抓握杠铃杆，握距约同肩宽，置于大腿前面，肘关节微屈，背部挺直。

（2）练习动作：三角肌发力，屈肘提铃，肘关节向上外行，保持铃杆靠近身体。提铃杆至接近下颌。持续用力，稳定片刻。动作过程中，肘部始终领先，并高于前臂和手，缓慢还原到开始动作。

（3）呼吸方式：向上提拉时吸气，向下还原时呼气。

（4）重复次数：按要求重复进行练习。

（5）练习类型：复合练习。

（6）练习器材：杠铃。

（7）练习变化：练习器械替换可以用低拉器或哑铃。

2. 解剖学分析

（1）向上提拉阶段

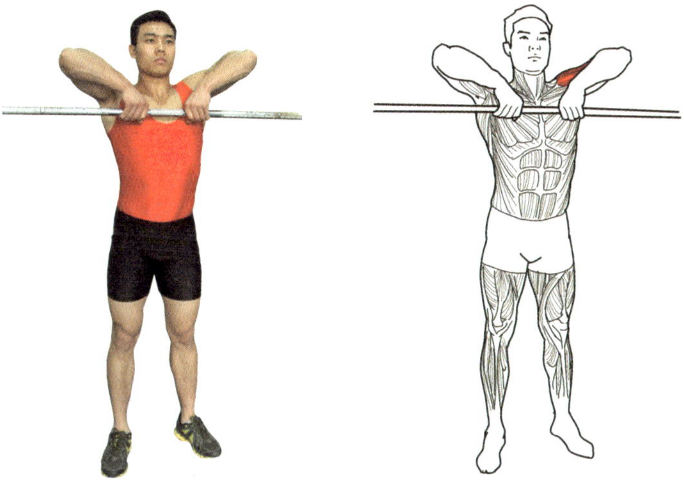

图3-65a 站姿杠铃提拉练习—向上提拉阶段

关节名称	关节运动	原动肌名称	工作条件	工作性质
肩胛骨	上提	斜方肌上部、肩胛提肌	近固定	向心工作
	上回旋	斜方肌上部、斜方肌下部、前锯肌	近固定	向心工作
肩关节	屈	胸大肌、三角肌前束、肱二头肌、喙肱肌	近固定	向心工作
	外展	三角肌、冈上肌	近固定	向心工作
肘关节	屈	肱二头肌、肱肌、肱桡肌、旋前圆肌	近固定	向心工作
腕关节	中立位	前臂伸肌群	近固定	支持工作

（2）向下还原阶段

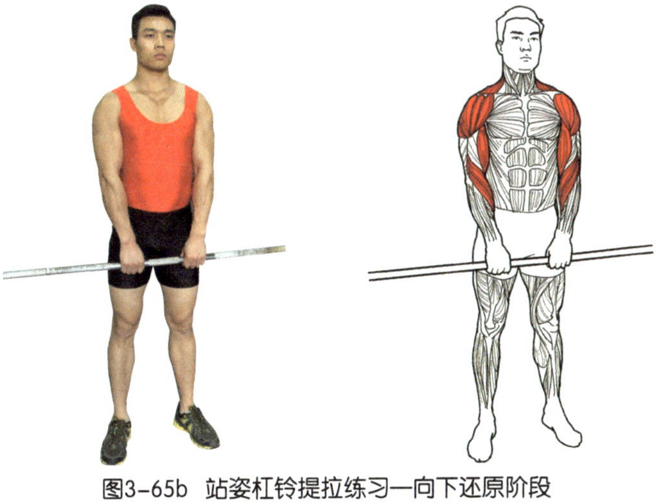

图3-65b 站姿杠铃提拉练习—向下还原阶段

关节名称	关节运动	原动肌名称	工作条件	工作性质
肩胛骨	下降	斜方肌上部、肩胛提肌	近固定	离心工作
	下回旋	斜方肌上部、斜方肌下部、前锯肌	近固定	离心工作
肩关节	伸	胸大肌、三角肌前束、肱二头肌、喙肱肌	近固定	离心工作
	内收	三角肌、冈上肌	近固定	离心工作
肘关节	伸	肱二头肌、肱肌、肱桡肌、旋前圆肌	近固定	离心工作
腕关节	中立位	前臂屈肌群	近固定	支持工作

三、主要伸展性练习方法

练习一：胸肩部拉伸练习（Chest & Front Shoulder Stretch）

1. 动作要领

（1）开始与还原动作：坐姿，躯干挺直。屈肘，双手指在头后交叉。

（2）练习动作：肘关节缓慢向后移动，肩关节水平伸达最大活动范围，尽可能拉伸胸部和肩关节前方肌群。稳定片刻，还原到开始动作。

（3）呼吸方式：肘关节向后拉伸时吸气，向前还原时呼气。

（4）重复次数：按要求重复进行练习。

（5）练习类型：静力性拉伸。

（6）练习器材：练习凳。

（7）练习变化：可采用站姿或跪姿进行练习。

2. 解剖学分析

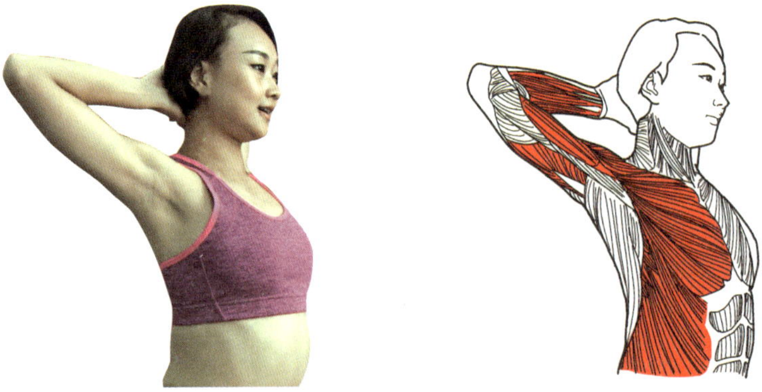

图3-66　胸肩部拉伸练习

关节名称	关节运动	拉伸肌肉名称	拉伸条件	拉伸类型
肩胛骨	后缩	胸小肌、前锯肌	近固定	静力性拉伸
	上提	斜方肌下部、胸小肌、前锯肌	近固定	静力性拉伸
	上回旋	肩胛提肌、菱形肌、胸小肌	近固定	静力性拉伸
肩关节	水平伸	胸大肌、三角肌前束、肱二头肌、喙肱肌	近固定	静力性拉伸
肘关节	屈	肱三头肌、肘肌	近固定	静力性拉伸
腕关节	伸	前臂屈肌群	近固定	静力性拉伸

练习二：举杠头后拉伸练习（Bar Overhead Stretch）

1. 动作要领

（1）开始与还原动作：身体直立，双脚并拢。双手握杠于体前与肩同宽，掌心向下。

（2）练习动作：手臂伸直，从身体前方缓慢举杠至头后。保持躯干正直。感受胸部和前肩部肌群的拉伸。稳定片刻，控制动作速度，还原到开始动作。

（3）呼吸方式：手臂向上阶段吸气，向下阶段呼气。

（4）重复次数：按要求重复进行练习。

（5）练习类型：动力性拉伸。

（6）练习器材：杠铃杆。

2. 解剖学分析

图3-67　举杠头后拉伸练习

关节名称	关节运动	拉伸肌肉名称	拉伸条件	拉伸类型
肩胛骨	上提	斜方肌下部、胸小肌、前锯肌	近固定	动力性拉伸
	上回旋	肩胛提肌、菱形肌、胸小肌	近固定	动力性拉伸
肩关节	屈（垂直位之前）	背阔肌、三角肌后束、冈下肌、小圆肌、大圆肌、肩胛下肌	近固定	动力性拉伸
	伸（垂直位之后）	胸大肌、三角肌前束、肱二头肌、喙肱肌	近固定	动力性拉伸
肘关节	伸	肱二头肌、肱肌、肱桡肌、肘肌	近固定	静力性拉伸
腕关节	伸	前臂屈肌群	近固定	静力性拉伸

练习三：抱肩拉伸练习（Hug Shoulders Stretch）

1. 动作要领

（1）开始与还原动作：练习可采用站姿或坐姿。双手体前交叉至异侧肩胛骨下方。

（2）练习动作：肩胛骨前伸、肩关节屈，含胸收腹，呈“熊抱”姿势，同时保持头颈前屈，减小颈部紧张度。稳定数秒。还原动作，沉肩伸臂自然悬垂于身体两侧。

（3）呼吸方式：呈“熊抱”时吸气；放松阶段呼气。

（4）重复次数：按要求重复进行练习。

（5）练习类型：静力性拉伸。

2. 动作分析

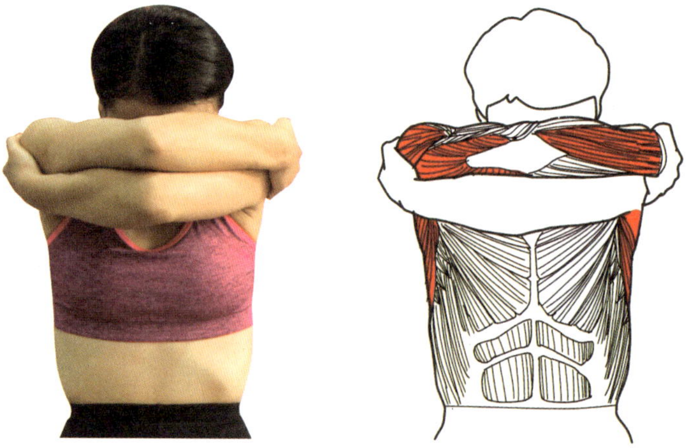

图3-68 抱肩拉伸练习

关节名称	关节运动	拉伸肌肉名称	拉伸条件	拉伸类型
肩胛骨	前伸	斜方肌、菱形肌	近固定	静力性拉伸
肩关节	屈	背阔肌、三角肌后束、肱三头肌、冈下肌、小圆肌、大圆肌、肩胛下肌	近固定	静力性拉伸
肘关节	屈	肱三头肌、肘肌	近固定	静力性拉伸
腕关节	屈	前臂伸肌群	近固定	静力性拉伸

练习四：体后摆臂拉伸练习（Arm Rear Swing Stretch）

1. 动作要领

（1）开始动作：身体直立，双脚并拢。双手宽握杠铃杆于体后，掌心向下，拇指向外。

（2）练习动作：体后直臂上抬双臂，直到不能继续上行为止。稳定片刻，向下还原到开始动作。

（3）呼吸方式：手臂后摆向上阶段吸气，向下阶段呼气。

（4）重复次数：按要求重复进行练习。

（5）练习类型：动力性拉伸。

2. 动作分析

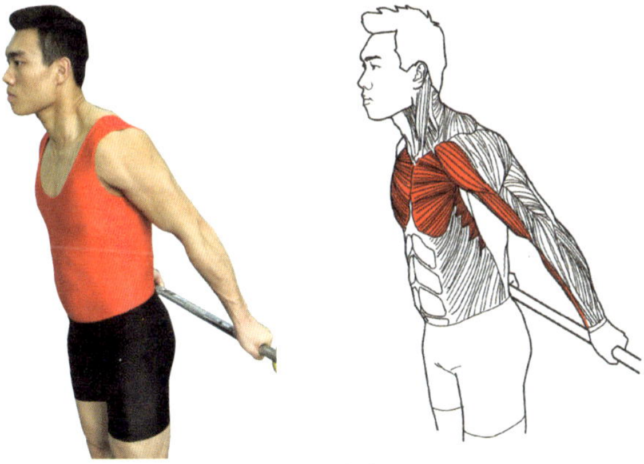

图3-69　体后摆臂拉伸练习

关节名称	关节运动	拉伸肌肉名称	拉伸条件	拉伸类型
肩胛骨	后缩	前锯肌、胸小肌	近固定	动力性拉伸
肩关节	伸	胸大肌、三角肌前束、肱二头肌、喙肱肌	近固定	动力性拉伸
肘关节	伸	肱二头肌、肱肌、肱桡肌、旋前圆肌	近固定	静力性拉伸
腕关节	中立位	前臂伸肌群	近固定	静力性拉伸

练习五：屈肘绕肩拉伸练习（Elbow Circles Stretch）

1. 动作要领

（1）开始动作：练习采用坐姿或站姿，双脚略分开。屈臂双手置于肩部外侧，肘关节向外与肩平齐。

（2）练习动作：肘部画圆带动肩部由前向后绕环。

（3）呼吸方式：肘关节向上动作时吸气，向下动作时呼气。

（4）重复次数：按要求重复进行练习。

（5）练习类型：动力性拉伸。

2. 解剖学分析

（1）向前上环绕阶段

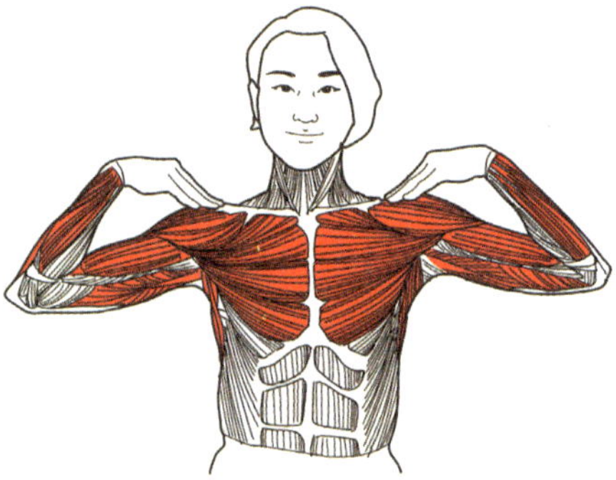

图3-70a　屈肘绕肩拉伸练习—向前上环绕阶段

关节名称	关节运动	拉伸肌肉名称	拉伸条件	拉伸类型
肩胛骨	上提	前锯肌、胸小肌	近固定	动力性拉伸
	前伸	斜方肌、菱形肌	近固定	动力性拉伸
	上回旋	肩胛提肌、菱形肌、胸小肌	近固定	动力性拉伸
肩关节	屈	背阔肌、三角肌后束、肱三头肌、冈下肌、小圆肌、大圆肌、肩胛下肌	近固定	动力性拉伸
	外展	胸大肌、喙肱肌、背阔肌、冈下肌、小圆肌、大圆肌、肩胛下肌	近固定	动力性拉伸
肘关节	屈	肱三头肌、肘肌	近固定	静力性拉伸
腕关节	屈	前臂伸肌群	近固定	静力性拉伸

（2）向后下环绕阶段

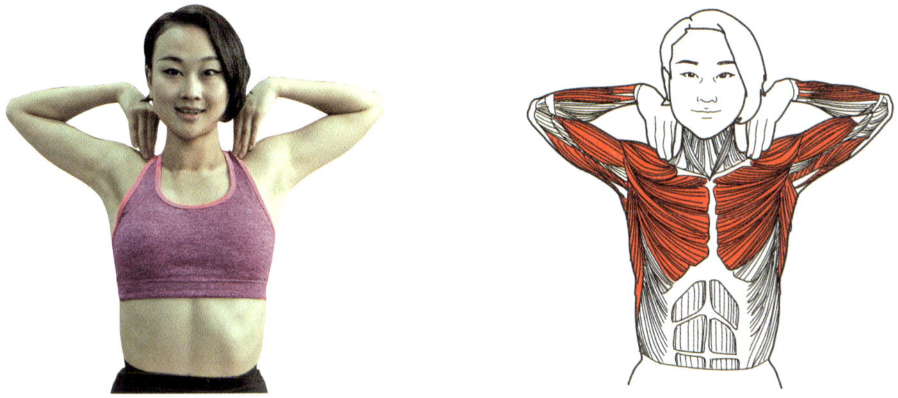

图3-70b　屈肘绕肩拉伸练习—向后下环绕阶段

关节名称	关节运动	拉伸肌肉名称	拉伸条件	拉伸类型
肩胛骨	下降	斜方肌上部、肩胛提肌、菱形肌	近固定	动力性拉伸
	后缩	前锯肌、胸小肌	近固定	动力性拉伸
	下回旋	斜方肌上部、斜方肌下部、前锯肌	近固定	动力性拉伸
肩关节	伸	胸大肌、三角肌前束、肱二头肌、喙肱肌	近固定	动力性拉伸
	内收	三角肌、冈上肌	近固定	动力性拉伸
肘关节	屈	肱三头肌、肘肌	近固定	静力性拉伸
腕关节	屈	前臂伸肌群	近固定	静力性拉伸

练习六：直臂绕肩拉伸练习（Straight Arm Circles Stretch）

1. 动作要领

（1）开始与还原动作：双臂向外伸直呈水平位，掌心向前。

（2）练习动作：以肩关节为轴，缓慢完成环转动作。

（3）呼吸方式：手臂上行时吸气，下降时呼气。

（4）练习时间和重复次数：持续练习10秒。第二次，反方向进行练习。按要求重复进行练习。

（5）练习类型：动力性拉伸。

2. 解剖学分析

（1）向前上环绕阶段

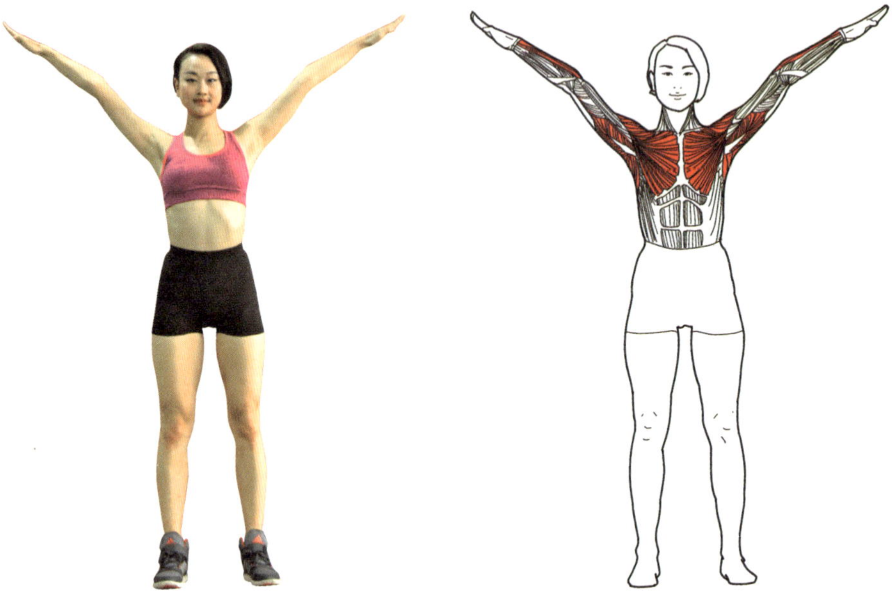

图3-71a　直臂绕肩拉伸练习—向前上环绕阶段

关节名称	关节运动	拉伸肌肉名称	拉伸条件	拉伸类型
肩胛骨	上提	前锯肌、胸小肌	近固定	动力性拉伸
	前伸	斜方肌、菱形肌	近固定	动力性拉伸
	上回旋	肩胛提肌、菱形肌、胸小肌	近固定	动力性拉伸
肩关节	屈	背阔肌、三角肌后束、肱三头肌、冈下肌 小圆肌、大圆肌、肩胛下肌	近固定	动力性拉伸
	外展	胸大肌、喙肱肌、背阔肌、 冈下肌、小圆肌、大圆肌、肩胛下肌	近固定	动力性拉伸
肘关节	伸	肱二头肌、肱肌、肱桡肌、旋前圆肌	近固定	静力性拉伸
腕关节	中立位	前臂伸肌群	近固定	静力性拉伸

（2）向后下环绕阶段

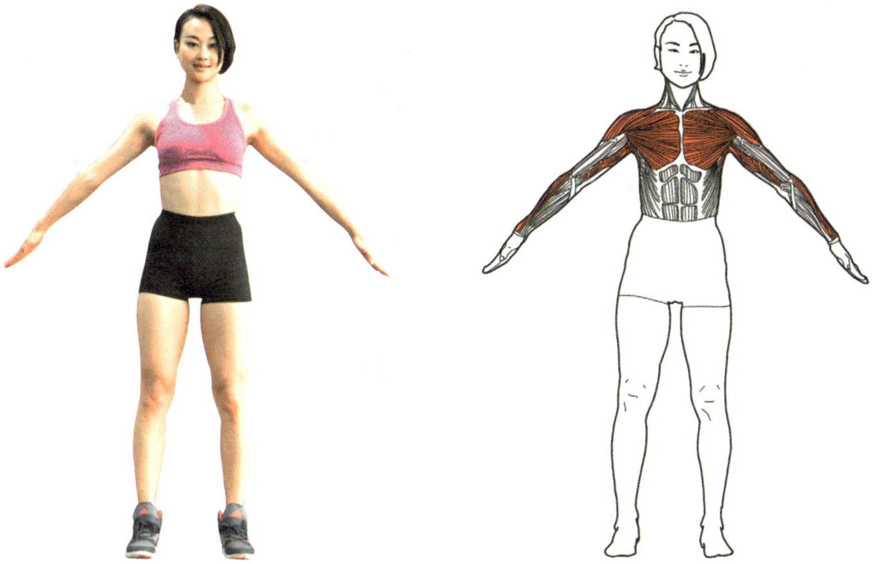

图3-71b　直臂绕肩拉伸练习—向后下环绕阶段

关节名称	关节运动	拉伸肌肉名称	拉伸条件	拉伸类型
肩胛骨	下降	斜方肌上部、肩胛提肌、菱形肌	近固定	动力性拉伸
	后缩	前锯肌、胸小肌	近固定	动力性拉伸
	下回旋	斜方肌上部、斜方肌下部、前锯肌	近固定	动力性拉伸
肩关节	伸	胸大肌、三角肌前后束、肱二头肌、喙肱肌	近固定	动力性拉伸
	内收	三角肌、冈上肌	近固定	动力性拉伸
肘关节	伸	肱二头肌、肱肌、肱桡肌、旋前圆肌	近固定	静力性拉伸
腕关节	中立位	前臂伸肌群	近固定	静力性拉伸

第二节　上臂肌肉训练

一、上臂肌群

上臂的主要肌群包括前群肌有肱二头肌、喙肱肌和肱肌，后群肌有肱三头肌和肘肌。主要功能是运动肘关节，配合肩部肌群参与肩关节的运动。

图3-72 上臂肌群展示

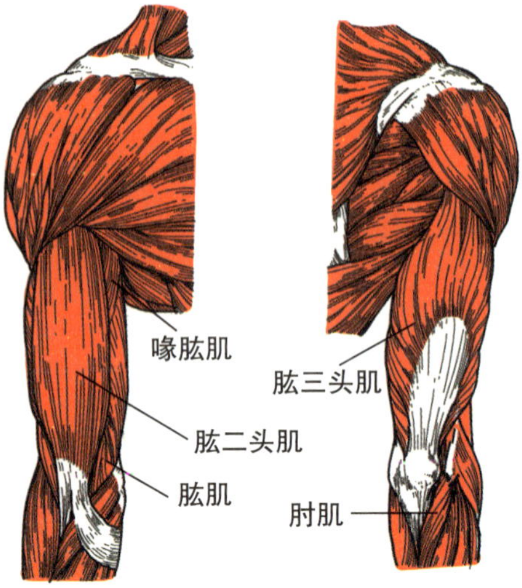

图3-73 上臂肌群解剖图

表3-6 上臂肌肉

肌肉名称	起点	止点	神经支配	主要功能
肱二头肌	长头起于盂上结节、短头起于喙突	桡骨粗隆和前臂筋膜	肌皮神经	近固定：使肩关节屈、肘关节屈 远固定：拉躯干向上臂靠拢
喙肱肌	肩胛骨喙突	肱骨中部的内侧	肌皮神经	近固定：肩关节屈、内收、旋外
肱肌	肱骨前面下半部	尺骨粗隆	肌皮神经	近固定：使肘关节屈 远固定：上臂在肘关节处屈
肱三头肌	长头起自肩胛骨盂下结节；外侧头起自肱骨桡神经沟的外上方；内侧头起自桡神经沟以下的骨面	尺骨鹰嘴	桡神经	近固定：使肘关节伸 远固定：上臂在肘关节处伸

二、主要力量练习方法

练习一：杠铃弯臂屈肘练习（Barbell Curl）

1. 动作要领

（1）开始与还原动作：身体直立，双手握杠铃与肩同宽，掌心向前，肘关节贴近躯干。

（2）练习动作：上臂固定，肱二头肌收缩，弯臂屈肘，提起负荷到肩部高度。

持续用力收缩稳定片刻。然后缓慢还原到开始动作。

（3）呼吸方式：屈肘向上阶段呼气，向下还原阶段吸气。

（4）重复次数：按要求重复进行练习。

（5）练习类型：孤立练习。

（6）练习器材：杠铃。

（7）练习变化：可用哑铃替代练习。

2. 解剖学分析

（1）向上屈肘阶段

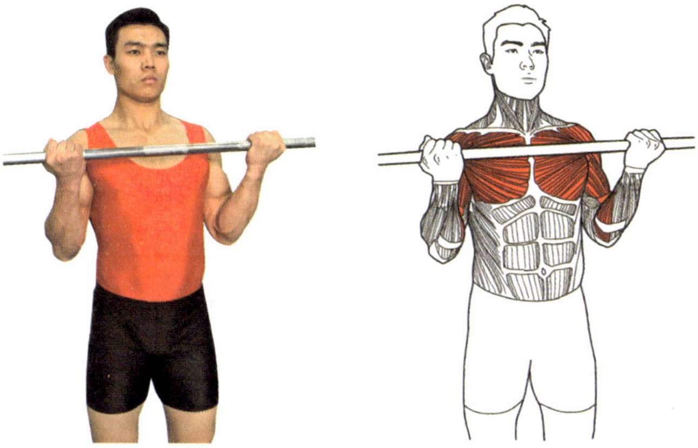

图3-74a　杠铃弯臂屈肘练习—向上屈肘阶段

关节名称	关节运动	原动肌名称	工作条件	工作性质
肩胛骨	下降	斜方肌上部、肩胛提肌	近固定	支持工作
肩关节	内收	胸大肌、背阔肌、三角肌前束和后束	近固定	支持工作
肘关节	屈	肱二头肌、肱肌、肱桡肌、旋前圆肌	近固定	向心工作
腕关节	中立位	前臂屈肌群	近固定	支持工作

（2）向下还原阶段

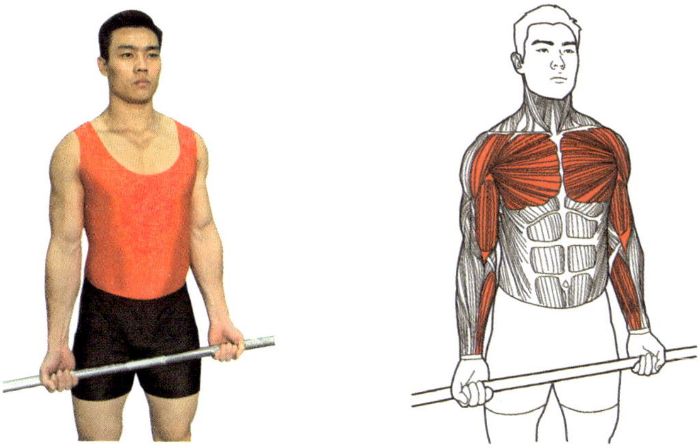

图3-74b　杠铃弯臂屈肘练习—向下还原阶段

关节名称	关节运动	原动肌名称	工作条件	工作性质
肩胛骨	下降	斜方肌上部、肩胛提肌	近固定	支持工作
肩关节	内收	胸大肌、背阔肌、三角肌前束和后束	近固定	支持工作
肘关节	伸	肱二头肌、肱肌、肱桡肌、旋前圆肌	近固定	离心工作
腕关节	中立位	前臂屈肌群	近固定	支持工作

练习二：锤式哑铃交替屈肘练习（Alternate Hammer Curl）

1. 动作要领

（1）开始与还原动作：身体直立，动作开始时手臂自然悬垂于体侧，肘关节靠近躯干，双手握哑铃，掌心向内。

（2）练习动作：屈左臂提哑铃至肩关节前方。屈肘肌持续用力收缩，保持片刻。然后缓慢还原到开始姿势。右臂交替完成同样动作。

（3）呼吸方式：屈肘向上阶段呼气，向下还原阶段吸气。

（4）重复次数：左右交替完成动作。按要求重复进行练习。

（5）练习类型：孤立练习。

（6）练习器材：哑铃。

（7）练习变化：该练习可采取坐姿进行，也可以双臂同时动作。

2. 解剖学分析

（1）向上屈臂阶段

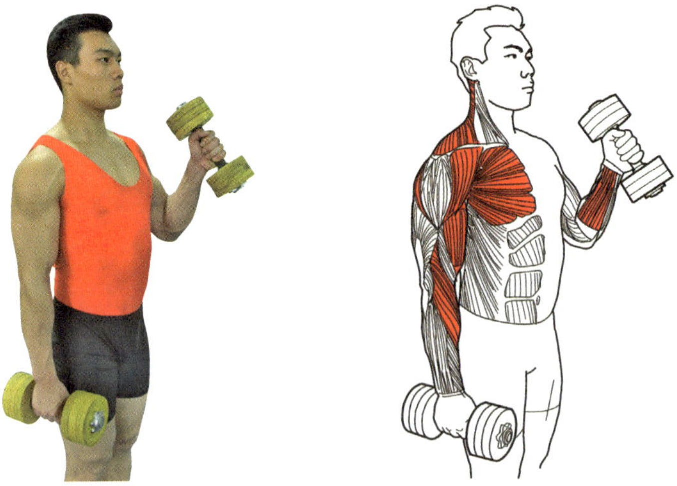

图3-75a 锤式哑铃交替屈肘练习—向上屈臂阶段

关节名称	关节运动	原动肌名称	工作条件	工作性质
肩胛骨	下降	斜方肌上部、肩胛提肌	近固定	支持工作
肩关节	内收	胸大肌、背阔肌、三角肌前束和后束	近固定	支持工作
肘关节	屈	肱二头肌、肱肌、肱桡肌、旋前圆肌	近固定	向心工作
前臂	旋前	旋前圆肌、旋前方肌	近固定	支持工作
腕关节	中立位	前臂屈肌群	近固定	固定工作

（2）向下还原阶段

图3-75b　锤式哑铃交替屈肘练习—向下还原阶段

关节名称	关节运动	原动肌名称	工作条件	工作性质
肩胛骨	下降	斜方肌上部、肩胛提肌	近固定	支持工作
肩关节	内收	三角肌、冈上肌	近固定	支持工作
肘关节	伸	肱二头肌、肱肌、肱桡肌、旋前圆肌	近固定	离心工作
前臂	旋前	旋前圆肌、旋前方肌	近固定	支持工作
腕关节	中立位	前臂屈肌群	近固定	支持工作

练习三：斜板哑铃交替屈肘练习（ Alternate Incline Dumbbell Curl ）

1. 动作要领

（1）开始与还原动作：坐在练习斜板凳上。双臂在体侧自然悬垂，肘关节近躯干，双手握哑铃，掌心向内。与弯臂屈肘动作不同之处是肱二头肌先被拉伸，然后收缩。

（2）练习动作：左上臂保持静止，前臂在肘关节处屈，提哑铃向上至肩关节前方，屈肘同时前臂旋后，最后掌心向上。屈肘肌用力收缩，保持片刻。然后缓慢还原到开始姿势。右臂交替完成同样动作。左右交替完成动作。

（3）呼吸方式：向上用力阶段呼气，向下还原阶段吸气。

（4）重复次数：按要求重复进行练习。

（5）练习类型：孤立练习。

（6）练习器材：哑铃和斜板练习凳。

2. 解剖学分析

（1）向上屈臂阶段

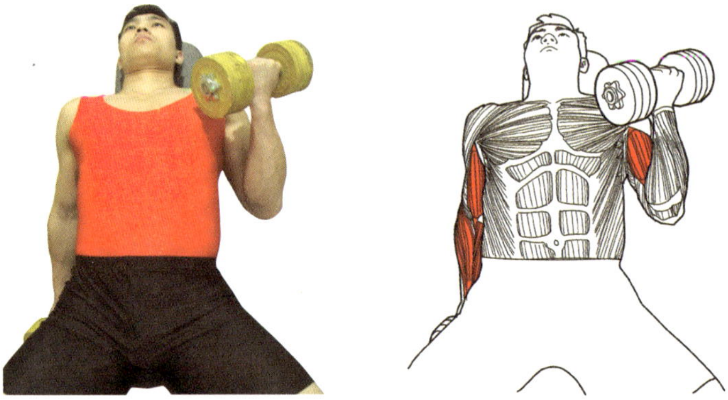

图3-76a 斜板哑铃交替屈肘练习—向上屈臂阶段

关节名称	关节运动	原动肌名称	工作条件	工作性质
肩胛骨	后缩	前锯肌、胸小肌	近固定	支持工作
	下降	斜方肌上部、肩胛提肌	近固定	支持工作
肩关节	伸	胸大肌、三角肌前束、肱二头肌、喙肱肌	近固定	支持工作
肘关节	屈	肱二头肌、肱肌、肱桡肌、旋前圆肌	近固定	向心工作
前臂	旋后	旋后肌、肱二头肌	近固定	向心工作
腕关节	中立位	前臂屈肌群	近固定	支持工作

（2）向下还原阶段

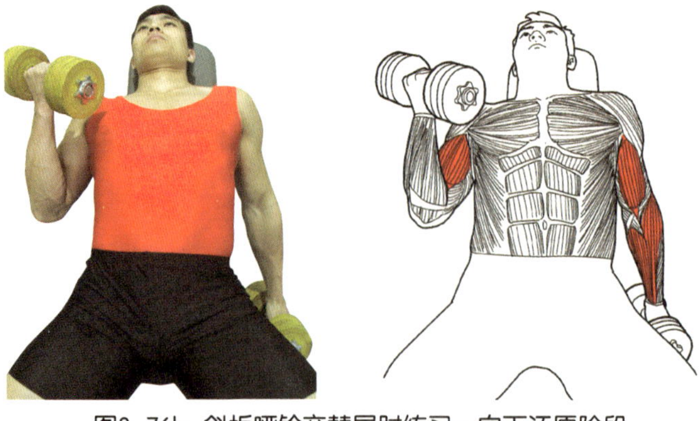

图3-76b 斜板哑铃交替屈肘练习—向下还原阶段

关节名称	关节运动	原动肌名称	工作条件	工作性质
肩胛骨	后缩	前锯肌、胸小肌	近固定	支持工作
	下降	斜方肌上部、肩胛提肌	近固定	支持工作
肩关节	伸	胸大肌、三角肌前束、肱二头肌、喙肱肌	近固定	离心工作
肘关节	伸	肱二头肌、肱肌、肱桡肌、旋前圆肌	近固定	离心工作
前臂	旋前	旋后肌、肱二头肌	近固定	离心工作
腕关节	中立位	前臂屈肌群	近固定	支持工作

练习四：俯卧斜板屈肘练习（Barbell Curls Lying Against An Incline）

1. 动作要领

（1）开始与还原动作：前俯在斜板练习凳上。双手握杠铃，掌心向前，手臂自然悬垂，与地面垂直。前俯时肩关节屈曲位，肱二头肌已经缩短。

（2）练习动作：保持上臂静止，前臂在肘关节处屈，提哑铃向上至肩关节前方最高处。屈肘肌用力收缩，保持片刻。然后缓慢还原到开始姿势。

（3）呼吸方式：屈肘向上阶段呼气，向下还原阶段吸气。

（4）重复次数：按要求重复进行练习。

（5）练习类型：孤立练习。

（6）练习器材：哑铃和斜板练习凳。

2. 解剖学分析

（1）向上屈臂阶段

图3-77a　俯卧斜板屈肘练习—向上屈臂阶段

关节名称	关节运动	原动肌名称	工作条件	工作性质
肩胛骨	前伸	斜方肌、菱形肌	近固定	支持工作
	下降	斜方肌上部、肩胛提肌	近固定	支持工作
肩关节	屈	背阔肌、三角肌后束、冈下肌、小圆肌、大圆肌、肩胛下肌、肱三头肌	近固定	支持工作
肘关节	屈	肱二头肌、肱肌、肱桡肌、旋前圆肌	近固定	向心工作
腕关节	中立位	前臂屈肌群	近固定	支持工作

（2）向下还原阶段

图3-77b　俯卧斜板屈肘练习—向下还原阶段

关节名称	关节运动	原动肌名称	工作条件	工作性质
肩胛骨	前伸	斜方肌、菱形肌	近固定	支持工作
	下降	斜方肌上部、肩胛提肌	近固定	支持工作
肩关节	屈	背阔肌、三角肌后束、冈下肌、小圆肌、大圆肌、肩胛下肌、肱三头肌	近固定	支持工作
肘关节	伸	肱二头肌、肱肌、肱桡肌、旋前圆肌	近固定	离心工作
腕关节	中立位	前臂屈肌群	近固定	支持工作

练习五：哑铃集中弯举练习（Concentration Curls）

1. 动作要领

（1）开始与还原动作：坐在练习凳一端，哑铃置于体前两腿之间。膝关节屈，全脚掌落地。右肘后部贴近右大腿内侧面。肩关节屈曲位，肱二头肌已经缩短。右手掌心向前，抓握哑铃，肘关节伸直。

（2）练习动作：固定上臂，屈肘肌用力，前臂在肘关节处屈至极限角度。动作结束阶段伴随一定幅度的旋后运动。持续收缩，稳定片刻。缓慢还原到开始动作。

（3）呼吸方式：弯臂屈肘阶段呼气，放松还原阶段吸气。

（4）重复次数：按要求重复进行练习，交替到对侧进行练习。

（5）练习类型：孤立练习。

（6）练习器材：哑铃和练习凳。

（7）练习变化：该练习可采用站姿，躯干前屈，但上肢无支撑，需要更好地控制力和稳定性。

2. 解剖学分析

（1）向上屈臂阶段

图3-78a　哑铃集中弯举练习—向上屈臂阶段

关节名称	关节运动	原动肌名称	工作条件	工作性质
肩胛骨	前伸	斜方肌、菱形肌	近固定	支持工作
	下降	斜方肌上部、肩胛提肌	近固定	支持工作
肩关节	屈	背阔肌、三角肌后束、冈下肌、小圆肌、大圆肌、肩胛下肌、肱三头肌	近固定	支持工作
肘关节	屈	肱二头肌、肱肌、肱桡肌、旋前圆肌	近固定	向心工作
前臂	旋后	旋后肌、肱二头肌	近固定	支持工作
腕关节	中立位	前臂屈肌群	近固定	支持工作

（2）向下还原阶段

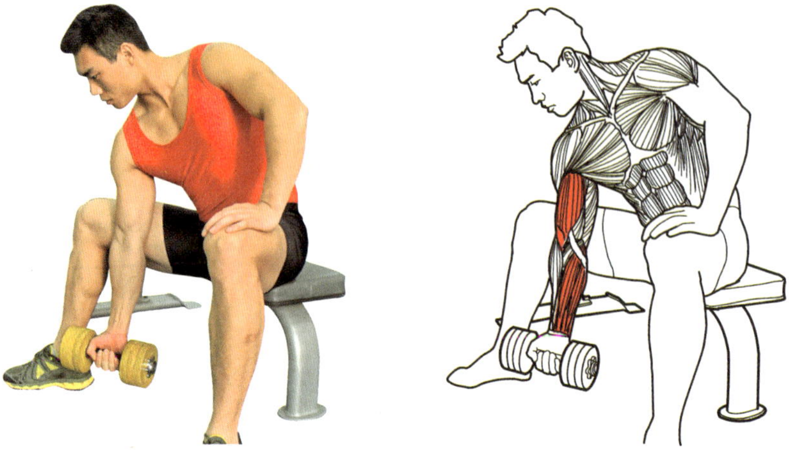

图3-78b　哑铃集中弯举练习—向下还原阶段

关节名称	关节运动	原动肌名称	工作条件	工作性质
肩胛骨	前伸	斜方肌、菱形肌	近固定	支持工作
	下降	斜方肌上部、肩胛提肌	近固定	支持工作
肩关节	屈	背阔肌、三角肌后束、冈下肌、小圆肌、大圆肌、肩胛下肌、肱三头肌	近固定	支持工作
肘关节	伸	肱二头肌、肱肌、肱桡肌、旋前圆肌	近固定	离心工作
前臂	旋后	旋后肌、肱二头肌	近固定	支持工作
腕关节	中立位	前臂屈肌群	近固定	支持工作

练习六：体后双臂屈伸练习（Bench Dips）

1. 动作要领

（1）开始与还原动作：长凳置于体后，与身体垂直，双手支撑在凳缘，手臂伸直，两手间距同肩宽。双腿前伸，膝关节屈曲，躯干与下肢夹角约90°。双手在体后支撑预先拉长了肩关节屈肌群。

（2）练习动作：弯臂屈肘，躯干缓慢下降，至肘关节夹角小于90°。动作过程中，肘关节始终贴近躯干。肱三头肌发力，伸肘撑起躯干，还原到开始动作。

（3）呼吸方式：屈肘下降阶段吸气，上升阶段呼气。

（4）重复次数：按要求重复进行练习。

（5）练习类型：复合练习。

（6）练习器材：练习凳。

（7）练习变化：加大练习难度，可将双脚放在另一长凳上。也可由同伴将杠铃片放在大腿上，以增加负荷。

2. 解剖学分析

（1）向下屈肘阶段

图3-79a　体后双臂屈伸练习—向下屈肘阶段

关节名称	关节运动	原动肌名称	工作条件	工作性质
肩胛骨	上提	前锯肌、胸小肌	近固定	离心工作
	上回旋	肩胛提肌、菱形肌、胸小肌	近固定	离心工作
肩关节	伸	胸大肌、三角肌前束、肱二头肌、喙肱肌	远固定	离心工作
肘关节	屈	肱三头肌、肘肌	远固定	离心工作
腕关节	伸	前臂伸肌群	远固定	离心工作

（2）撑起还原阶段

图3-79b　体后双臂屈伸练习—撑起还原阶段

关节名称	关节运动	原动肌名称	工作条件	工作性质
肩胛骨	下降	前锯肌、胸小肌	近固定	向心工作
	下回旋	肩胛提肌、菱形肌、胸小肌	近固定	向心工作
肩关节	屈	胸大肌、三角肌前束、肱二头肌、喙肱肌	远固定	向心工作
肘关节	伸	肱三头肌、肘肌	远固定	向心工作
腕关节	过伸	前臂伸肌群	远固定	向心工作

练习七：拉索下压伸肘练习（Triceps Push-down）

1. 动作要领

（1）开始与还原动作：直立，躯干略微前倾，双手抓握直柄或曲柄练习杠，掌心向下，间距同肩宽。上臂贴近躯干，与地面垂直，动作过程中保持稳定。屈肘，前臂向前，与地面平行。

（2）练习动作：肱三头肌发力，使前臂在肘关节处伸，完全伸直时与地面垂直。稳定片刻，缓慢向上还原到开始动作。

（3）呼吸方式：下压伸肘阶段呼气，向上还原时吸气。

（4）重复次数：按要求重复进行练习。

（5）练习类型：孤立练习。

（6）练习器材：拉索练习器。

（7）练习变化：可采用曲柄、V把练习柄或绳索抓握，受力部分有一定差异和变化。

2. 解剖学分析

（1）伸肘下压阶段

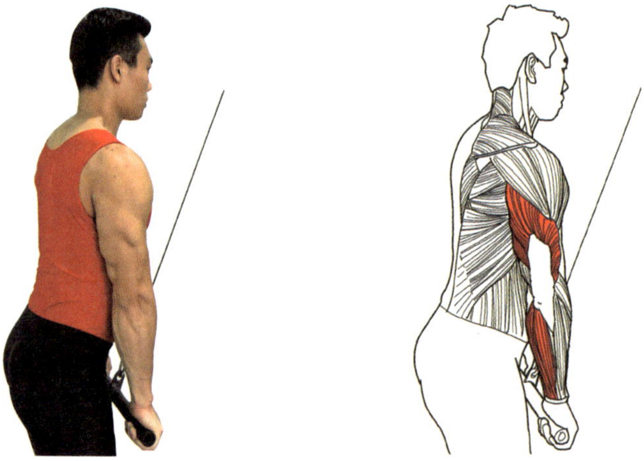

图3-80a　拉索下压伸肘练习—伸肘下压阶段

关节名称	关节运动	原动肌名称	工作条件	工作性质
肩胛骨	前伸	斜方肌、菱形肌	近固定	支持工作
	下降	斜方肌上部、肩胛提肌	近固定	支持工作
肩关节	屈	背阔肌、三角肌后束、冈下肌、小圆肌、大圆肌、肩胛下肌、肱三头肌	近固定	支持工作
肘关节	伸	肱三头肌、肘肌	近固定	向心工作
腕关节	中立位	前臂屈肌群	近固定	支持工作

（2）向上还原阶段

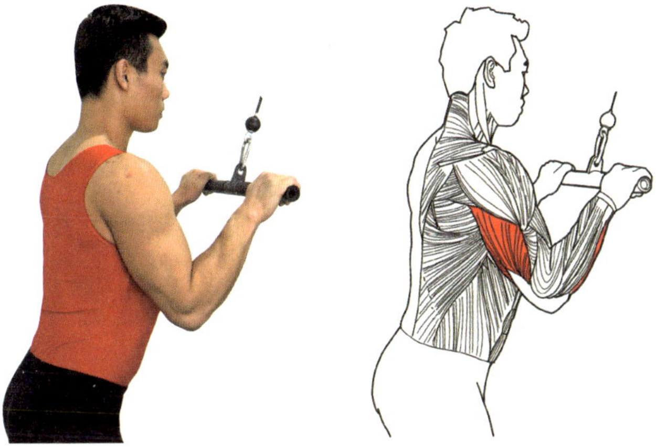

图3-80b 拉索下压伸肘练习—向上还原阶段

关节名称	关节运动	原动肌名称	工作条件	工作性质
肩胛骨	前伸	斜方肌、菱形肌	近固定	支持工作
	下降	斜方肌上部、肩胛提肌	近固定	支持工作
肩关节	屈	背阔肌、三角肌后束、冈下肌、小圆肌、大圆肌、肩胛下肌、肱三头肌	近固定	支持工作
肘关节	屈	肱三头肌、肘肌	近固定	离心工作
腕关节	中立位	前臂屈肌群	近固定	支持工作

练习八：前俯哑铃伸肘练习（Bent-Over Dumbbell Triceps Extension）

1. 动作要领

（1）开始与还原动作：双手握哑铃，掌心对向躯干，膝关节微屈，以腰骶关节为轴，躯干前屈，脊柱挺直，抬头眼看前方。上臂贴近躯干并与地面平行，前臂垂直向下。

（2）练习动作：躯干和上臂固定，肱三头肌发力，使前臂在肘关节处伸至极限角度。原动肌用力收缩，稳定片刻。然后缓慢还原到开始动作。

（3）呼吸方式：向下屈肘时呼气，向上伸肘还原时吸气。

（4）重复次数：按要求重复进行练习。

（5）练习类型：孤立练习。

（6）练习器材：哑铃。

（7）练习变化：可以单臂完成练习。

2. 解剖学分析

（1）伸肘阶段

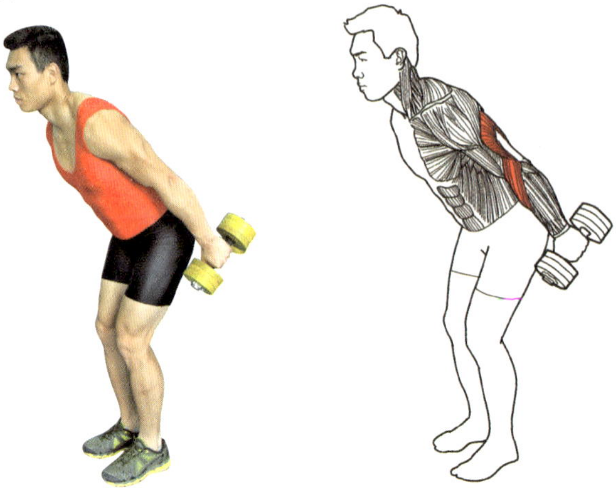

图3-81a 前俯哑铃伸肘练习—伸肘阶段

关节名称	关节运动	原动肌名称	工作条件	工作性质
肩胛骨	后缩	斜方肌、菱形肌	近固定	支持工作
肩关节	伸	背阔肌、三角肌后束、肱三头肌、冈下肌、小圆肌、大圆肌、肩胛下肌	近固定	支持工作
肘关节	伸	肱三头肌、肘肌	近固定	向心工作
腕关节	中立位	前臂屈肌群	近固定	支持工作
脊柱	屈	竖脊肌、胸锁乳突肌、斜方肌、菱形肌、肩胛提肌	下固定	支持工作
髋关节	屈	臀大肌、股后肌群	远固定	支持工作
膝关节	屈	股四头肌	远固定	支持工作
踝关节	伸	小腿三头肌、胫骨后肌、趾长屈肌、踇长屈肌、腓骨长肌、腓骨短肌	远固定	支持工作

（2）屈肘还原阶段

图3-81b 前俯哑铃伸肘练习—屈肘还原阶段

关节名称	关节运动	原动肌名称	工作条件	工作性质
肩胛骨	后缩	斜方肌、菱形肌	近固定	支持工作
肩关节	伸	背阔肌、三角肌后束、肱三头肌、冈下肌、小圆肌、大圆肌、肩胛下肌	近固定	支持工作
肘关节	屈	肱三头肌、肘肌	近固定	离心工作
腕关节	屈	前臂屈肌群	近固定	支持工作
脊柱	屈	竖脊肌、胸锁乳突肌、斜方肌、菱形肌、肩胛提肌	下固定	支持工作
髋关节	屈	臀大肌、股后肌群	远固定	支持工作
膝关节	屈	股四头肌	远固定	支持工作
踝关节	伸	小腿三头肌、胫骨后肌、趾长屈肌、踇长屈肌、腓骨长肌、腓骨短肌	远固定	支持工作

练习九：仰卧哑铃伸肘练习（Lying Dumbbell Triceps Extension）

1. 动作要领

（1）开始与还原动作：仰卧在练习长凳上，双手握哑铃向上举起，掌心相对，手臂伸直，并与地面和躯干垂直，肘关节内收。

（2）练习动作：固定上臂，前臂在肘关节处屈，缓慢放下哑铃至耳部附近。然后肱三头肌发力，完成伸肘动作。该练习肘关节受力较大，要选择适宜负荷重量，初学者和肘关节损伤者慎用。

（3）呼吸方式：屈肘向下阶段吸气，向上阶段完成呼气。

（4）重复次数：按要求重复进行练习。

（5）练习类型：孤立练习。

（6）练习器材：哑铃和练习凳。

2. 解剖学分析

（1）向下屈肘阶段

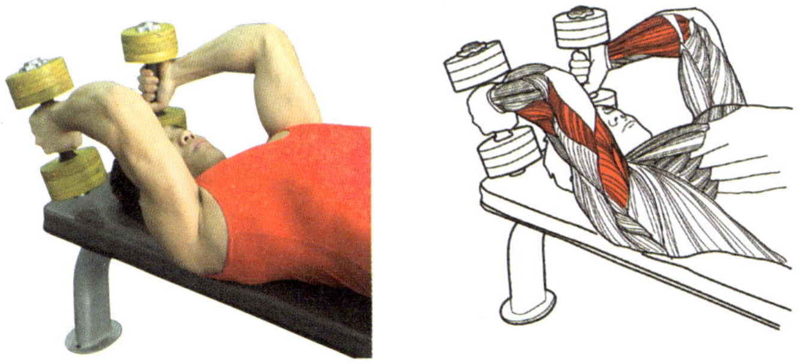

图3-82a　仰卧哑铃伸肘练习—向下屈肘阶段

关节名称	关节运动	原动肌名称	工作条件	工作性质
肩胛骨	前伸	前锯肌、胸小肌	近固定	支持工作
肩关节	屈	胸大肌、三角肌前束、肱二头肌、喙肱肌	近固定	支持工作
肘关节	屈	肱三头肌、肘肌	近固定	离心工作
腕关节	中立位	前臂屈肌群	近固定	支持工作

（2）伸肘还原阶段

图3-82b 仰卧哑铃伸肘练习—伸肘还原阶段

关节名称	关节运动	原动肌名称	工作条件	工作性质
肩胛骨	前伸	前锯肌、胸小肌	近固定	支持工作
肩关节	屈	胸大肌、三角肌前束、肱二头肌、喙肱肌	近固定	支持工作
肘关节	伸	肱三头肌、肘肌	近固定	向心工作
腕关节	中立位	前臂屈肌群	近固定	支持工作

练习十：仰卧哑铃外展伸肘练习（Tate Press）

1. 动作要领

（1）开始与还原动作：选择适宜重量的哑铃，仰卧在练习长凳上，上臂与躯干垂直，伸肩屈肘使前臂与地面平行，双手抓握哑铃，置于胸前，掌心对向脚的方向。

（2）练习动作：屈肩伸肘，向上方推起哑铃，至手臂完全伸直。肌肉用力收缩，稳定片刻。然后缓慢还原到开始动作。

（3）呼吸方式：伸肘推起阶段呼气，放下还原时吸气。

（4）重复次数：按要求重复进行练习。

（5）练习类型：复合练习。

（6）练习器材：哑铃和练习凳。

2. 解剖学分析

（1）上推阶段

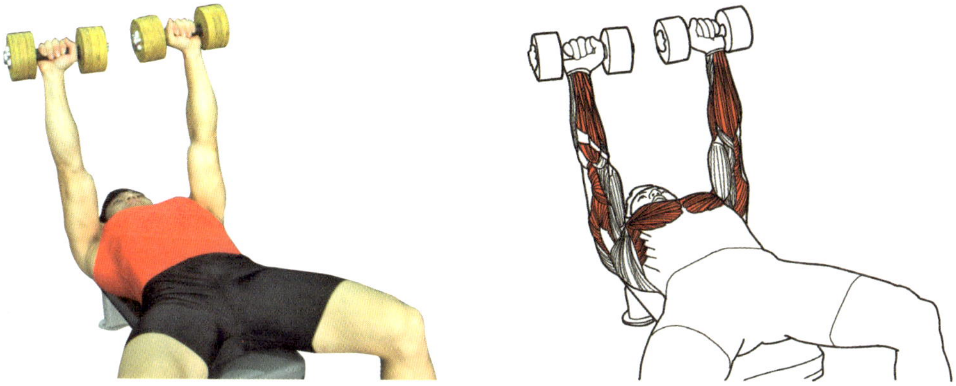

图3-83a　仰卧哑铃外展伸肘练习—上推阶段

关节名称	关节运动	原动肌名称	工作条件	工作性质
肩胛骨	前伸	前锯肌、胸小肌	近固定	向心工作
肩关节	水平屈	胸大肌、三角肌前束、肱二头肌、喙肱肌	近固定	向心工作
肘关节	伸	肱三头肌、肘肌	近固定	向心工作
腕关节	中立位	前臂屈肌群	近固定	支持工作

（2）向下还原阶段

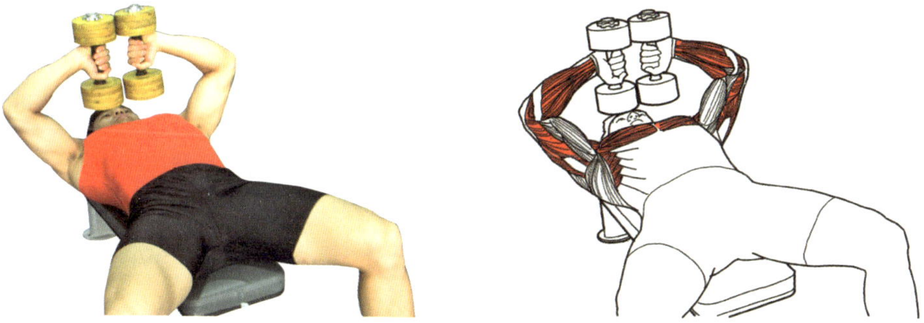

图3-83b　仰卧哑铃外展伸肘练习—向下还原阶段

关节名称	关节运动	原动肌名称	工作条件	工作性质
肩胛骨	后缩	前锯肌、胸小肌	近固定	离心工作
肩关节	水平伸	胸大肌、三角肌前束、肱二头肌、喙肱肌	近固定	离心工作
肘关节	屈	肱三头肌、肘肌	近固定	离心工作
腕关节	中立位	前臂屈肌群	近固定	支持工作

三、主要伸展性练习方法

练习一：上臂和前臂拉伸练习（Kneeling Biceps and Forearm Stretch）

1. 动作要领

（1）开始与还原动作：跪姿，双手支撑在体前，手臂伸直，手指向后。

（2）练习动作：身体缓慢后移，躯干挺直，保持手掌支撑在地面上，感觉上臂和前臂屈肌群的拉伸。稳定片刻，还原到开始动作。

（3）呼吸方式：身体后移阶段吸气，还原阶段呼气。

（4）重复次数：按要求重复进行练习。

（5）练习类型：静力性拉伸。

（6）练习器材：练习垫。

2. 解剖学分析

图3–84　上臂和前臂拉伸练习

关节名称	关节运动	拉伸肌肉名称	拉伸条件	拉伸类型
肩胛骨	前伸	斜方肌、菱形肌、肩胛提肌	近固定	静力性拉伸
肩关节	屈	背阔肌、三角肌后束、肱三头肌、冈下肌、小圆肌、大圆肌、肩胛下肌	远固定	静力性拉伸
肘关节	伸	肱二头肌、肱肌、肱桡肌、旋前圆肌	远固定	静力性拉伸
腕关节	伸	前臂屈肌群	远固定	静力性拉伸
脊柱	屈	竖脊肌、胸锁乳突肌、斜方肌、菱形肌、肩胛提肌	下固定	静力性拉伸
髋关节	屈	臀大肌、大收肌、股后肌群	远固定	静力性拉伸
膝关节	屈	股四头肌	远固定	静力性拉伸
踝关节	伸	小腿三头肌、胫骨后肌、趾长屈肌、踇长屈肌、腓骨长肌、腓骨短肌	远固定	静力性拉伸

练习二：悬垂上肢拉伸练习（One Handed Hang Stretch）

1. 动作要领

（1）开始与还原动作：双手抓握单杠，掌心向前，身体悬垂，脚在地面上。

（2）练习动作：单臂悬垂，拉伸同侧躯干、肩关节周围和上臂肌群。稳定10秒后放松，双脚落实地面，然后换另一单臂。

（3）呼吸方式：悬垂开始吸气，并采用自然呼吸节律。

（4）重复次数：按要求重复进行练习。

（5）练习类型：静力性拉伸。

（6）练习器材：单杠。

2. 解剖学分析

图3-85　悬垂上肢拉伸练习

关节名称	关节运动	拉伸肌肉名称	拉伸条件	拉伸类型
脊柱	侧屈	同侧竖脊肌、斜方肌、肩胛提肌、菱形肌、腰方肌、腹直肌、腹外斜肌、腹内斜肌	上固定及近固定	静力性拉伸
肩胛骨	上提	斜方肌下部、胸小肌、前锯肌	近固定	静力性拉伸
	上回旋	肩胛提肌、菱形肌、胸小肌	近固定	静力性拉伸
肩关节	屈	背阔肌、三角肌后束、肱三头肌、冈下肌、小圆肌、大圆肌、肩胛下肌	远固定	静力性拉伸
	外展	胸大肌、肱二头肌、喙肱肌、背阔肌、肱三头肌、冈下肌、小圆肌、大圆肌、肩胛下肌	远固定	静力性拉伸
肘关节	伸	肱二头肌、肱肌、肱桡肌、旋前圆肌	远固定	静力性拉伸
腕关节	中立位	前臂屈肌群	远固定	静力性拉伸

练习三：站姿肱二头肌拉伸练习（Standing Biceps Stretch）

1. 动作要领

（1）开始与还原动作：站姿，躯干前屈约30°，背部挺直，双脚分开，脚间距同肩宽。双手在身后抓握一起，掌心向后。

（2）练习动作：固定躯干，双臂在身后直臂上抬，腕关节伸。稳定片刻，还原到开始动作。

（3）呼吸方式：保持自然呼吸节律。

（4）重复次数：按要求重复进行练习。

（5）练习类型：静力性拉伸。

（6）练习变化：双手可抓握练习棍进行练习。

2. 解剖学分析

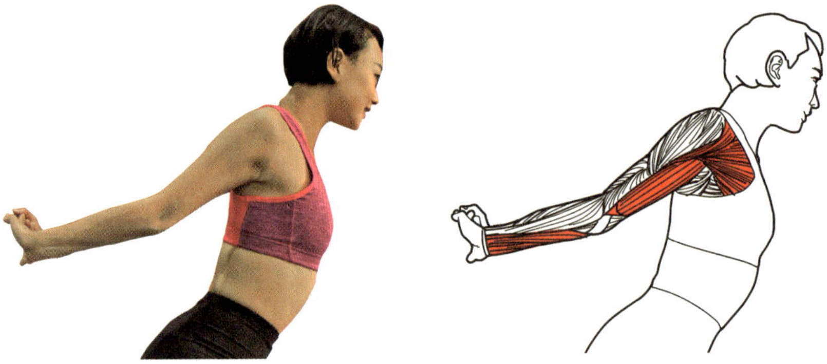

图3-86　站姿肱二头肌拉伸练习

关节名称	关节运动	拉伸肌肉名称	拉伸条件	拉伸类型
肩胛骨	后缩	胸小肌、前锯肌	近固定	静力性拉伸
肩关节	伸	胸大肌、三角肌前束、肱二头肌、喙肱肌	近固定	静力性拉伸
肘关节	伸	肱二头肌、肱肌、肱桡肌、旋前圆肌	近固定	静力性拉伸
腕关节	伸	前臂屈肌群	近固定	静力性拉伸
脊柱	屈	竖脊肌、胸锁乳突肌、斜方肌、菱形肌、肩胛提肌	下固定及近固定	静力性拉伸
髋关节	屈	臀大肌、股后肌群	远固定	静力性拉伸
膝关节	屈	股四头肌	远固定	静力性拉伸
踝关节	伸	小腿三头肌、胫骨后肌、趾长屈肌、踇长屈肌、腓骨长肌、腓骨短肌	远固定	静力性拉伸

练习四：跪姿肩臂侧拉练习（Kneeling Shoulder Stretch）

1. 动作要领

（1）开始与还原动作：跪姿，躯干挺直。

（2）练习动作：保持身体正直，左臂伸直，在肩部水平横过身体，超越右肩，右手托住左肘，缓慢牵拉，感觉左肩和上臂后群肌的拉伸。保持10～20秒。还原到开始动作。然后换右臂侧拉。

（3）呼吸方式：保持正常呼吸节律。

（4）重复次数：按要求重复进行练习。

（5）练习类型：静力性拉伸。

（6）练习变化：可采用站姿或坐姿完成动作。

2. 解剖学分析

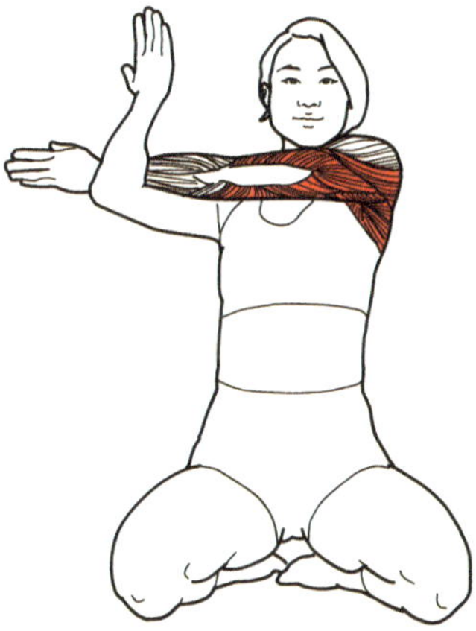

图3-87　跪姿肩臂侧拉练习

关节名称	关节运动	拉伸肌肉名称	拉伸条件	拉伸类型
肩胛骨	前伸	斜方肌、菱形肌、肩胛提肌	近固定	静力性拉伸
肩关节	屈	背阔肌、三角肌后束、肱三头肌、冈下肌、小圆肌、大圆肌、肩胛下肌	近固定	静力性拉伸
肘关节	伸	肱二头肌、肱肌、肱桡肌、旋前圆肌	近固定	静力性拉伸
腕关节	伸	前臂屈肌群	近固定	静力性拉伸
髋关节	屈	臀大肌、股后肌群	远固定	静力性拉伸
膝关节	屈	股四头肌	远固定	静力性拉伸
踝关节	屈	胫骨前肌、趾长屈肌、 长屈肌	远固定	静力性拉伸

第三节　前臂肌肉训练

一、前臂肌群

前臂肌位于尺、桡骨的周围，分为前、后两群，大多数是长肌，肌腹位于近侧，细长的腱位于远侧，所以前臂的上半部膨隆，而下半部逐渐变细。前群位于前臂的前面和内侧面，共有9块，主要功能包括屈肘、屈腕、屈指和腕收展以及前臂旋前。后群位于前臂的后面，为伸腕、伸指、腕收展和前臂旋后的肌。

图3-88　前臂肌群展示

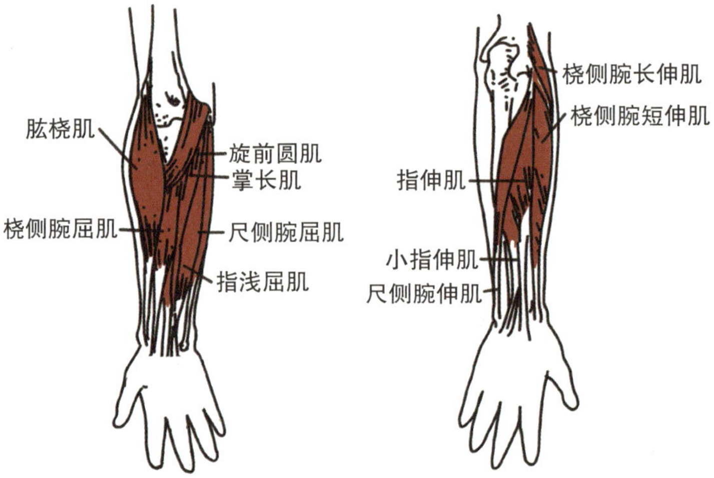

图3-89a　前臂前群肌解剖图（右）

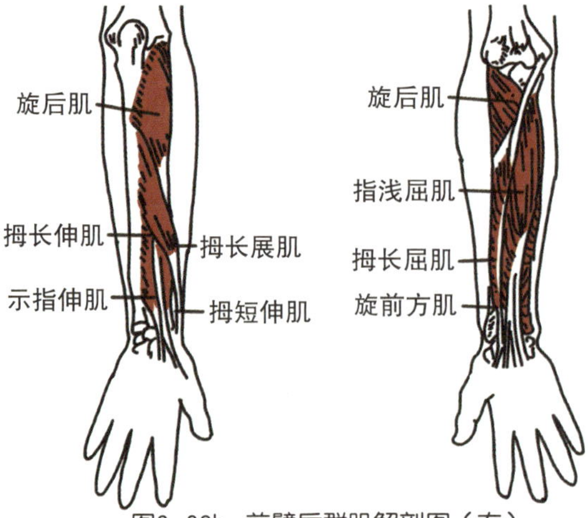

图3-89b　前臂后群肌解剖图（右）

表3-7 前臂肌肉

肌肉名称	起点	止点	神经支配	主要功能
肱桡肌	肱骨外上髁上方	桡骨茎突	桡神经	屈肘关节
旋前圆肌	肱骨内上髁、前臂深筋膜	桡骨外侧面的中部	正中神经	屈肘关节和使前臂旋前
桡侧腕屈肌		第2掌骨底掌面		屈肘、屈腕和使桡腕关节外展
掌长肌		移行为掌腱膜		屈腕和紧张掌腱膜
尺侧腕屈肌		豌豆骨	尺神经	屈腕和使桡腕关节内收
指浅屈肌	肱骨内上髁和尺骨、桡骨前面	中节2～5指骨体的两侧	正中神经	屈近侧指间关节、屈掌指关节、屈腕和屈肘
拇长屈肌	桡、尺骨的上端前面和骨间膜	拇指远节指骨底掌面	正中神经	屈拇指指间关节和掌指关节
指深屈肌		2～5指远节指骨底掌面	正中神经、尺神经	屈第2～5指的指间关节、掌指关节和屈腕
桡侧腕长伸肌	合腱起自肱骨外上髁	移行于长腱，分别止于第2、第3掌骨底	桡神经	伸腕和腕的外展
桡侧腕短伸肌				
指伸肌		分别止于2～5指中节和远节指骨底		伸指和伸腕，还可协助伸肘
小指伸肌		小指的指背腱膜		伸小指
尺侧腕伸肌		第5掌骨底		伸腕和腕内收
旋后肌	肱骨外上髁和尺骨外侧缘的上部	桡骨前面的上部		使前臂旋后
拇长展肌	桡、尺骨后面及骨间膜	第1掌骨底		拇指外展
拇短伸肌		拇指近节指骨底		伸拇指掌指关节
拇长伸肌		拇指远节指骨底		伸拇指间关节
示指伸肌		示指的指背腱膜		伸示指

二、主要力量练习方法

练习一：杠铃支撑屈腕练习（Palms-Up Barbell Wrist Curl Over A Bench）

1. 动作要领

（1）开始与还原动作：跪姿，面对练习凳。躯干紧张，背部挺直。双手抓握杠铃，间距窄于肩宽，掌心向上。前臂平放于练习凳上，固定不动。腕关节在支撑面之外，便于灵活运动。腕关节伸位。选择适宜负荷重量。

（2）练习动作：用力屈腕，杠铃上行。稳定片刻。杠铃下行，缓慢还原到开始动作。

（3）呼吸方式：向上屈腕时呼气，向下还原时吸气。

（4）重复次数：按要求重复进行练习。

（5）练习类型：孤立练习。

（6）练习器材：哑铃和练习凳。

2. 解剖学分析

（1）向上屈腕阶段

图3-90a　杠铃支撑屈腕练习—向上屈腕阶段

关节名称	关节运动	原动肌名称	拉伸条件	拉伸类型
肩胛骨	前伸	斜方肌、菱形肌	近固定	支持工作
肩关节	屈	背阔肌、三角肌后束、肱三头肌、冈下肌、小圆肌、大圆肌、肩胛下肌	近固定	支持工作
肘关节	屈	肱二头肌、肱肌、肱桡肌、旋前圆肌	近固定	向心工作
腕关节	屈	前臂屈肌群	近固定	支持工作
脊柱	屈	竖脊肌、胸锁乳突肌、斜方肌、菱形肌、肩胛提肌	下固定及近固定	支持工作
髋关节	屈	臀大肌、股后肌群	远固定	支持工作
膝关节	屈	股四头肌	远固定	支持工作
踝关节	伸	小腿三头肌、胫骨后肌、趾长屈肌、踇长屈肌、腓骨长肌、腓骨短肌	远固定	支持工作

（2）向下伸腕还原阶段

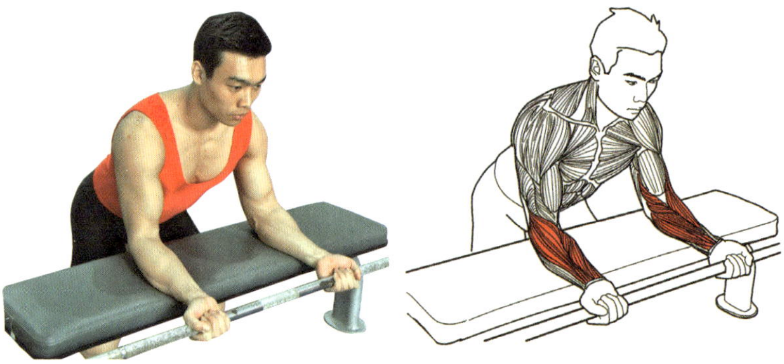

图3-90b　杠铃支撑屈腕练习—向下伸腕还原阶段

关节名称	关节运动	原动肌名称	拉伸条件	拉伸类型
肩胛骨	前伸	斜方肌、菱形肌	近固定	支持工作
肩关节	屈	背阔肌、三角肌后束、肱三头肌、冈下肌、小圆肌、大圆肌、肩胛下肌	近固定	支持工作
肘关节	屈	肱二头肌、肱肌、肱桡肌、旋前圆肌	近固定	离心工作
腕关节	伸	前臂屈肌群	近固定	支持工作
脊柱	伸	竖脊肌、胸锁乳突肌、斜方肌、菱形肌、肩胛提肌	下固定及近固定	支持工作
髋关节	屈	臀大肌、股后肌群	远固定	支持工作
膝关节	屈	股四头肌	远固定	支持工作
踝关节	伸	小腿三头肌、胫骨后肌、趾长屈肌、踇长屈肌、腓骨长肌、腓骨短肌	远固定	支持工作

练习二：拉索屈腕练习（Cable Wrist Curl）

1. 动作要领

（1）开始与还原动作：坐在练习凳上，面向低拉练习器。躯干紧张，背部挺直。双手抓握握柄，间距窄于肩宽，掌心向上。前臂平放于大腿上，并固定不动。腕关节在支撑面之外，便于灵活运动。腕关节伸位。选择适宜负荷重量。

（2）练习动作：用力屈腕，牵拉拉索上行。稳定片刻。伸腕，拉索下行，缓慢还原到开始动作。

（3）呼吸方式：用力屈腕时呼气，向下还原时吸气。

（4）重复次数：按要求重复进行练习。

（5）练习类型：孤立练习。

（6）练习器材：低拉练习器和练习凳。

2. 解剖学分析

（1）向上屈腕阶段

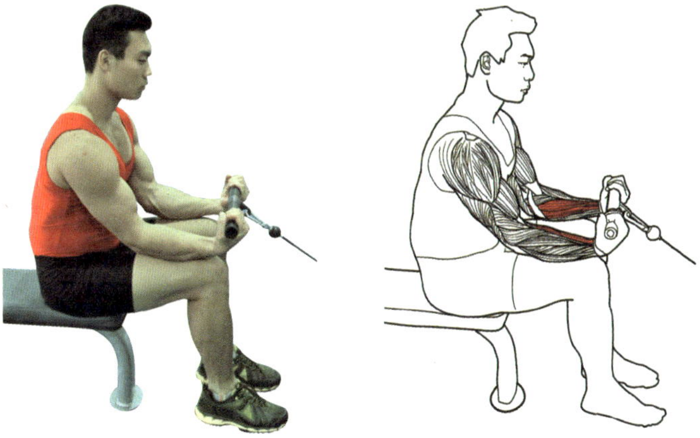

图3-91a 拉索屈腕练习—向上屈腕阶段

关节名称	关节运动	原动肌名称	工作条件	工作性质
肩胛骨	前伸	前锯肌、胸小肌	近固定	支持工作
肩关节	屈	胸大肌、三角肌前束、肱二头肌、喙肱肌	近固定	支持工作
肘关节	屈	肱二头肌、肱肌、肱桡肌、旋前圆肌	近固定	支持工作
腕关节	屈	前臂屈肌群	近固定	向心工作
脊柱	伸	竖脊肌、胸锁乳突肌、斜方肌、菱形肌	下固定及近固定	支持工作

（2）向下伸腕还原阶段

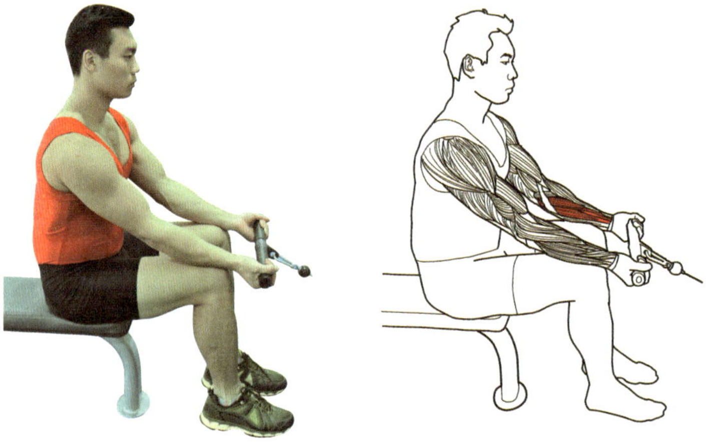

图3-91b 拉索屈腕练习—向下伸腕还原阶段

关节名称	关节运动	原动肌名称	工作条件	工作性质
肩胛骨	前伸	前锯肌、胸小肌	近固定	支持工作
肩关节	屈	胸大肌、三角肌前束、肱二头肌、喙肱肌	近固定	支持工作
肘关节	屈	肱二头肌、肱肌、肱桡肌、旋前圆肌	近固定	支持工作
腕关节	伸	前臂屈肌群	近固定	离心工作
脊柱	伸	竖脊肌、胸锁乳突肌、斜方肌、菱形肌	下固定及近固定	支持工作

练习三：站姿身后屈腕练习（Standing Palms-Up Barbell Behind the Back Wrist Curl）

1. 动作要领

（1）开始与还原动作：站姿，双脚间距同肩宽。身体挺直，两眼平视前方，双手在身后抓握杠铃，保持平衡，手臂伸直，前臂旋前，掌心向后，双手间距同肩宽。选择适宜负荷重量。

（2）练习动作：屈腕向上，到达最高点时，稳定片刻。伸腕向下，杠铃下行，缓慢还原到开始动作。

（3）呼吸方式：用力屈腕时呼气，向下还原时吸气。

（4）重复次数：按要求重复进行练习。

（5）练习类型：孤立练习。

（6）练习器材：小杠铃。

2. 解剖学分析

（1）向上屈腕阶段

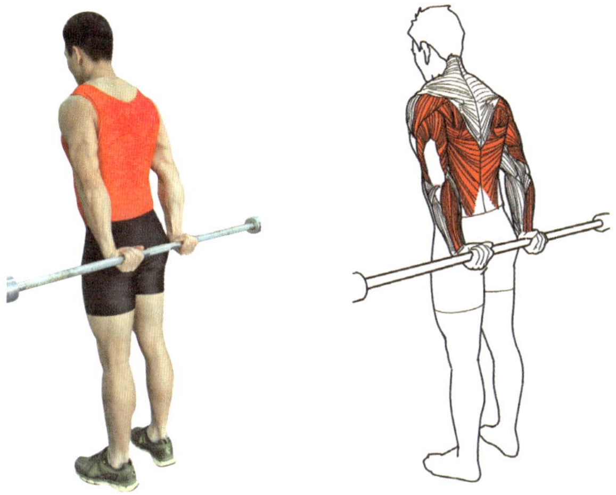

图3-92a　站姿身后屈腕练习—向上屈腕阶段

关节名称	关节运动	原动肌名称	工作条件	工作性质
肩胛骨	后缩	斜方肌、菱形肌	近固定	支持工作
肩关节	伸	背阔肌、三角肌后束、肱三头肌、冈下肌、小圆肌、大圆肌、肩胛下肌	近固定	支持工作
肘关节	伸	肱三头肌、肘肌	近固定	支持工作
腕关节	屈	前臂屈肌群	近固定	向心工作

（2）向下伸腕还原阶段

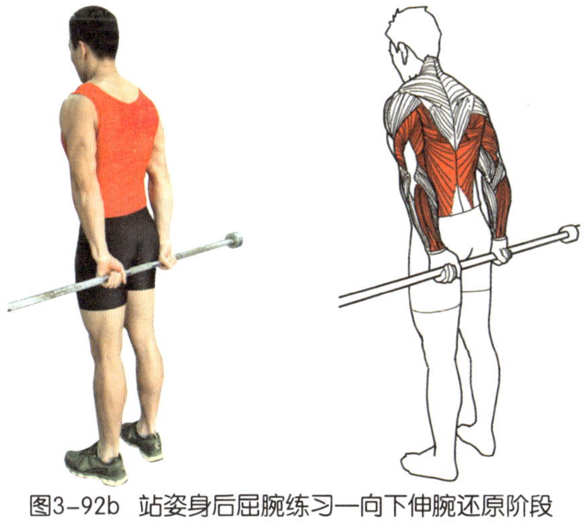

图3-92b　站姿身后屈腕练习—向下伸腕还原阶段

关节名称	关节运动	原动肌名称	工作条件	工作性质
肩胛骨	后缩	斜方肌、菱形肌	近固定	支持工作
肩关节	伸	背阔肌、三角肌后部、肱三头肌、冈下肌、小圆肌、大圆肌、肩胛下肌	近固定	支持工作
肘关节	伸	肱三头肌、肘肌	近固定	支持工作
腕关节	伸	前臂屈肌群	近固定	离心工作

练习四：坐姿单臂哑铃屈腕练习（Seated One-Arm Dumbbell Palms-Up Wrist Curl）

1. 动作要领：

（1）开始与还原动作：坐在练习凳上，双脚间距宽于肩。躯干前倾，单手握哑铃，掌心向上，前臂支撑在同侧大腿上，腕关节在支撑面之外。选择适宜负荷重量。

（2）练习动作：缓慢向下伸腕，然后用力向上屈腕。

（3）呼吸方式：用力屈腕时呼气，向下还原时吸气。

（4）重复次数：按要求重复并两侧交替进行练习。

（5）练习类型：孤立练习。

（6）练习器材：哑铃。

2. 解剖学分析

（1）向下伸腕阶段

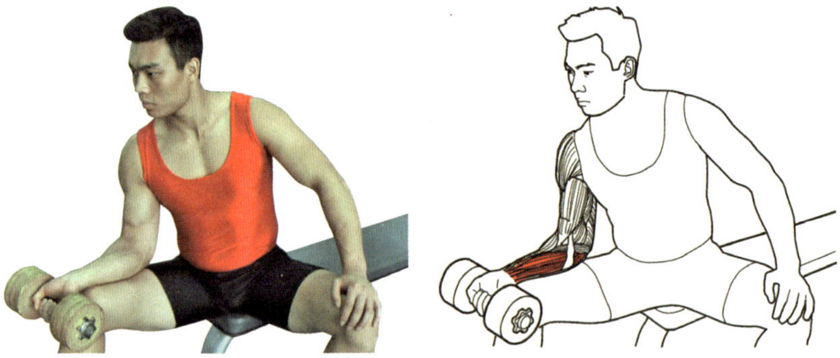

图3-93a 坐姿单臂哑铃屈腕练习—向下伸腕阶段

关节名称	关节运动	原动肌名称	工作条件	工作性质
肩胛骨	前伸	前锯肌、胸小肌	近固定	支持工作
肩关节	屈	胸大肌、三角肌前束、肱二头肌、喙肱肌	近固定	支持工作
肘关节	屈	肱二头肌、肱肌、肱桡肌、旋前圆肌	近固定	支持工作
腕关节	伸	前臂屈肌群	近固定	离心工作

（2）向上屈腕还原阶段

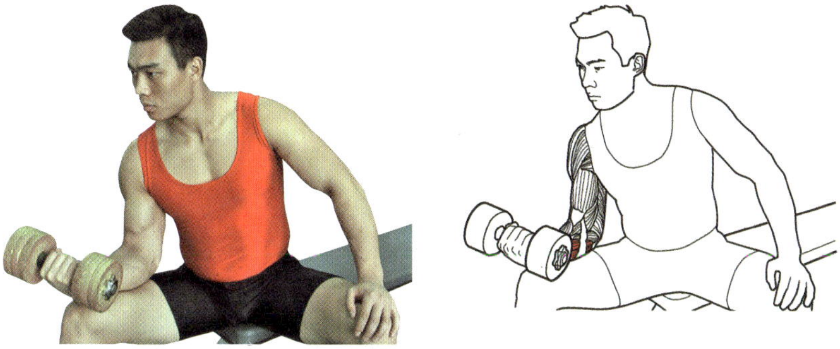

图3-93b　坐姿单臂哑铃屈腕练习—向上屈腕还原阶段

关节名称	关节运动	原动肌名称	工作条件	工作性质
肩胛骨	前伸	前锯肌、胸小肌	近固定	支持工作
肩关节	屈	胸大肌、三角肌前束、肱二头肌、喙肱肌	近固定	支持工作
肘关节	屈	肱二头肌、肱肌、肱桡肌、旋前圆肌	近固定	支持工作
腕关节	屈	前臂屈肌群	近固定	向心工作

练习五：杠铃支撑伸腕练习（Seated Palms-Down Barbell Wrist Curl Over A Bench）

1. 动作要领

（1）开始与还原动作：跪姿，面向练习凳。躯干紧张，背部挺直。双手抓握杠铃，间距窄于肩宽，前臂旋前，掌心向下。前臂平放于练习凳上，并固定不动。腕关节在支撑面之外，便于灵活运动。选择适宜负荷重量。

（2）练习动作：用力伸腕，杠铃向上行。稳定片刻，杠铃缓慢下行，缓慢还原到开始动作。

（3）呼吸方式：用力伸腕时呼气，向下还原时吸气。

（4）重复次数：按要求重复进行练习。

（5）练习类型：孤立练习。

（6）练习器材：杠铃和练习凳。

（7）练习变化：可用哑铃进行练习。

2. 解剖学分析

（1）向上伸腕阶段

图3-94a　杠铃支撑伸腕练习—向上伸腕阶段

关节名称	关节运动	原动肌名称	工作条件	工作性质
肩胛骨	前伸	斜方肌、菱形肌	近固定	支持工作
肩关节	屈	背阔肌、三角肌后束、肱三头肌、冈下肌、小圆肌、大圆肌、肩胛下肌	近固定	支持工作
肘关节	屈	肱二头肌、肱肌、肱桡肌、旋前圆肌	近固定	支持工作
前臂	旋前	旋前圆肌、旋前方肌	近固定	支持工作
腕关节	伸	前臂伸肌群	近固定	向心工作

（2）向下屈腕还原阶段

图3-94b　杠铃支撑伸腕练习—向下屈腕还原阶段

关节名称	关节运动	原动肌名称	工作条件	工作性质
肩胛骨	前伸	斜方肌、菱形肌	近固定	支持工作
肩关节	屈	背阔肌、三角肌后束、肱三头肌、冈下肌、小圆肌、大圆肌、肩胛下肌	近固定	支持工作
肘关节	屈	肱二头肌、肱肌、肱桡肌、旋前圆肌	近固定	支持工作
前臂	旋前	旋前圆肌、旋前方肌	近固定	支持工作
腕关节	屈	前臂伸肌群	近固定	离心工作

练习六：侧卧哑铃前臂旋前练习（Dumbbell Lying Pronation）

1. 动作要领

（1）开始与还原动作：侧卧在练习凳上，在练习凳一侧的上臂贴紧躯干，前臂在肘关节处屈曲90°，抓握哑铃，哑铃与地面垂直，拇指向下。选择适宜重量的哑铃。

（2）练习动作：握哑铃前臂旋前，哑铃旋转超过90°。稳定片刻，缓慢还原到开始动作。

（3）呼吸方式：向上屈腕时呼气，向下还原时吸气。

（4）重复次数：按要求重复并两侧交替进行练习。

（5）练习类型：孤立练习。

（6）练习器材：哑铃和练习凳。

2. 解剖学分析

（1）旋前阶段

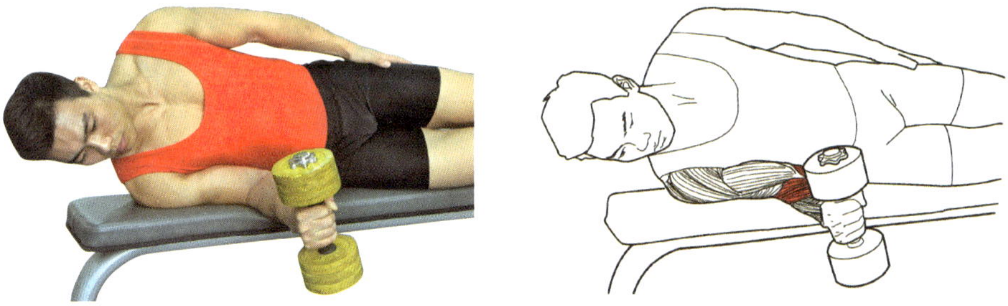

图3-95a　侧卧哑铃前臂旋前练习—旋前阶段

关节名称	关节运动	原动肌名称	工作条件	工作性质
肘关节	屈	肱二头肌、肱肌、肱桡肌、旋前圆肌	近固定	支持工作
前臂	旋前	旋前圆肌、旋前方肌	近固定	向心工作
腕关节	屈	前臂屈肌群	近固定	支持工作

（2）旋后还原阶段

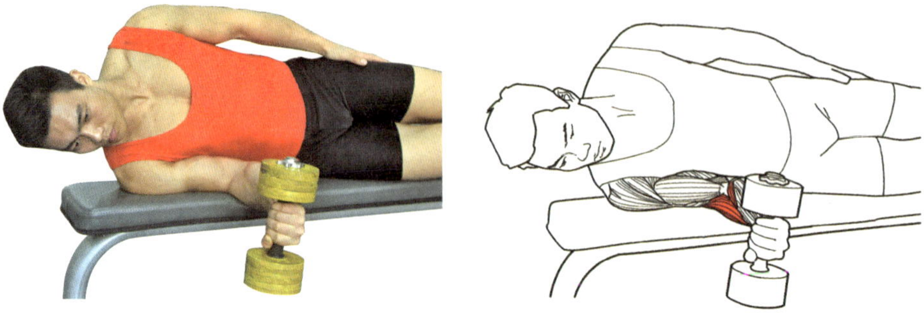

图3-95b 侧卧哑铃前臂旋前练习—旋后还原阶段

关节名称	关节运动	原动肌名称	工作条件	工作性质
肘关节	屈	肱二头肌、肱肌、肱桡肌、旋前圆肌	近固定	支持工作
前臂	旋后	旋前圆肌、旋前方肌	近固定	离心工作
腕关节	伸	前臂伸肌群	近固定	支持工作

三、主要伸展性练习方法

练习一：前臂拉伸练习（Forearm Stretch）

1. 动作要领

（1）开始与还原动作：坐在练习凳一端，躯干挺直，屈肩、屈肘双手向前，手指伸直并拢，高度约平上胸部。

（2）练习动作：向上伸腕关节到极限角度，伸展前臂屈肌群。停顿片刻，向下屈腕到极限角度。然后还原到开始动作。

（3）呼吸方式：向上伸腕时吸气，向下屈腕时呼气。

（4）重复次数：按要求重复进行练习。

（5）练习类型：静力性拉伸。

（6）练习器材：练习凳。

2. 解剖学分析

（1）向上伸腕阶段

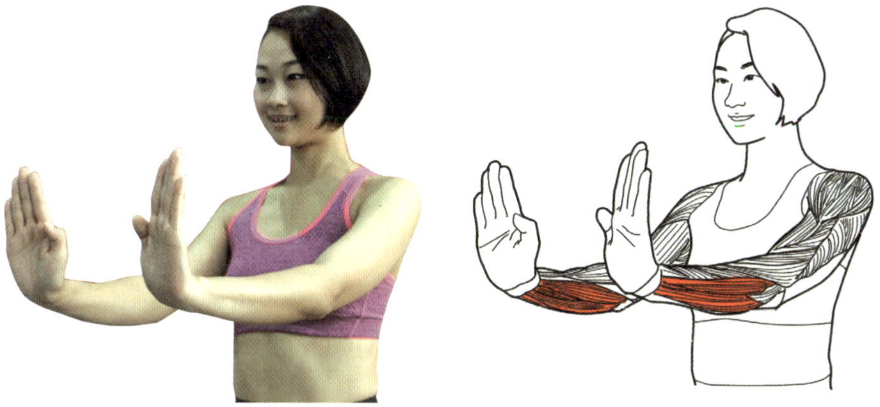

图3-96a 前臂拉伸练习—向上伸腕阶段

关节名称	关节运动	拉伸肌肉名称	拉伸条件	拉伸类型
肩胛骨	前伸	斜方肌、菱形肌	近固定	静力性拉伸
肩关节	屈	背阔肌、三角肌后束、肱三头肌、冈下肌、小圆肌、大圆肌、肩胛下肌	近固定	静力性拉伸
肘关节	屈	肱三头肌、肘肌	近固定	静力性拉伸
腕关节	伸	前臂屈肌群	近固定	静力性拉伸

（2）向下屈腕阶段

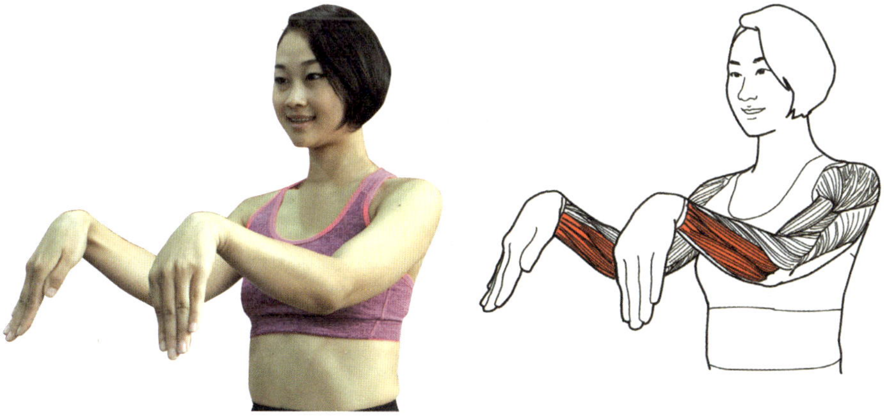

图3-96b 腕屈伸练习—向下屈腕阶段

关节名称	关节运动	拉伸肌肉名称	拉伸条件	拉伸类型
肩胛骨	前伸	斜方肌、菱形肌	近固定	静力性拉伸
肩关节	屈	背阔肌、三角肌后束、肱三头肌、冈下肌、小圆肌、大圆肌、肩胛下肌	近固定	静力性拉伸
肘关节	屈	肱三头肌、肘肌	近固定	静力性拉伸
腕关节	屈	前臂伸肌群	近固定	静力性拉伸

练习二：绕腕拉伸练习（Wrist Circles）

1. 动作要领

（1）开始与还原动作：站姿，身体挺直，两脚开立，间距同肩宽。上臂外展位，与地面平行，肘关节保持伸直位，手指并拢。

（2）练习动作：以腕关节为轴，手做绕环动作，先向前绕环，然后向后绕环。注意控制和固定身体其他部分。

（3）呼吸方式：采用自然呼吸节律。

（4）重复次数：按要求重复进行练习。

（5）练习类型：动力性拉伸。

2. 解剖学分析

（1）向前绕环阶段

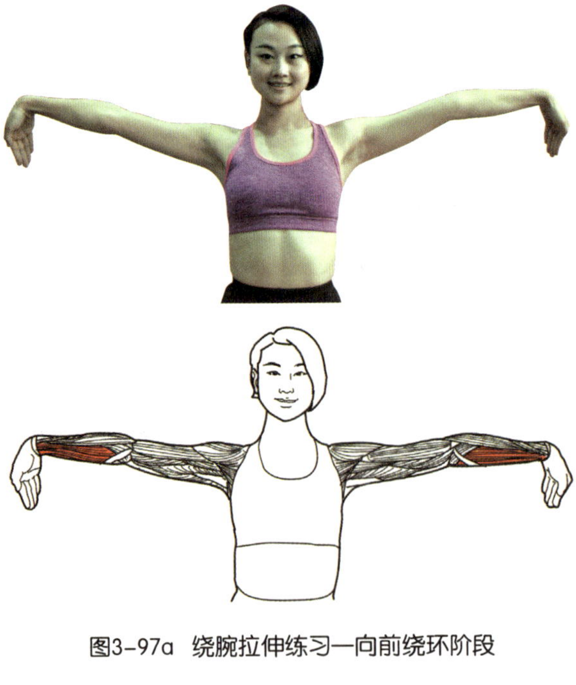

图3-97a 绕腕拉伸练习—向前绕环阶段

关节名称	关节运动	拉伸肌肉名称	拉伸条件	拉伸类型
肩胛骨	上回旋	菱形肌、肩胛提肌、胸小肌	近固定	静力性拉伸
肩关节	外展	胸大肌、肱二头肌、喙肱肌、背阔肌、肱三头肌、冈下肌、小圆肌、大圆肌、肩胛下肌	近固定	静力性拉伸
肘关节	伸	肱二头肌、肱肌、肱桡肌、旋前圆肌	近固定	静力性拉伸
腕关节	屈	前臂伸肌群	近固定	动力性拉伸

（2）向后绕腕阶段

图3-97b 绕腕拉伸练习—向后绕腕阶段

关节名称	关节运动	拉伸肌肉名称	拉伸条件	拉伸类型
肩胛骨	上回旋	菱形肌、肩胛提肌、胸小肌	近固定	静力性拉伸
肩关节	外展	胸大肌、肱二头肌、喙肱肌、背阔肌、肱三头肌、冈下肌、小圆肌、大圆肌、肩胛下肌	近固定	静力性拉伸
肘关节	伸	肱二头肌、肱肌、肱桡肌、旋前圆肌	近固定	静力性拉伸
腕关节	伸	前臂屈肌群	近固定	动力性拉伸

第九章　下肢肌肉训练

第一节　臀部和大腿肌群的训练

一、臀部和大腿肌群

盆带肌主要起自骨盆的内面和外面，跨过髋关节，止于股骨上部，按其所在的部位和作用，可分为前、后两群。主要作用于髋关节。大腿肌位于股骨周围，可分为前群、后群和内侧群。主要作用于髋关节和膝关节。

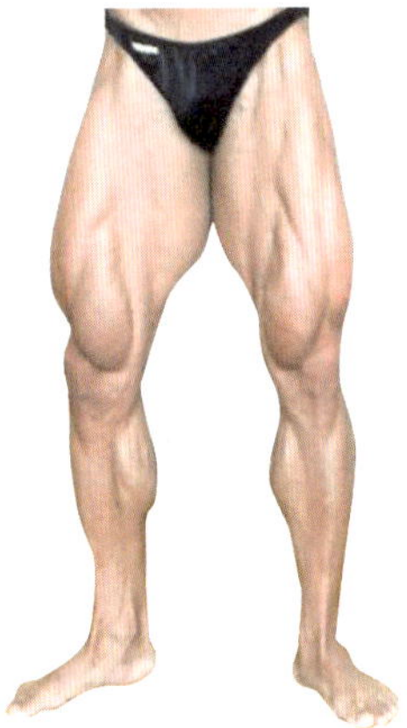

图3-98a　臀部和大腿肌群展示（前面观）

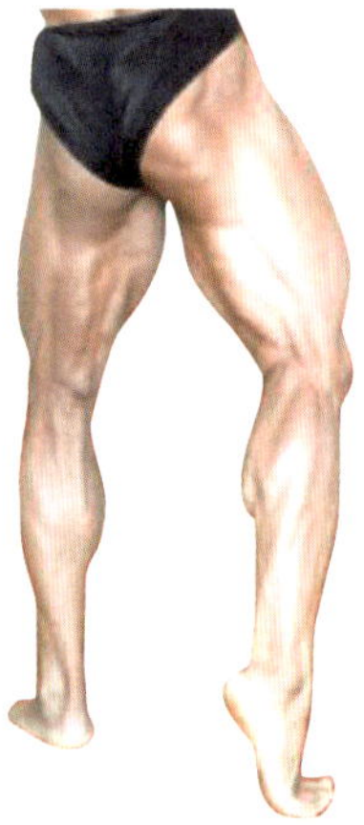

图3-98b　臀部和大腿肌群展示（后面观）

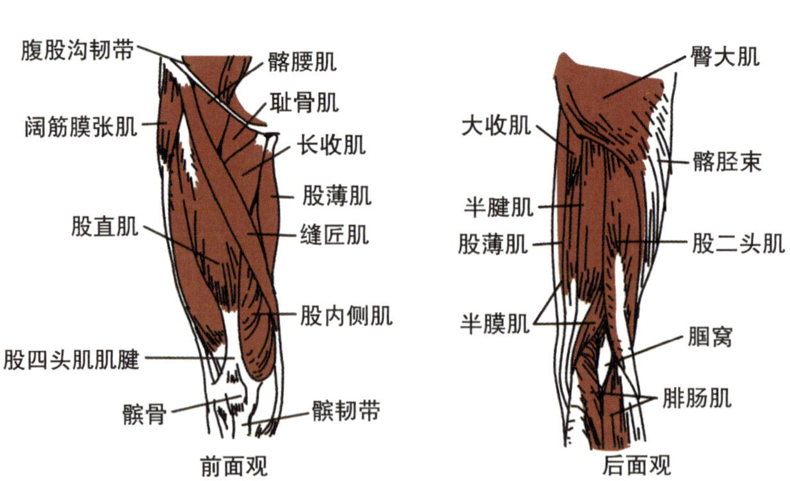

图3-99　臀部和大腿肌群解剖图（右）

表3-8　臀部和大腿肌肉

肌肉名称	起点	止点	神经支配	主要功能
髂腰肌	腰大肌起自腰椎体侧面和横突 髂肌呈扇形起自髂窝	股骨小转子	腰丛神经	近固定：使大腿屈和旋外 远固定：可使躯干和脊柱前屈，骨盆前倾
臀大肌	髂骨翼外面和骶骨背面	髂胫束和股骨的臀肌粗隆	臀下神经	近固定：使大腿伸和旋外 远固定：伸直躯干，防止躯干前倾，以维持身体的平衡；一侧收缩，骨盆同侧屈，对侧回旋
臀中肌	髂骨翼外面	股骨大转子	臀上神经	两肌同时收缩使大腿外展；前部肌束收缩能使大腿旋内，后部肌束收缩则使大腿旋外
臀小肌				
梨状肌	骶骨前面、骶前孔的外侧	外出坐骨大孔达臀部，止于股骨大转子	骶丛分支	使伸直的大腿旋外
闭孔内肌	闭孔膜内面及其周围骨面	由坐骨小孔出骨盆转折向外，止于转子窝	骶丛分支	使大腿旋外
闭孔外肌	闭孔膜外面及其周围骨面	经股骨颈的后方，止于转子间窝	闭孔神经	使大腿旋外
股方肌	坐骨结节	向外止于转子间嵴	骶丛分支	使大腿旋外
缝匠肌	髂前上棘	胫骨上端的内侧面	股神经	近固定：屈大腿和屈小腿，并使已屈的膝关节旋内 远固定：大腿在膝关节处屈；膝关节伸直时，下拉骨盆，使骨盆前倾
股四头肌	股直肌起自髂前下棘；股内侧肌和股外侧肌分别起自股骨粗线内、外侧唇；股中间肌位于股直肌的深面，起自股骨体的前面	4个头向下形成一个腱，包绕髌骨的前面和两侧，继而下延为髌韧带，止于胫骨粗隆		是膝关节强有力的伸肌，近固定时股直肌还有屈大腿的作用
阔筋膜张肌	髂前上棘	肌腹在阔筋膜两层之间，向下移行于髂胫束，后者止于胫骨外侧髁	臀上神经	使阔筋膜紧张并屈大腿和外展

续表3–8

<table>
<tr><th>肌肉名称</th><th>起点</th><th>止点</th><th>神经支配</th><th>主要功能</th></tr>
<tr><td>耻骨肌</td><td rowspan="5">闭孔周围的耻骨支、坐骨支和坐骨结节等骨面</td><td>股骨粗线内侧唇上部</td><td>股神经、闭孔神经</td><td rowspan="5">近固定主要使大腿内收</td></tr>
<tr><td>长收肌</td><td>股骨粗线内侧唇中部</td><td rowspan="4">闭孔神经</td></tr>
<tr><td>股薄肌</td><td>胫骨粗隆的内侧</td></tr>
<tr><td>短收肌</td><td>股骨粗线内侧唇中部</td></tr>
<tr><td>大收肌</td><td>股骨粗线内侧唇上2/3和股骨内上髁上方的收肌结节</td></tr>
<tr><td>股二头肌</td><td>长头起自坐骨结节，短头起自股骨粗线外侧唇下半部</td><td>两头合并后，止于腓骨头</td><td rowspan="3">坐骨神经</td><td rowspan="3">近固定：3块肌肉可以屈小腿和伸大腿；屈膝时股二头肌可以使小腿旋外，而半腱肌和半膜肌使小腿旋内
远固定：大腿在膝关节处屈，膝关节伸直时，下拉骨盆，使骨盆后倾</td></tr>
<tr><td>半腱肌</td><td>坐骨结节</td><td>胫骨粗隆内侧</td></tr>
<tr><td>半膜肌</td><td>坐骨结节</td><td>胫骨内侧髁的内侧面</td></tr>
</table>

二、主要力量练习方法

（一）臀肌练习

练习一：仰卧挺髋练习（Butt Lift Bridge）

1. 动作要领

（1）开始与还原动作：仰卧在地面上，双臂位于体侧，膝关节弯曲。双脚距离同肩宽，全脚掌着地。

（2）练习动作：腿部发力，髋关节伸，腹部上挺，下背部呈反弓形。稳定片刻。缓慢还原到开始动作。

（3）呼吸方式：向上挺髋动作呼气，向下还原动作吸气。

（4）重复次数：按要求重复进行练习。

（5）练习类型：复合练习。

（6）练习器材：练习垫。

（7）练习变化：该练习也可以单腿完成，两腿交替进行练习。

2. 解剖学分析

（1）向上挺髋阶段

图3-100a　仰卧挺髋练习—向上挺髋阶段

关节名称	关节运动	原动肌名称	工作条件	工作性质
脊柱腰段	伸	竖脊肌	上固定	向心工作
髋关节	伸	臀大肌、股后肌群	远固定	向心工作
膝关节	伸	股四头肌	远固定	向心工作
踝关节	屈	小腿三头肌、胫骨后肌、趾长屈肌、踇长屈肌、腓骨长肌、腓骨短肌	远固定	向心工作

（2）向下还原阶段

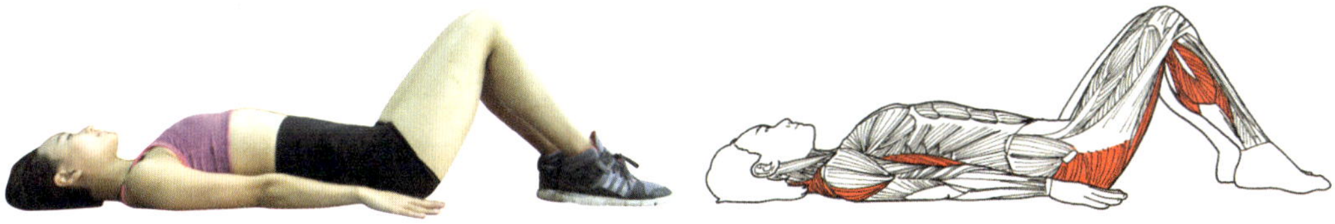

图3-100b　仰卧挺髋练习—向下还原阶段

关节名称	关节运动	原动肌名称	工作条件	工作性质
脊柱腰段	屈	竖脊肌	上固定	离心工作
髋关节	屈	臀大肌、股后肌群	远固定	离心工作
膝关节	屈	股四头肌	远固定	离心工作
踝关节	屈	小腿三头肌、胫骨后肌、趾长屈肌、踇长屈肌、腓骨长肌、腓骨短肌	远固定	离心工作

练习二：前俯屈膝后摆腿练习（Glute Kickback）

1. 动作要领

（1）开始与还原动作：跪姿，身体前俯，双手支持在地面上，手臂与躯干垂直，肘关节伸直位，两手间距同肩宽。头部与躯干保持在一条直线上。膝关节屈曲角度约90°。

（2）练习动作：保持膝关节屈曲角度，臀大肌和大腿后群肌用力，右大腿在髋关节处伸至与躯干平直。稳定片刻，还原到开始动作。然后交替到左侧腿进行练习。

（3）呼吸方式：大腿后摆阶段呼气，向前还原阶段吸气。

（4）重复次数：按要求重复进行练习。

（5）练习类型：复合练习。

（6）练习器材：练习垫。

（7）练习变化：该练习可持续重复一侧，然后再交换到异侧进行练习。还可以在踝关节处增加练习负荷。

2. 解剖学分析

（1）向后摆腿阶段

图3-101a 前俯屈膝后摆腿练习—向后摆腿阶段

关节名称	关节运动	原动肌名称	工作条件	工作性质
脊柱腰段	伸	竖脊肌	上固定	向心工作
髋关节	伸	臀大肌、股后肌群	近固定	向心工作
膝关节	屈	股后肌群	近固定	支持工作
踝关节	伸	小腿三头肌、胫骨后肌、趾长伸肌、踇长伸肌、腓骨长肌和腓骨短肌	近固定	支持工作

（2）向前还原阶段

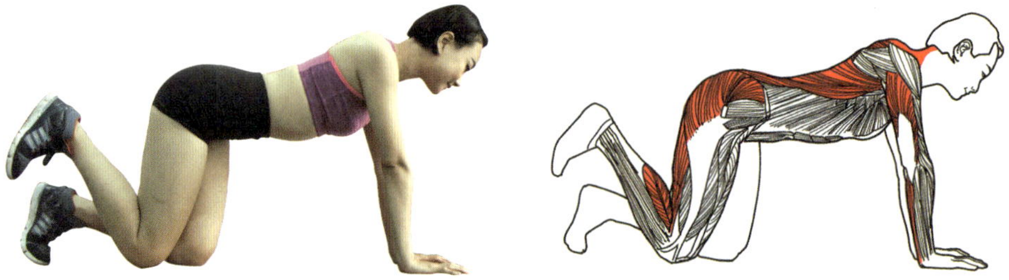

图3-101b 前俯屈膝后摆腿练习—向前还原阶段

关节名称	关节运动	原动肌名称	工作条件	工作性质
脊柱腰段	屈	竖脊肌	上固定	离心工作
髋关节	屈	臀大肌、股后肌群	近固定	离心工作
膝关节	屈	股后肌群	近固定	支持工作
踝关节	伸	小腿三头肌、胫骨后肌、趾长伸肌、踇长伸肌、腓骨长肌和腓骨短肌	近固定	支持工作

练习三：杠铃硬拉练习（Barbell Dead-Lift）

1. 动作要领

（1）开始与还原动作：站姿，选择适宜负荷重量，杠铃位于身前，背部挺直，屈膝下蹲，双手抓握杠铃，握距同肩宽。如果抓握困难，可以使用握力带。

（2）练习动作：下肢肌肉发力，提起杠铃，向上蹬伸，躯干伸肌同时用力，挺直躯干至直立位，挺胸收腹，肩胛骨后缩。稳定片刻，脊柱和膝关节前屈，缓慢还原到开始动作，杠铃落地。背部有损伤者慎用。

（3）呼吸方式：上提杠铃阶段呼气，向下还原阶段吸气。

（4）重复次数：按要求重复进行练习。

（5）练习类型：复合练习。

（6）练习器材：杠铃。

（7）练习变化：可用哑铃替换练习。

2. 解剖学分析

（1）向上提拉阶段

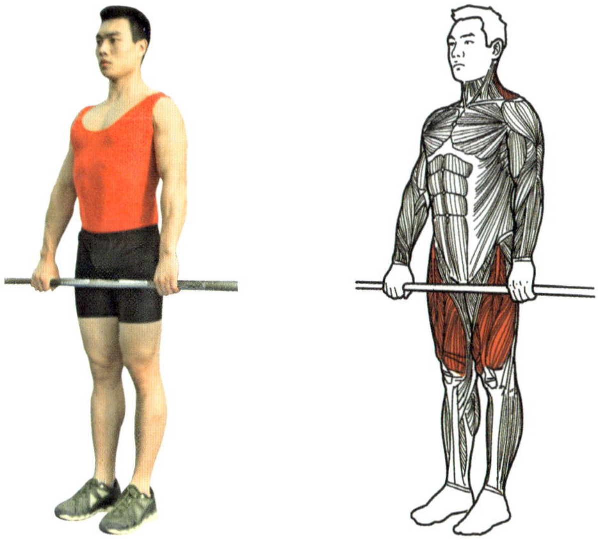

图3-102a 杠铃硬拉练习—向上提拉阶段

关节名称	关节运动	原动肌名称	工作条件	工作性质
脊柱	伸	竖脊肌	下固定	向心工作
髋关节	伸	臀大肌、股后肌群	远固定	向心工作
膝关节	伸	股四头肌	远固定	向心工作
踝关节	屈	小腿三头肌、胫骨后肌、趾长屈肌、 踇长屈肌、腓骨长肌、腓骨短肌	远固定	向心工作

（2）向下还原阶段

图3-102b　杠铃硬拉练习—向下还原阶段

关节名称	关节运动	原动肌名称	工作条件	工作性质
脊柱	屈	竖脊肌	下固定	离心工作
髋关节	屈	臀大肌、股后肌群	远固定	离心工作
膝关节	屈	股四头肌	远固定	离心工作
踝关节	伸	小腿三头肌、胫骨后肌、趾长屈肌、 踇长屈肌、腓骨长肌、腓骨短肌	远固定	离心工作

练习四：跪蹲练习（Kneeling Squats）

1. 动作要领

（1）开始与还原动作：支撑架调整到适宜高度，便于取放杠铃，选择适宜负荷重量。跪姿于杠铃后方练习垫上。扛起杠铃。身体挺直，双手握杠。两眼平视前方。

（2）练习动作：屈髋、屈膝，臀部缓慢后坐并触及小腿。然后，伸髋和膝关节，挺直身体，还原到开始动作。

（3）呼吸方式：屈膝下降阶段吸气，挺起阶段呼气。

（4）重复次数：按要求重复进行练习。

（5）练习类型：复合练习。

（6）练习器材：杠铃和深蹲架。

2. 解剖学分析

（1）向下屈膝阶段

图3-103a 跪蹲练习—向下屈膝阶段

关节名称	关节运动	原动肌名称	工作条件	工作性质
脊柱	屈	竖脊肌	下固定	离心工作
髋关节	屈	臀大肌、股后肌群	远固定	离心工作
膝关节	屈	股四头肌	远固定	离心工作
踝关节	伸	小腿三头肌、胫骨后肌、趾长屈肌、踇长屈肌、腓骨长肌、腓骨短肌	远固定	支持工作

（2）向上伸膝还原阶段

图3-103b 跪蹲练习—向上伸膝还原阶段

关节名称	关节运动	原动肌名称	工作条件	工作性质
脊柱	伸	竖脊肌	下固定	向心工作
髋关节	伸	臀大肌、股后肌群	远固定	向心工作
膝关节	伸	股四头肌	远固定	向心工作
踝关节	伸	小腿三头肌、胫骨后肌、趾长屈肌、䠆长屈肌、腓骨长肌、腓骨短肌	远固定	支持工作

练习五：拉索单腿后摆练习（Cable Hip Extension）

1. 动作要领

（1）开始与还原动作：选择适宜负荷重量，立姿面对低拉练习器，踝套固定在右侧踝关节处，离开拉力器约1米，双手抓握练习器。髋、膝关节微屈。腹部收紧。保持身体平衡。

（2）练习动作：固定躯干，臀部肌肉收缩，牵引负荷使大腿后伸至与地面平行，膝关节伸直。完成时，收紧臀肌，稳定片刻。然后缓慢还原到开始动作。

（3）呼吸方式：抬腿向后摆时呼气，缓慢向前还原时吸气。

（4）重复次数：按要求重复进行练习。

（5）练习类型：复合练习。

（6）练习器材：低拉练习器。

（7）练习变化：可用拉力绳替代练习。

2. 解剖学分析

（1）向后摆腿阶段

图3-104a　拉索单腿后摆练习—向后摆腿阶段

关节名称	关节运动	原动肌名称	工作条件	工作性质
脊柱腰段	伸	竖脊肌	上固定	向心工作
髋关节	伸	臀大肌、股后肌群	近固定	向心工作
膝关节	屈	股后肌群	近固定	向心工作
踝关节	屈	小腿三头肌、胫骨后肌、趾长屈肌、 踇长屈肌、腓骨长肌、腓骨短肌	近固定	向心工作

（2）向前还原阶段

图3-104b 拉索单腿后摆练习—向前还原阶段

关节名称	关节运动	原动肌名称	工作条件	工作性质
脊柱腰段	屈	竖脊肌	上固定	离心工作
髋关节	屈	臀大肌、股后肌群	近固定	离心工作
膝关节	伸	股后肌群	近固定	离心工作
踝关节	伸	小腿三头肌、胫骨后肌、趾长屈肌、 踇长屈肌、腓骨长肌、腓骨短肌	近固定	离心工作

（二）大腿前群肌练习

练习一：杠铃深蹲练习（Barbell Squats）

1. 动作要领

（1）开始与还原动作：根据练习者身高调节支撑架高度，选择适宜负荷重量。

肩部扛起杠铃，颈部稍前屈。双手抓握铃杆。下肢用力蹬伸，脊柱伸直。双脚开立与肩同宽，脚尖略向外。

（2）练习动作：抬头、挺胸、收腹，躯干略微前倾，缓慢屈膝下蹲，控制动作速度，臀部后坐，直至大腿后面靠近小腿三头肌。蹬起时下肢伸肌发力，克服阻力上行，还原到开始动作。该练习关节运动幅度大，躯干尽可能伸直并固定。

（3）呼吸方式：下蹲时吸气，蹬起阶段呼气。

（4）重复次数：按要求重复进行练习。

（5）练习类型：复合练习。

（6）练习器材：杠铃和深蹲架。

2. 解剖学分析

（1）向下屈膝阶段

图3-105a　杠铃深蹲练习—向下屈膝阶段

关节名称	关节运动	原动肌名称	工作条件	工作性质
脊柱	屈	竖脊肌	下固定	离心工作
髋关节	屈	臀大肌、股后肌群	远固定	离心工作
膝关节	屈	股四头肌	远固定	离心工作
踝关节	伸	小腿三头肌、胫骨后肌、趾长屈肌、䟴长屈肌、腓骨长肌、腓骨短肌	远固定	离心工作

（2）向上蹬起还原阶段

图3-105b 杠铃深蹲练习—向上蹬起还原阶段

关节名称	关节运动	原动肌名称	工作条件	工作性质
脊柱	伸	竖脊肌	下固定	向心工作
髋关节	伸	臀大肌、股后肌群	远固定	向心工作
膝关节	伸	股四头肌	远固定	向心工作
踝关节	屈	小腿三头肌、胫骨后肌、趾长屈肌、踇长屈肌、腓骨长肌、腓骨短肌	远固定	向心工作

练习二：杠铃跨步练习（Barbell Walking Lunge）

1. 动作要领

（1）开始与还原动作：调整支撑架高度和选择适宜负荷重量，肩部扛起杠铃，双手抓握杠铃。直立，躯干挺直，两眼平视前方，双脚开立，间距同肩宽。

（2）练习动作：右脚向前迈步，髋关节、膝关节屈，重心下降，躯干挺直，右腿被动支撑，膝关节屈。注意膝关节不得超越脚趾并保持平衡。停顿片刻。然后脚跟支撑，用力向后蹬伸，伸膝关节和髋关节，保持脊柱挺直，还原到开始动作。然后交替到异侧腿练习。

（3）呼吸方式：下蹲时吸气，蹬起还原动作时呼气。

（4）重复次数：按要求重复交替进行练习。

（5）练习类型：复合练习。

（6）练习器材：杠铃和深蹲架。

（7）练习变化：该练习变化多样，可双脚交替练习（如前所述），也可原地保持跨步姿势，尽力完成身体上下起伏动作。第三种方式难度最大，向前迈步过程中完成动作。

2. 解剖学分析

（1）向前跨步阶段

图3-106a 杠铃跨步练习—向前跨步阶段

关节名称	关节运动	原动肌名称	工作条件	工作性质
脊柱	伸	竖脊肌	下固定	支持工作
髋关节	屈（前腿）	臀大肌、股后肌群	远固定	离心工作
	伸（后腿）	臀大肌、股后肌群	远固定	向心工作
膝关节	屈（前、后腿）	股四头肌	远固定	离心工作
踝关节	伸（前、后腿）	小腿三头肌、胫骨后肌、趾长屈肌、踇长屈肌、腓骨长肌、腓骨短肌	远固定	离心工作

（2）向后还原阶段

图3-106b 杠铃跨步练习—向后还原阶段

关节名称	关节运动	原动肌名称	工作条件	工作性质
脊柱	伸	竖脊肌	下固定	支持工作
髋关节	伸（前、后腿）	臀大肌、股后肌群	远固定	向心工作
膝关节	伸（前、后腿）	股四头肌	远固定	向心工作
踝关节	屈（前、后腿）	小腿三头肌、胫骨后肌、趾长屈肌、踇长屈肌、腓骨长肌、腓骨短肌	远固定	向心工作

练习三：倒蹬机练习（Leg Press）

1. 动作要领

（1）开始与还原动作：选择适宜负荷重量，坐在倒蹬机坐凳上，背部挺直，贴紧靠背，使脊柱均匀受力，双脚踩在踏板上，脚间距同肩宽。手控放开安全栓，双脚支撑负荷重量，向前上方蹬伸至膝关节完全伸直，但不锁定膝关节。躯干与大腿之间成直角。

（2）练习动作：缓慢屈髋、屈膝，踏板下行，至膝关节屈角度约为90° 。然后下肢伸肌发力，用力上蹬踏板，脚部着力点在前脚掌，至膝关节伸直，还原到开始动作。

（3）呼吸方式：蹬踏板下行阶段吸气，上行阶段呼气。

（4）重复次数：按要求重复进行练习。

（5）练习类型：复合练习。

（6）练习器材：倒蹬练习器。

（7）练习变化：脚步位置和间距的不同，刺激部位有所区别。

2. 解剖学分析

（1）向下屈膝阶段

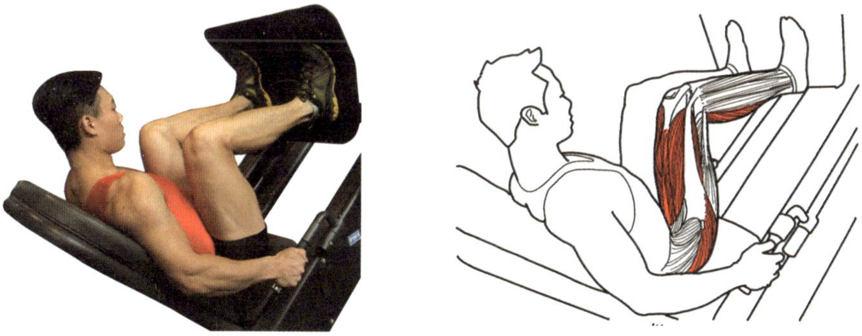

图3-107a 倒蹬机练习—向下屈膝阶段

关节名称	关节运动	原动肌名称	工作条件	工作性质
髋关节	屈	臀大肌、股后肌群	近固定	离心工作
膝关节	屈	股四头肌	近固定	离心工作
踝关节	伸	小腿三头肌、胫骨后肌、趾长屈肌、蹞长屈肌、腓骨长肌、腓骨短肌	近固定	离心工作

（2）向上蹬伸还原阶段

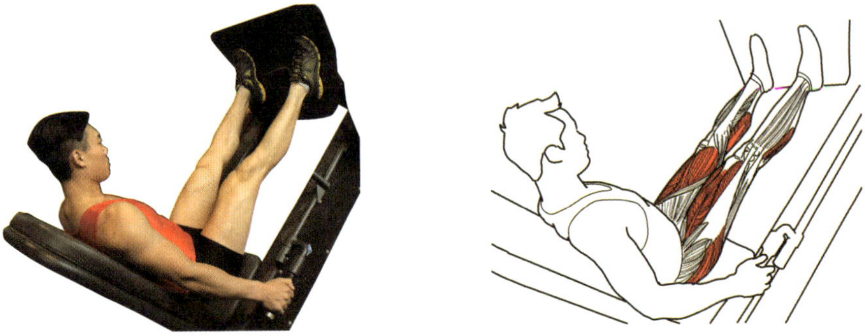

图3-107b 倒蹬机练习—向上蹬伸还原阶段

关节名称	关节运动	原动肌名称	工作条件	工作性质
髋关节	伸	臀大肌、股后肌群	近固定	向心工作
膝关节	伸	股四头肌	近固定	向心工作
踝关节	屈	小腿三头肌、胫骨后肌、趾长屈肌、蹞长屈肌、腓骨长肌和腓骨短肌	近固定	向心工作

练习四：伸膝器练习（Seated Leg Extensions）

1. 动作要领

（1）开始与还原动作：使用伸膝器进行练习，首先选择适宜负荷重量和调节脚把位置，小腿下端置于脚把下面，踝关节伸，大小腿之间角度为90°，双手抓握侧面把手。

（2）练习动作：股四头肌发力，小腿在膝关节处伸至极限角度。身体其他部分固定，保持静止状态。肌肉用力收缩，稳定片刻。缓慢屈膝，还原到开始动作。

（3）呼吸方式：用力伸膝时呼气，向下还原时吸气。

（4）重复次数：按要求重复进行练习。

（5）练习类型：孤立练习。

（6）练习器材：伸膝练习器。

（7）练习变化：大腿旋转角度不一，刺激的部位有所区别。也可单腿进行练习。

2. 解剖学分析

（1）向上伸膝阶段

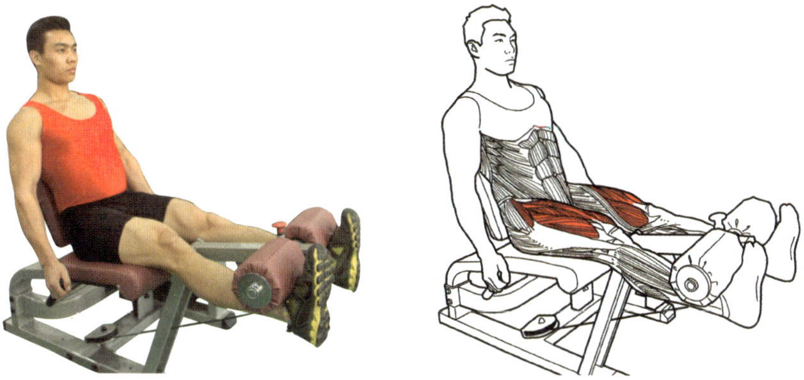

图3-108a　伸膝器练习—向上伸膝阶段

关节名称	关节运动	原动肌名称	工作条件	工作性质
髋关节	屈	髂腰肌、缝匠肌、耻骨肌、股直肌	近固定	支持工作
膝关节	伸	股四头肌	近固定	向心工作
踝关节	伸	胫骨前肌、趾长伸肌、踇长伸肌	近固定	支持工作

（2）向下屈膝还原阶段

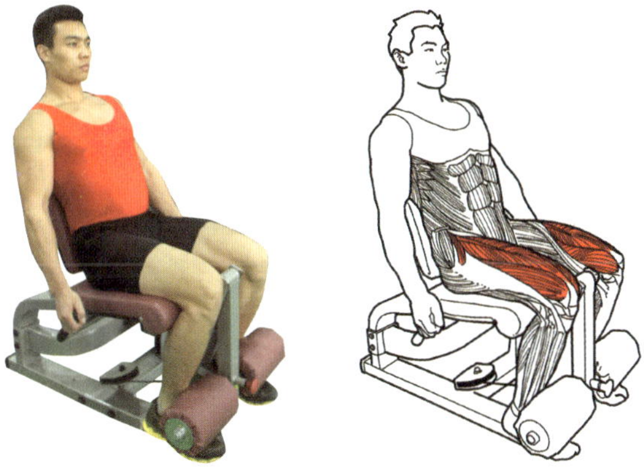

图3-108b　伸膝机练习—向下屈膝还原阶段

关节名称	关节运动	原动肌名称	工作条件	工作性质
髋关节	伸	髂腰肌、缝匠肌、耻骨肌、股直肌	近固定	支持工作
膝关节	屈	股四头肌	近固定	离心工作
踝关节	伸	胫骨前肌、趾长伸肌、踇长伸肌	近固定	支持工作

练习五：哑铃台阶练习（Dumbbell Step-Ups）

1. 练习要领

（1）开始与还原动作：站姿，身体直立，手臂自然悬垂，双手握哑铃于体侧，掌心对向身体。

（2）练习动作：上台阶（右）腿屈髋、屈膝，踩在练习凳上，髋、膝关节伸肌和踝关节屈肌群发力，蹬上练习凳，左腿跟上并拢。下凳动作，支撑腿（左）屈髋、屈膝、伸踝下降，右腿落地，还原到开始动作。

（3）呼吸方式：蹬上动作时呼气，下凳阶段吸气。

（4）重复次数：按要求同侧持续完成一组，交替腿进行下一组练习，重复若干组。

（5）练习类型：复合练习。

（6）练习器材：哑铃和练习凳。

（7）练习变化：可采用交替动作方法进行练习。练习器械可选择杠铃。初学者或平衡能力差者可徒手完成动作。

2. 解剖学分析

（1）上台阶段

图3-109a　哑铃台阶练习—上台阶段

关节名称	关节运动	原动肌名称	工作条件	工作性质
脊柱	伸	竖脊肌	下固定	支持工作
髋关节	伸（上台阶腿）	臀大肌、股后肌群	远固定	向心工作
膝关节	伸（上台阶腿）	股四头肌	远固定	向心工作
踝关节	屈（上台阶腿）	小腿三头肌、胫骨后肌、趾长屈肌、踇长屈肌、腓骨长肌、腓骨短肌	远固定	向心工作

（2）下台阶段

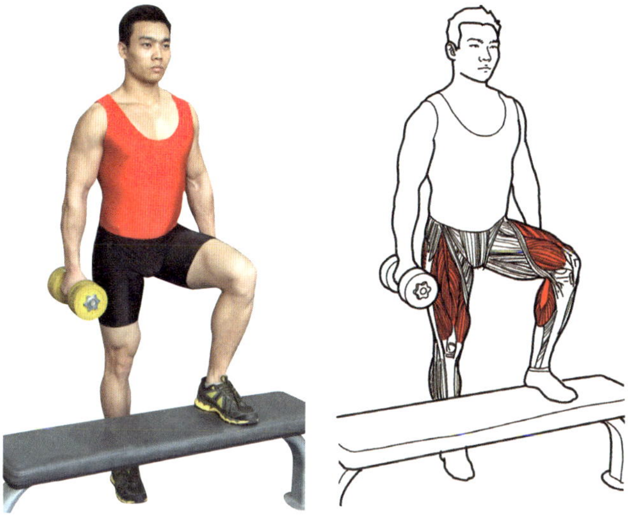

图3-109b 哑铃台阶练习—下台阶段

关节名称	关节运动	原动肌名称	工作条件	工作性质
脊柱	伸	竖脊肌	下固定	支持工作
髋关节	屈（支撑腿）	臀大肌、股后肌群	远固定	离心工作
膝关节	屈（支撑腿）	股四头肌	远固定	离心工作
踝关节	伸（支撑腿）	小腿三头肌、胫骨后肌、趾长屈肌、蹞长屈肌、腓骨长肌、腓骨短肌	远固定	离心工作

（三）大腿后群肌练习

练习一：前俯挺身练习（Hyperextensions Back Extensions）

1. 动作要领

（1）开始与还原动作：俯卧姿势，调节支撑垫的位置，使骨盆和躯干可以自由运动，踝关节后方在脚把下面，双手在胸前交叉。

（2）练习动作：抬头挺胸，躯干挺直，骨盆后倾，髋关节伸，膝关节微屈。挺身到达最高点时，稳定片刻。屈体向下，缓慢还原到开始动作。

（3）呼吸方式：抬头挺胸阶段呼气，向下还原时吸气。

（4）重复次数：按要求重复进行练习。

（5）练习类型：复合练习。

（6）练习器材：挺身练习器（凳）。

2. 解剖学分析

（1）向上挺身阶段

图3-110a 腹背挺身练习—向上挺身阶段

关节名称	关节运动	原动肌名称	工作条件	工作性质
脊柱	伸	竖脊肌	下固定	向心工作
髋关节	伸	臀大肌、股后肌群	远固定	向心工作
膝关节	屈	股后肌群	远固定	支持工作
踝关节	伸	小腿三头肌、胫骨后肌、趾长屈肌、踇长屈肌、腓骨长肌、腓骨短肌	远固定	支持工作

（2）向下还原阶段

图3-110b 前俯挺身练习—向下还原阶段

关节名称	关节运动	原动肌名称	工作条件	工作性质
脊柱	屈	竖脊肌	下固定	离心工作
髋关节	屈	臀大肌、股后肌群	远固定	离心工作
膝关节	伸	股后肌群	远固定	支持工作
踝关节	伸	小腿三头肌、胫骨后肌、趾长屈肌、 踇长屈肌、腓骨长肌、腓骨短肌	远固定	支持工作

练习二：橡筋挺身练习（Back Extension With Bands）

1. 动作要领

（1）开始与还原动作：将橡筋的一端固定在立柱上，另一端套在练习者颈部，面对立柱站立，两脚开立，间距同肩宽，双手位于头部侧面。

（2）练习动作：保持背部挺直，躯干缓慢前屈至与大腿成直角，髋关节屈，膝关节微屈。躯干、臀部伸肌发力，克服阻力，还原到开始动作。

（3）呼吸方式：向下屈体时吸气，向上还原动作时呼气。

（4）重复次数：按要求重复进行练习。

（5）练习类型：复合练习。

（6）练习器材：橡筋。

2. 解剖学分析

（1）向前屈体阶段

图3-111a 橡筋挺身练习—向前屈体阶段

关节名称	关节运动	原动肌名称	工作条件	工作性质
脊柱	屈	竖脊肌	下固定	离心工作
髋关节	屈	臀大肌、股后肌群	远固定	离心工作
膝关节	屈	股四头肌	远固定	离心工作
踝关节	伸	小腿三头肌、胫骨后肌、趾长屈肌、 踇长屈肌、腓骨长肌、腓骨短肌	远固定	离心工作

（2）向后挺身还原动作

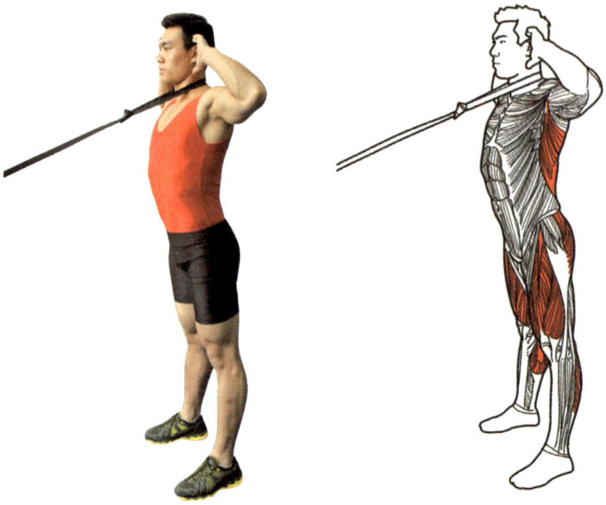

图3-111b　橡筋挺身练习—向后挺身还原阶段

关节名称	关节运动	原动肌名称	工作条件	工作性质
脊柱	伸	竖脊肌	下固定	向心工作
髋关节	伸	臀大肌、股后肌群	远固定	向心工作
膝关节	屈	股四头肌	远固定	向心工作
踝关节	屈	小腿三头肌、胫骨后肌、趾长屈肌、踇长屈肌、腓骨长肌、腓骨短肌	远固定	向心工作

练习三：坐姿屈膝器练习（Seated Leg Curl）

1. 动作要领

（1）开始与还原动作：使用坐姿屈膝器进行练习，首先选择适宜负荷重量和调节脚把位置，坐在坐凳上，背部挺直，小腿伸直，下端置于脚把上面，踝关节伸，双手抓握把手。

（2）练习动作：股后肌群发力，小腿在膝关节处屈至极限角度。身体其他部分固定，保持静止状态。肌肉用力收缩，稳定片刻。缓慢向上伸膝，还原到开始动作。负荷重量不能过大，发力动作要持续用力，不要突然加力，否则肌肉容易拉伤。

（3）呼吸方式：用力屈膝时呼气，向上还原时吸气。

（4）重复次数：按要求重复进行练习。

（5）练习类型：孤立练习。

（6）练习器材：坐姿伸膝练习器。

（7）练习变化：大腿旋转角度不一，刺激的部位有所区别。也可单腿进行练习。

2. 解剖学分析

（1）向下屈膝阶段

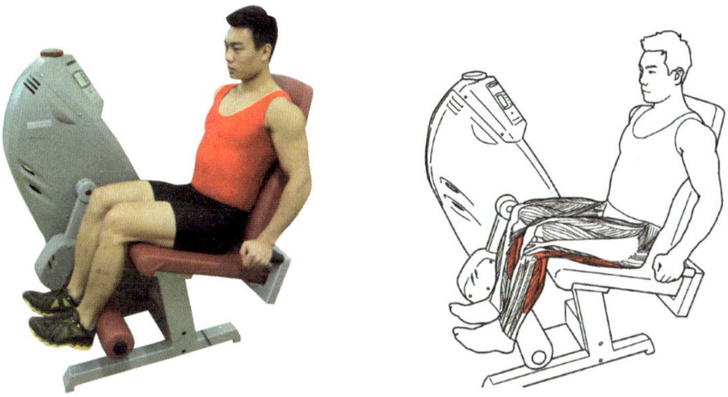

图3-112a 坐姿屈膝器练习—向下屈膝阶段

关节名称	关节运动	原动肌名称	工作条件	工作性质
髋关节	屈	髂腰肌、股直肌、缝匠肌、耻骨肌	近固定	支持工作
膝关节	屈	股后肌群	近固定	向心工作
踝关节	伸	胫骨前肌、趾长伸肌、踇长伸肌	近固定	支持工作

（2）向上伸膝还原阶段

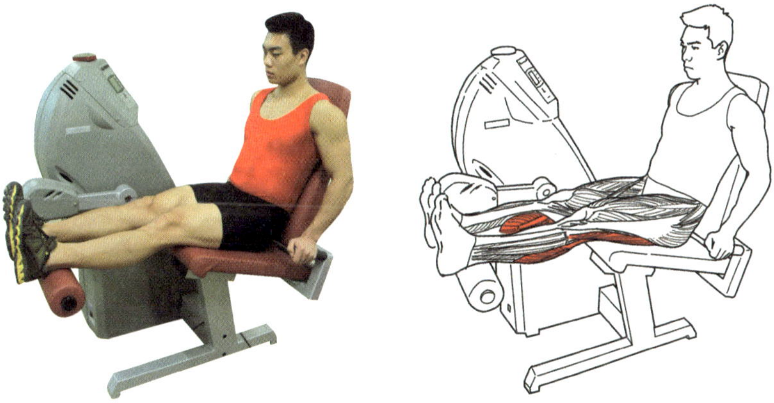

图3-112b 坐姿屈膝器练习—向上伸膝还原阶段

关节名称	关节运动	原动肌名称	工作条件	工作性质
髋关节	屈	髂腰肌、股直肌、缝匠肌、耻骨肌	近固定	支持工作
膝关节	伸	股后肌群	近固定	离心工作
踝关节	伸	胫骨前肌、趾长伸肌、踇长伸肌	近固定	支持工作

练习四：俯卧屈膝器练习（Lying Leg Curl）

1. 动作要领

（1）开始与还原动作：使用俯卧屈膝器进行练习，首先选择适宜负荷重量和调节脚垫位置，俯卧在练习凳上，背部挺直，小腿伸直，膝关节在支撑面之外，踝关节伸，双手抓握握柄。

（2）练习动作：股后肌群发力，小腿在膝关节处屈至极限角度。身体其他部分固定，保持静止状态。肌肉用力收缩，稳定片刻。缓慢伸膝下行，还原到开始动作。负荷重量不能过大，发力动作要持续用力，不要突然加力，否则肌肉容易拉伤。

（3）呼吸方式：向上屈膝时呼气，向下还原时吸气。

（4）重复次数：按要求重复进行练习。

（5）练习类型：孤立练习。

（6）练习器材：俯卧伸膝练习器。

（7）练习变化：大腿旋转角度不一，刺激的部位有所区别。也可单腿进行练习。

2. 解剖学分析

（1）向上屈膝阶段

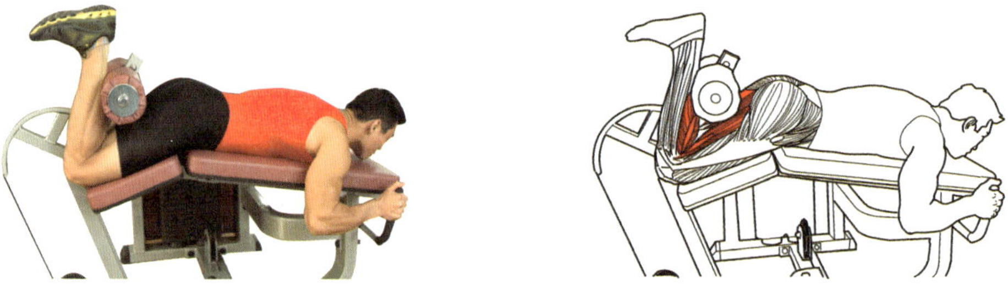

图3-113a　俯卧屈膝器练习—向上屈膝阶段

关节名称	关节运动	原动肌名称	工作条件	工作性质
髋关节	屈	髂腰肌、股直肌、缝匠肌、耻骨肌	近固定	支持工作
膝关节	屈	股后肌群	近固定	向心工作
踝关节	伸	胫骨前肌、趾长伸肌、蹞长伸肌	近固定	支持工作

（2）向下伸膝还原阶段

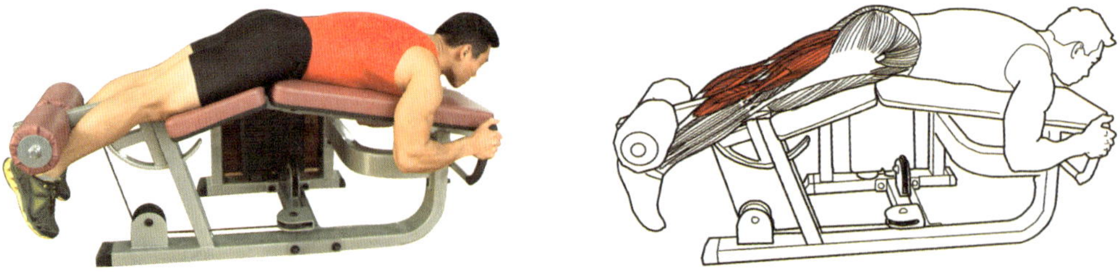

图3-113b　俯卧屈膝器练习—向下伸膝还原阶段

关节名称	关节运动	原动肌名称	工作条件	工作性质
髋关节	屈	髂腰肌、股直肌、缝匠肌、耻骨肌	近固定	支持工作
膝关节	伸	股后肌群	近固定	离心工作
踝关节	伸	胫骨前肌、趾长伸肌、拇长伸肌	近固定	支持工作

三、主要伸展性练习方法

（一）臀肌练习

练习一：仰卧单腿屈髋拉伸练习（Hug Knee To Chest）

1. 动作要领

（1）开始与还原动作：仰卧在练习垫上，膝关节屈曲位，上臂上举，在头侧贴近地面。

（2）练习动作：头部离开地面，双手抱一侧膝关节，屈髋、屈膝，用力拉向胸部。感受臀肌的紧张和拉伸。稳定10～20秒，还原到开始动作。

（3）呼吸方式：采用自然呼吸方式。

（4）重复次数：两侧交替完成动作。按要求重复进行练习。

（5）练习类型：静力性拉伸。

（6）练习器材：练习垫。

（7）练习变化：选择练习方式可以两侧同时进行。

2. 解剖学分析

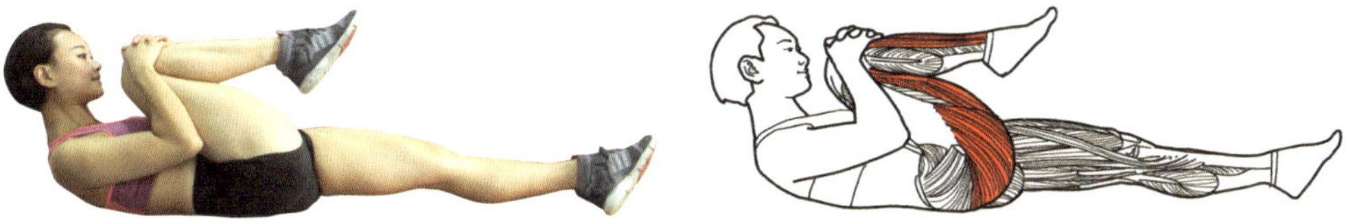

图3-114　仰卧单腿屈髋拉伸练习

关节名称	关节运动	拉伸肌肉名称	拉伸条件	拉伸类型
脊柱	屈	竖脊肌	无固定	静力性拉伸
髋关节	屈	臀大肌、大收肌、股后肌群	近固定	静力性拉伸
膝关节	屈	股四头肌	近固定	静力性拉伸
踝关节	屈	胫骨前肌、趾长伸肌、拇长伸肌	近固定	静力性拉伸

练习二：坐姿屈体拉伸练习（Seated Glute）

1. 动作要领

（1）开始与还原动作：坐在练习垫上，膝关节屈曲位，一侧脚踝关节置于异侧膝关节上方，双手体后支撑于地面上，同伴在身后扶住练习者双肩。

（2）练习动作：同伴向前推练习者双肩，持续缓慢用力。练习者感受下背部和臀肌紧张和拉伸。稳定10～20秒，还原到开始动作。然后换腿交叉练习。

（3）呼吸方式：采用自然呼吸方式。

（4）重复次数：按要求重复进行练习。

（5）练习类型：静力性拉伸。

（6）练习器材：练习垫。

2. 解剖学分析

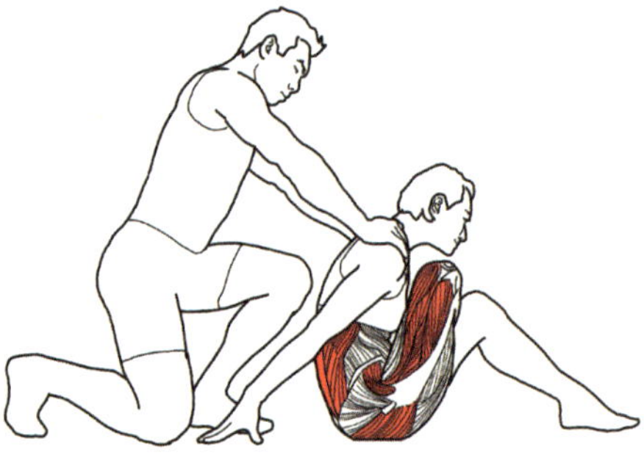

图3–115　坐姿屈体拉伸练习

关节名称	关节运动	拉伸肌肉名称	拉伸条件	拉伸类型
脊柱	屈	竖脊肌	下固定	静力性拉伸
髋关节	屈	臀大肌、大收肌、股后肌群	近固定	静力性拉伸
	旋外（交叉腿）	臀中肌和臀小肌后部、阔筋膜张肌	近固定	静力性拉伸
	外展（交叉腿）	大收肌、长收肌、短收肌、臀大肌下部、股薄肌、耻骨肌	近固定	静力性拉伸
膝关节	屈	股四头肌	近固定	静力性拉伸
踝关节	伸	小腿三头肌、胫骨后肌、趾长屈肌、踇长屈肌、腓骨长肌、腓骨短肌	近固定	静力性拉伸

练习三：仰卧交叉腿拉伸练习（Knee Across The Body）

1. 动作要领

（1）开始与还原动作：平躺在练习垫上，上臂外展，手臂伸直。

（2）练习动作：一侧腿伸直，另一腿屈膝，大腿在髋关节处屈、内收和旋内，在伸直腿上方交叉至异侧，同侧手扶住膝关节，并使其贴近地面。下肢交叉动作带动脊柱腰段旋转，而躯干上部和头则向异侧运动。练习者感受下背部和臀肌的紧张和拉伸。稳定10～20秒，还原到开始动作。然后换腿练习。

（3）呼吸方式：采用自然呼吸方式。

（4）重复次数：按要求重复进行练习。

（5）练习类型：静力性拉伸。

（6）练习器材：练习垫。

2. 解剖学分析

图3-116 仰卧交叉腿拉伸练习

关节名称	关节运动	拉伸肌肉名称	拉伸条件	拉伸类型
脊柱	旋转	竖脊肌（抬腿同侧）	上固定	静力性拉伸
髋关节	屈	臀大肌、大收肌、股后肌群	近固定	静力性拉伸
	内收	臀中肌、臀小肌、臀大肌上部、梨状肌	近固定	静力性拉伸
	旋内（交叉腿）	髂腰肌、臀大肌、梨状肌、臀中肌、臀小肌后部、缝匠肌	近固定	静力性拉伸

（二）大腿前群肌练习

练习一：跪姿单腿拉伸练习（All Fours Quad Stretch）

1. 动作要领

（1）开始与还原动作：跪在练习垫上，双手支撑，间距同肩宽。背部挺直，头和躯干保持在一条直线上。

（2）练习动作：单腿屈膝，伸髋上举，同侧手抓住踝关节，拉向躯干方向，持续缓慢用力。练习者感受大腿前群肌的紧张和拉伸。稳定10 ~ 20秒，还原到开始动作。然后换腿进行练习。

（3）呼吸方式：采用自然呼吸方式。

（4）重复次数：按要求重复进行练习。

（5）练习类型：静力性拉伸。

（6）练习器材：练习垫。

2. 解剖学分析

图3-117 跪姿单腿拉伸练习

关节名称	关节运动	拉伸肌肉名称	拉伸条件	拉伸类型
脊柱	伸	腹直肌、腹外斜肌、腹内斜肌	上固定	静力性拉伸
髋关节	伸	髂腰肌、股直肌、缝匠肌、阔筋膜张肌、长收肌、短收肌、股薄肌、耻骨肌	近固定	静力性拉伸
膝关节	屈	股四头肌	近固定	静力性拉伸
踝关节	屈	胫骨前肌、趾长伸肌、拇长伸肌	近固定	静力性拉伸

练习二：站姿大腿拉伸练习（Standing Elevated Quad Stretch）

1. 动作要领

（1）开始与还原动作：站在练习凳前约50厘米，背向练习凳，躯干挺直。

（2）练习动作：后撤步，脚趾或脚背置于练习凳上面，支撑腿屈髋、屈膝缓慢向下。练习者感受后撤腿大腿前群肌的紧张和拉伸。稳定10 ~ 20秒，还原到开始动作。然后换腿进行练习。

（3）呼吸方式：采用自然呼吸方式。

（4）重复次数：按要求重复进行练习。
（5）练习类型：静力性拉伸。
（6）练习器材：练习凳。

2. 解剖学分析

图3-118　站姿大腿拉伸练习

关节名称	关节运动	拉伸肌肉名称	拉伸条件	拉伸类型
脊柱	屈	竖脊肌	下固定	静力性拉伸
髋关节	伸	髂腰肌、股直肌、缝匠肌、阔筋膜张肌、长收肌、短收肌、股薄肌、耻骨肌	远固定	静力性拉伸
膝关节	屈	股四头肌	远固定	静力性拉伸
踝关节	伸	小腿三头肌、胫骨后肌、趾长屈肌、 拇长屈肌、腓骨长肌、腓骨短肌	远固定	静力性拉伸

练习三：俯卧交叉腿拉伸练习（Iron Crosses Stretch）

1. 动作要领

（1）开始与还原动作：俯卧在练习垫上，头略微抬起，离开练习垫，手臂外展位，肘关节微屈。

（2）练习动作：单腿屈膝伸髋，交叉到异侧腿的内侧，脚踩在地面上。下肢的交叉带动躯干的转体。练习者感受大腿前群肌的紧张和拉伸。稳定10～20秒，还原到开始动作。然后换腿进行练习。

（3）呼吸方式：采用自然呼吸方式。

（4）重复次数：按要求重复进行练习。

（5）练习类型：静力性拉伸。

（6）练习器材：练习垫。

2. 解剖学分析

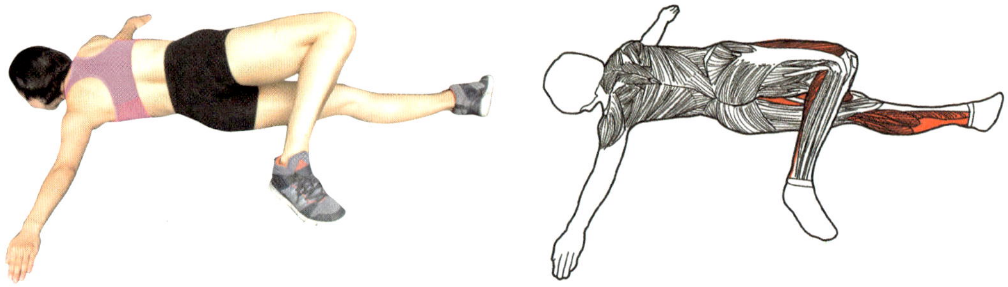

图3-119 俯卧交叉腿拉伸练习

关节名称	关节运动	拉伸肌肉名称	拉伸条件	拉伸类型
脊柱	回旋	腹直肌、同侧腹外斜肌、异侧腹内斜肌	上固定	静力性拉伸
髋关节	伸	髂腰肌、股直肌、缝匠肌、阔筋膜张肌、长收肌、短收肌、股薄肌、耻骨肌	近固定	静力性拉伸
膝关节	屈	股四头肌	近固定	静力性拉伸
踝关节	伸	小腿三头肌、胫骨后肌、趾长屈肌、踇长屈肌、腓骨长肌、腓骨短肌	近固定	静力性拉伸

（三）大腿后群肌练习

练习一：摆腿练习（Leg Raises）

1. 动作要领

（1）开始与还原动作：站姿，单手抓握椅背或其他支撑物，身体直立，躯干挺直。

（2）练习动作：一侧腿用力前摆，膝关节微屈，感受大腿后群肌的紧张和拉伸。然后自然向下完成后摆动作。

（3）呼吸方式：采用自然呼吸方式。

（4）重复次数：单腿完成5～10次，交换腿进行，按要求重复进行练习。

（5）练习类型：动力性拉伸。

（6）练习器材：椅子或其他支撑物。

2. 解剖学分析

（1）摆腿练习—前摆腿阶段

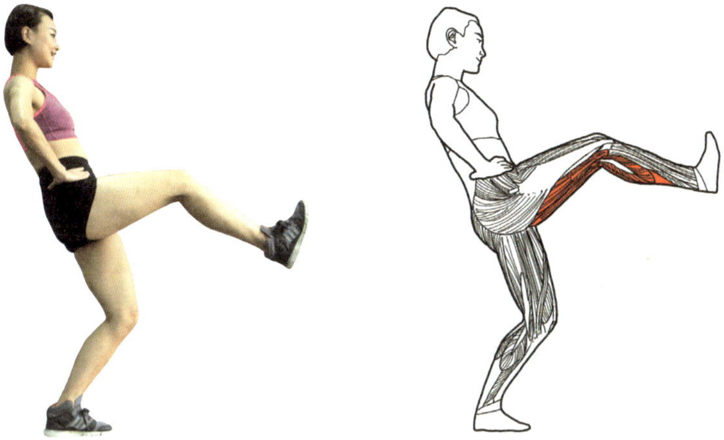

图3-120a 摆腿练习—前摆腿阶段

关节名称	关节运动	拉伸肌肉名称	拉伸条件	拉伸类型
脊柱	伸	腹直肌、腹外斜肌、腹内斜肌	上固定	动力性拉伸
髋关节	屈	臀大肌、大收肌、股后肌群	近固定	动力性拉伸
膝关节	伸	股后肌群	近固定	动力性拉伸
踝关节	伸	小腿三头肌、胫骨后肌、趾长屈肌、姆长屈肌、腓骨长肌、腓骨短肌	近固定	动力性拉伸

（2）摆腿练习—后摆腿阶段

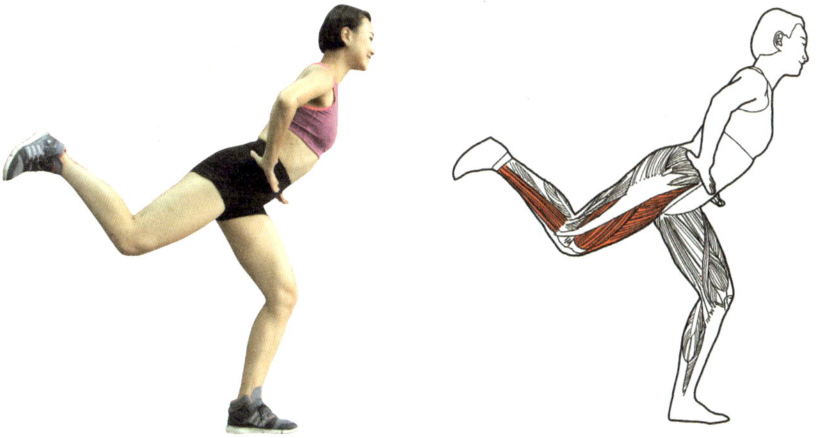

图3-120b 摆腿练习—后摆腿阶段

关节名称	关节运动	拉伸肌肉名称	拉伸条件	拉伸类型
脊柱	屈	竖脊肌、斜方肌、菱形肌、肩胛提肌	下固定	动力性拉伸
髋关节	伸	髂腰肌、股直肌、缝匠肌、阔筋膜张肌、长收肌、短收肌、股薄肌、耻骨肌	近固定	动力性拉伸
膝关节	屈	股四头肌	近固定	动力性拉伸
踝关节	伸	小腿三头肌、胫骨后肌、趾长屈肌、踇长屈肌、腓骨长肌、腓骨短肌	近固定	动力性拉伸

练习二：站姿屈体拉伸练习（Runner’s Stretch）

1. 动作要领

（1）开始与还原动作：身体直立，两脚间距窄于肩宽，两臂自然悬垂于体侧。

（2）练习动作：跨出一小步，前腿膝关节伸直，脚跟着地，踝关节伸，后腿的髋关节、膝关节屈曲，身体前屈，双手抓握前腿踝关节处。感受前腿臀大肌、大腿和小腿后群肌的紧张和拉伸，同时，后腿股四头肌也拉伸。稳定10～20秒，然后还原到开始动作。

（3）呼吸方式：采用自然呼吸方式。

（4）重复次数：交换腿进行，按要求重复进行练习。

（5）练习类型：静力性拉伸。

2. 解剖学分析

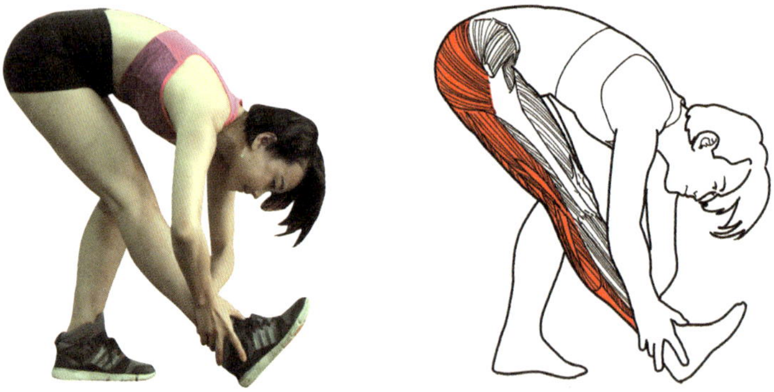

图3-121 站姿屈体拉伸练习

关节名称	关节运动	拉伸肌肉名称	拉伸条件	拉伸类型
脊柱	屈	竖脊肌、斜方肌、菱形肌、肩胛提肌	下固定	静力性拉伸
髋关节	屈	臀大肌、大收肌、股后肌群	远固定	静力性拉伸
膝关节	伸（前腿）	股后肌群	远固定	静力性拉伸
	屈（后腿）	股四头肌	远固定	静力性拉伸
踝关节	伸	小腿三头肌、胫骨后肌、趾长屈肌、踇长屈肌、腓骨长肌、腓骨短肌	远固定	静力性拉伸

练习三：仰卧踢腿拉伸练习（Hamstring Stretch）

1. 动作要领

（1）开始与还原动作：仰卧在练习垫上，一腿抬起与地面垂直，膝关节屈曲90°，双手扶住并固定大腿。异侧腿在地面上保持伸直位。

（2）练习动作：大腿固定，膝关节伸直，踝关节背屈。感受臀大肌、大腿和小腿后群肌的紧张和拉伸。稳定片刻，然后还原到开始动作。

（3）呼吸方式：采用自然呼吸方式。

（4）重复次数：重复10～20次后，交换腿重复进行练习。

（5）练习类型：动力性拉伸。

（6）练习器材：练习垫。

2. 解剖学分析

图3-122 仰卧踢腿拉伸练习

关节名称	关节运动	拉伸肌肉名称	拉伸条件	拉伸类型
脊柱	屈	竖脊肌	上固定	动力性拉伸
髋关节	屈	臀大肌、大收肌、股后肌群	近固定	动力性拉伸
膝关节	伸	股后肌群	近固定	动力性拉伸
踝关节	伸	小腿三头肌、胫骨后肌、趾长屈肌、踇长屈肌、腓骨长肌、腓骨短肌	近固定	动力性拉伸

（四）大腿内收肌群练习

练习一：侧摆腿拉伸练习（Adductor/Groin Stretch）

1. 动作要领

（1）开始与还原动作：站姿，单手抓握椅背或其他支撑物，躯干挺直。

（2）练习动作：一侧腿用力侧摆，膝关节伸直，感受大腿内收群肌的紧张和拉伸。然后自然向下内收还原到开始动作，并与支撑腿在前面交叉。

（3）呼吸方式：腿侧摆外展时呼气，内收还原时吸气。

（4）重复次数：单腿完成5~10次，交换腿进行，按要求重复进行练习。

（5）练习类型：动力性拉伸。

（6）练习器材：椅子或其他支撑物。

2. 解剖学分析

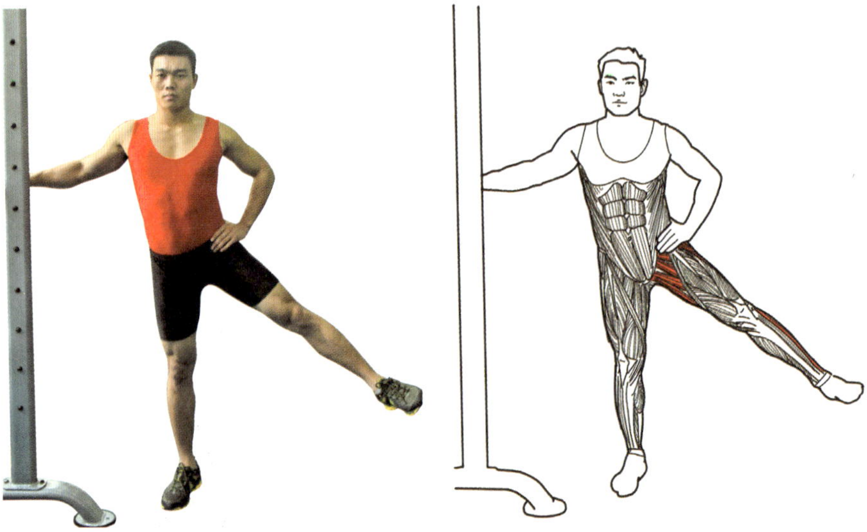

图3-123 侧摆腿拉伸练习

关节名称	关节运动	拉伸肌肉名称	拉伸条件	拉伸类型
髋关节	外展	同侧大收肌、长收肌、短收肌、臀大肌下部、股薄肌和耻骨肌	近固定	动力性拉伸

练习二：坐姿分腿前俯拉伸练习（Straddler Stretch）

1. 动作要领

（1）开始与还原动作：坐姿，两腿尽可能分开并伸直，躯干挺直。

（2）练习动作：控制动作速度，躯干缓慢前俯，感受大腿内收肌群和下背部肌群的紧张和拉伸。稳定10~20秒，然后还原到开始动作。

（3）呼吸方式：保持正常呼吸节律。

（4）重复次数：按要求重复进行练习。

（5）练习类型：静力性拉伸。

（6）练习器材：练习垫。

2. 解剖学分析

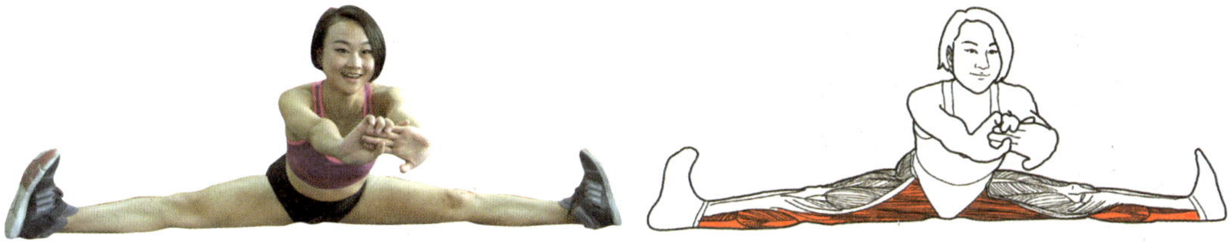

图3-124　坐姿分腿前俯拉伸练习

关节名称	关节运动	拉伸肌肉名称	拉伸条件	拉伸类型
脊柱	屈	竖脊肌、斜方肌、菱形肌、肩胛提肌	下固定	静力性拉伸
髋关节	屈	臀大肌、大收肌、股后肌群	近固定	静力性拉伸
	外展	大收肌、长收肌、短收肌、臀大肌下部、股薄肌、耻骨肌	近固定	静力性拉伸
膝关节	伸	股后肌群	近固定	静力性拉伸
踝关节	伸	小腿三头肌、胫骨后肌、趾长屈肌、踇长屈肌、腓骨长肌、腓骨短肌	近固定	静力性拉伸

第二节　小腿肌群的训练

一、小腿肌群

小腿肌的分化程度不如前臂，肌肉数目较少，但一般比较粗大，参与维持人体的直立姿势和行走，小腿肌可分为三群：前群在骨间膜的前面，后群在骨间膜的后面，外侧群在腓骨的外侧面。主要作用于踝关节，个别对膝关节的运动有所影响。

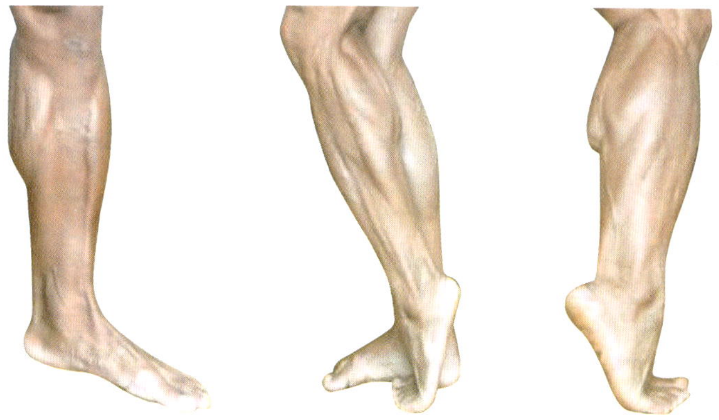

图3-125　小腿肌群展示

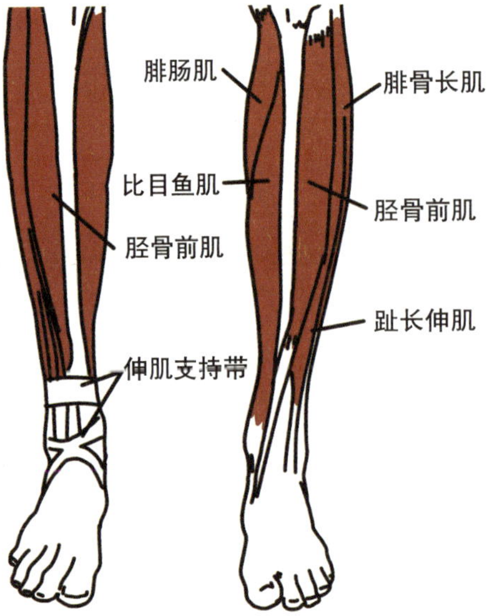

图3-126a 小腿肌群解剖图（前面观）

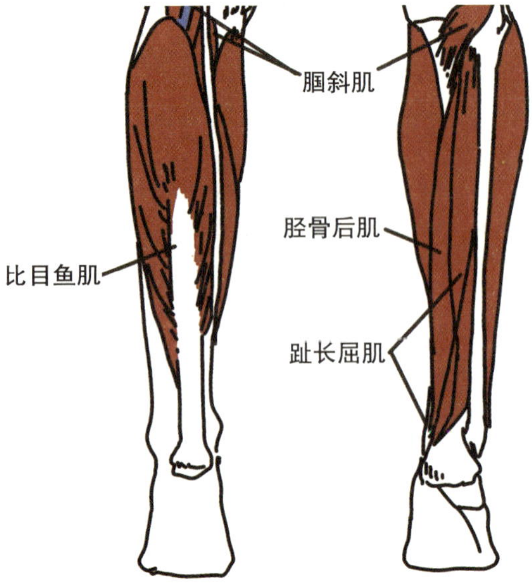

图3-126b 小腿肌群解剖图（后面观）

表3-9 小腿肌肉

肌肉名称	起点	止点	神经支配	主要功能
胫骨前肌	胫骨体外侧面	内侧楔骨和第1跖骨的下面	腓深神经	伸踝关节（背屈）、足内翻
趾长伸肌 第三腓骨肌	腓骨前面、胫骨上端和小腿骨间膜	移行为趾背腱膜，分别止于第2～5中节和远节趾骨底 第5跖骨底	腓深神经	伸踝关节（背屈）、伸第2～5趾 足外翻
踇长伸肌	腓骨体下部及其邻近的骨间膜	踇趾远节趾骨底	腓深神经	伸踝关节（背屈），伸踇趾
腓骨长肌	腓骨体的外侧面	内侧楔骨和第1跖骨底	腓浅神经	使足外翻和屈踝关节（跖屈）。此外，腓骨长肌腱和胫骨前肌腱共同形成“腱环”有维持足横弓的作用
腓骨短肌	腓骨体下侧	止于第5跖骨粗隆	腓浅神经	
小腿三头肌	腓肠肌的内、外侧头分别起自股骨内、外上髁比目鱼肌起自胫、腓骨后面的上部和胫骨的比目鱼肌线	3个头在小腿中部合并向下形成跟腱，止于跟骨结节	胫神经	屈踝关节（跖屈）和屈膝关节。在站立时，能固定踝关节和膝关节，以防止身体向前倾斜
趾长屈肌	胫骨后面中部	第2～5趾的远节趾骨底	胫神经	屈踝关节（跖屈）和屈第2～5趾
踇长屈肌	腓骨体后面下方	踇趾远节趾骨底	胫神经	屈踝关节（跖屈）和屈踇趾
胫骨后肌	胫骨、腓骨和小腿骨间膜的后面	止于舟骨粗隆和3个楔骨	胫神经	屈踝关节（跖屈）和使足内翻

二、主要力量练习方法

练习一：坐姿提踵练习（Seated Calf Raise）

1. 动作要领

（1）开始与还原动作：坐在练习器坐凳上，前脚掌和脚趾踩在支撑板上，脚后跟悬空，选择脚趾方向（向前、向内或向外）。根据小腿长度调节膝垫高度。双手抓住握柄，稳定身体。轻微提踵，打开安全锁。

（2）练习动作：脚后跟缓慢向下，踝关节背屈，直至小腿后群肌完全拉伸。然后小腿后群肌发力，踝关节屈，提踵向上，至最高点稳定片刻。

（3）呼吸方式：小腿向下拉伸阶段吸气，向上收缩阶段呼气。

（4）重复次数：按要求重复进行练习。

（5）练习类型：孤立练习。

（6）练习器材：坐姿提踵练习器。

2. 解剖学分析

（1）向下伸踝阶段

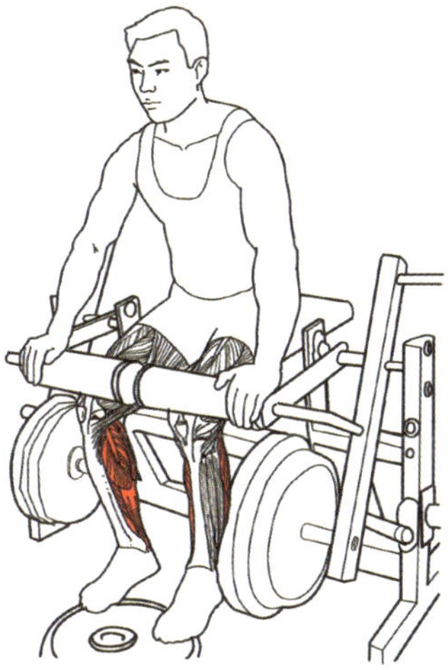

图3-127a 坐姿提踵练习—向下伸踝阶段

关节名称	关节运动	原动肌名称	工作条件	工作性质
髋关节	屈	髂腰肌、股直肌、缝匠肌、耻骨肌	近固定	支持工作
膝关节	屈	股四头肌	近固定	支持工作
踝关节	伸	小腿三头肌、胫骨后肌、趾长屈肌、 踇长屈肌、腓骨长肌、腓骨短肌	远固定	离心工作

（2）向上屈踝阶段

图3-127b 坐姿提踵练习—向上屈踝阶段

关节名称	关节运动	原动肌名称	工作条件	工作性质
髋关节	屈	髂腰肌、股直肌、缝匠肌、耻骨肌	近固定	支持工作
膝关节	屈	股后肌群	近固定	支持工作
踝关节	屈	小腿三头肌、胫骨后肌、趾长屈肌、䟗长屈肌、腓骨长肌、腓骨短肌	远固定	向心工作

练习二：站姿哑铃提踵练习（Standing Calf Raise With Dumbbells）

1. 动作要领

（1）开始与还原动作：身体直立，双手在体侧抓握哑铃，前脚掌和脚趾踩在支撑板上（板高约5厘米），脚后跟支持在地面上，选择脚趾方向（向前、向内或向外），稳定身体。

（2）练习动作：小腿后群肌发力，踝关节屈，提踵向上，至最高点稳定片刻。缓慢还原到开始动作。

（3）呼吸方式：向上提踵阶段呼气，向下还原阶段吸气。

（4）重复次数：按要求重复进行练习。

（5）练习类型：孤立练习。

（6）练习器材：哑铃和练习板。

（7）练习变化：可以选择单侧练习，两侧交替进行练习。

2. 解剖学分析

（1）向上屈踝阶段

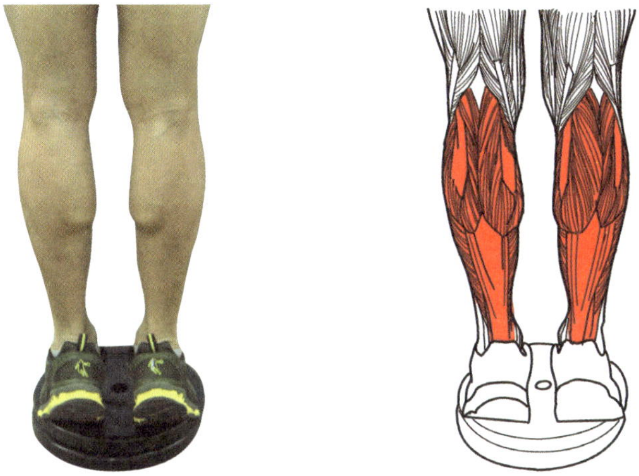

图3-128a　站姿哑铃提踵练习—向上提踵阶段

关节名称	关节运动	原动肌名称	工作条件	工作性质
髋关节	伸	臀大肌、股后肌群	远固定	支持工作
膝关节	伸	股四头肌	远固定	支持工作
踝关节	屈	小腿三头肌、胫骨后肌、趾长屈肌、踇长屈肌、腓骨长肌、腓骨短肌	远固定	向心工作

（2）向下伸踝还原阶段

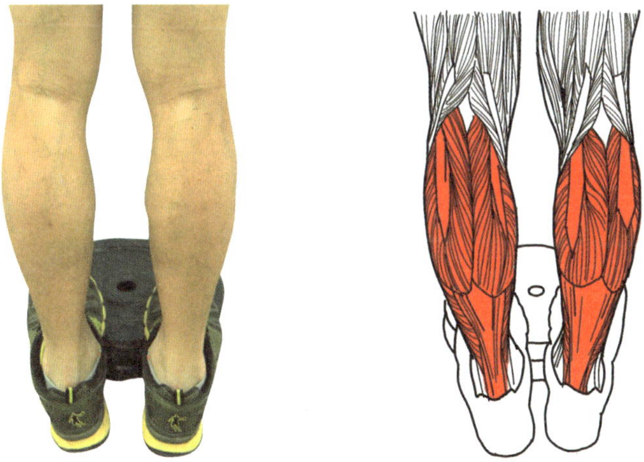

图3-128b　站姿哑铃提踵练习—向下伸踝还原阶段

关节名称	关节运动	原动肌名称	工作条件	工作性质
髋关节	伸	臀大肌、股后肌群	远固定	支持工作
膝关节	伸	股四头肌	远固定	支持工作
踝关节	伸	小腿三头肌、胫骨后肌、趾长屈肌、踇长屈肌、腓骨长肌、腓骨短肌	远固定	离心工作

练习三：平衡板练习（Balance Board）

1. 动作要领

（1）开始与还原动作：身体直立，站在平衡板前面，双脚间距窄于肩宽。

（2）练习动作：双脚依次站上平衡板，尽可能保持身体平衡。

（3）呼吸方式：保持正常呼吸节律。

（4）重复次数：每次尽可能保持较长时间，休息片刻，重复练习。

（5）练习类型：复合练习。

（6）练习器材：平衡板。

2. 解剖学分析

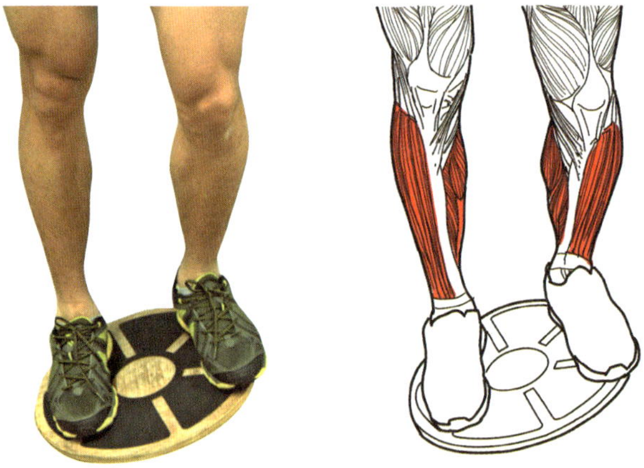

图3-129　平衡板练习

关节名称	关节运动	原动肌名称	工作条件	工作性质
髋关节	伸	臀大肌、股后肌群	远固定	支持工作
膝关节	伸	股四头肌	远固定	固定工作
踝关节	伸	小腿三头肌、胫骨后肌、趾长屈肌、踇长屈肌、腓骨长肌、腓骨短肌	远固定	支持工作

练习四：“骑驴”提踵练习（Calf Raise With A Riding Donkey）

1. 动作要领

（1）开始与还原动作：站姿，躯干前屈，背部挺直，塌腰翘臀，双手在体前抓握固定物，膝关节伸直但不锁定。同伴骑坐在下腰部。

（2）练习动作：小腿后群肌发力，踝关节屈，提踵向上至最高点稳定片刻。然后缓慢还原到开始动作。

（3）呼吸方式：提踵向上阶段呼气，向下还原阶段吸气。

（4）重复次数：按要求重复进行练习。

（5）练习类型：孤立练习。

2. 解剖学分析

（1）向上提踵阶段

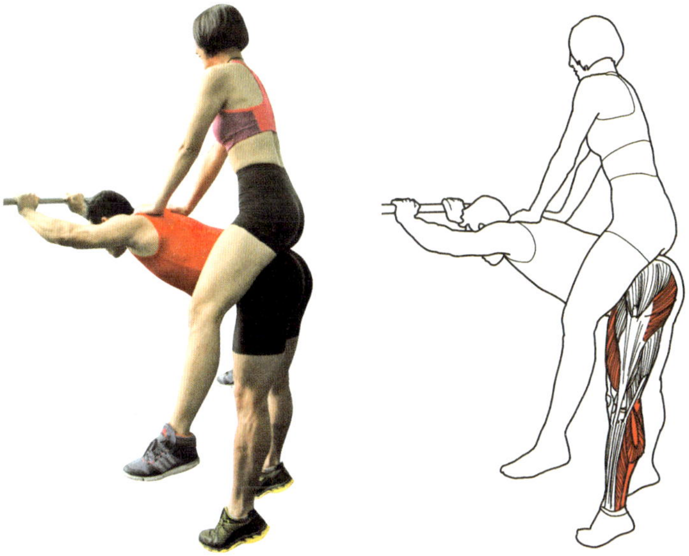

图3–130a　“骑驴”提踵练习—向上提踵阶段

关节名称	关节运动	原动肌名称	工作条件	工作性质
脊柱	屈	竖脊肌、斜方肌、菱形肌、肩胛提肌	下固定	支持工作
髋关节	伸	臀大肌、股后肌群	远固定	支持工作
膝关节	伸	股四头肌	远固定	支持工作
踝关节	屈	小腿三头肌、胫骨后肌、趾长屈肌、 踇长屈肌、腓骨长肌、腓骨短肌	远固定	向心工作

（2）向下还原阶段

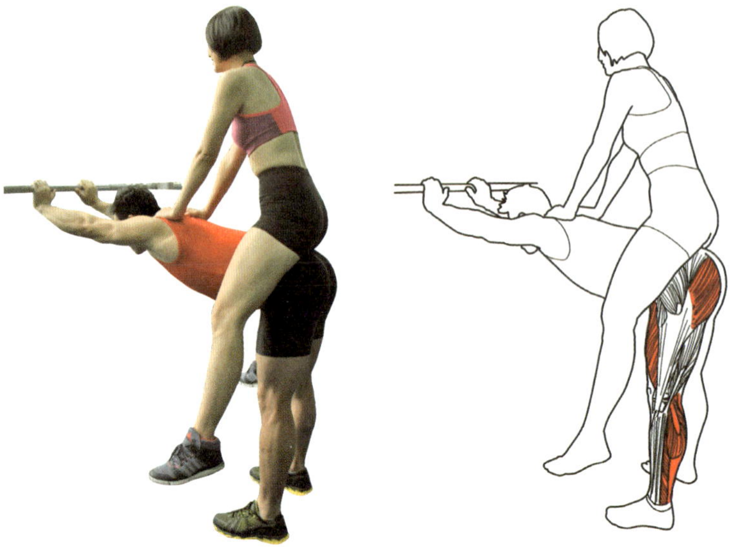

图3-130b “骑驴”提踵练习—向下还原阶段

关节名称	关节运动	原动肌名称	工作条件	工作性质
脊柱	屈	竖脊肌、斜方肌、菱形肌、肩胛提肌	下固定	支持工作
髋关节	屈	臀大肌、股后肌群	远固定	支持工作
膝关节	伸	股四头肌	远固定	支持工作
踝关节	伸	小腿三头肌、胫骨后肌、趾长屈肌、踇长屈肌、腓骨长肌、腓骨短肌	远固定	离心工作

三、主要伸展性练习方法

练习一：扶墙小腿三头肌拉伸练习（Calf Stretch Hands Against Wall）

1. 动作要领

（1）开始与还原动作：站姿，两脚与墙保持适宜距离，脚尖向前，脚跟与地面接触，双手扶墙。

（2）练习动作：一脚前跨，身体前倾，后脚脚跟保持在地面，感受小腿三头肌等后群肌的紧张和拉伸。稳定10～20秒，然后还原到开始动作。

（3）呼吸方式：采用自然呼吸方式。

（4）重复次数：两腿交替完成动作。按要求重复进行练习。

（5）练习类型：静力性拉伸。

2. 解剖学分析

图3-131 扶墙小腿三头肌拉伸练习

关节名称	关节运动	拉伸肌肉名称	拉伸条件	拉伸类型
髋关节	伸	髂腰肌、股直肌、耻骨肌、阔筋膜张肌	远固定	静力性拉伸
膝关节	伸	股后肌群	远固定	静力性拉伸
踝关节	伸	小腿三头肌、胫骨后肌、趾长屈肌、踇长屈肌、腓骨长肌、腓骨短肌	远固定	静力性拉伸

练习二：小腿三头肌绳索拉伸练习（Peroneals Stretch）

1. 动作要领

（1）开始与还原动作：坐在练习垫上，两腿伸直，脚尖向上。将绳索固定套在一侧前脚掌，练习腿抬起，脚跟离开地面。

（2）练习动作：用力向躯干牵拉绳索，踝关节伸，感受小腿三头肌等后群肌的紧张和拉伸。稳定10～20秒，然后还原到开始动作。

（3）呼吸方式：采用自然呼吸方式。

（4）重复次数：两腿交替完成动作。按要求重复进行练习。

（5）练习类型：静力性拉伸。

（6）练习器材：绳索（或橡筋）和练习垫。

（7）练习变化：练习时踝关节可处于内翻和外翻位。

2. 解剖学分析

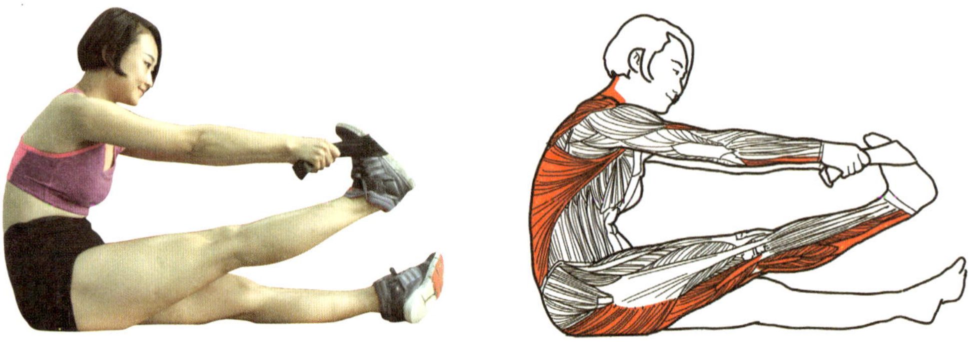

图3-132 小腿三头肌绳索拉伸练习

关节名称	关节运动	拉伸肌肉名称	拉伸条件	拉伸类型
膝关节	伸	股后肌群	近固定	静力性拉伸
踝关节	伸	小腿三头肌、胫骨后肌、趾长屈肌、跗长屈肌、腓骨长肌、腓骨短肌	近固定	静力性拉伸

练习三：站姿小腿三头肌拉伸练习（Standing Gastrocnemlus Stretch）

1. 动作要领

（1）开始与还原动作：站姿，身体前倾，抬起练习脚放在练习垫上，膝关节屈，踝关节伸，异侧手抓住练习腿前脚掌或脚趾。

（2）练习动作：膝关节伸，踝关节伸，双手用力将脚拉近躯干。感受小腿三头肌等后群肌的紧张和拉伸。稳定10～20秒，然后还原到开始动作。

（3）呼吸方式：采用自然呼吸方式。

（4）重复次数：两腿交替完成动作。按要求重复进行练习。

（5）练习类型：静力性拉伸。

（6）练习器材：练习垫。

（7）练习变化：练习时踝关节可处于内翻和外翻位。

2. 解剖学分析

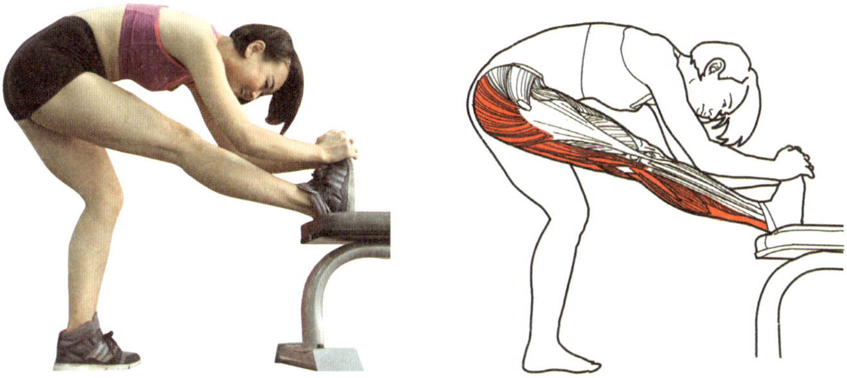

图3-133 站姿小腿三头肌拉伸练习

关节名称	关节运动	拉伸肌肉名称	拉伸条件	拉伸类型
髋关节	屈	臀大肌、股后肌群	远固定	静力性拉伸
膝关节	伸	股后肌群	远固定	静力性拉伸
踝关节	伸	小腿三头肌、胫骨后肌、趾长屈肌、踇长屈肌、腓骨长肌、腓骨短肌	远固定	静力性拉伸